感谢国家社科基金和江苏省习近平新时代中国特色社会主义思想研究中心南京农业大学基地的支持。

｜光明社科文库｜

收入分配逆向转移的
机理与治理

王现林◎著

光明日报出版社

图书在版编目（CIP）数据

收入分配逆向转移的机理与治理 / 王现林著 . -- 北

京：光明日报出版社，2023.7

ISBN 978 - 7 - 5194 - 7345 - 7

Ⅰ . ①收… Ⅱ . ①王… Ⅲ . ①收入分配—研究—中国

Ⅳ . ①F124.7

中国国家版本馆 CIP 数据核字（2023）第 124333 号

收入分配逆向转移的机理与治理

SHOURU FENPEI NIXIANG ZHUANYI DE JILI YU ZHILI

著　　者：王现林			
责任编辑：李月娥		责任校对：鲍鹏飞　张慧芳	
封面设计：中联华文		责任印制：曹　净	

出版发行：光明日报出版社

地　　址：北京市西城区永安路 106 号，100050

电　　话：010 - 63169890（咨询），010 - 63131930（邮购）

传　　真：010 - 63131930

网　　址：http：//book. gmw. cn

E - mail：gmrbcbs@ gmw. cn

法律顾问：北京市兰台律师事务所龚柳方律师

印　　刷：三河市华东印刷有限公司

装　　订：三河市华东印刷有限公司

本书如有破损、缺页、装订错误，请与本社联系调换，电话：010-63131930

开　　本：170mm×240mm

字　　数：341 千字　　　　　　　印　　张：19

版　　次：2023 年 7 月第 1 版　　　印　　次：2023 年 7 月第 1 次印刷

书　　号：ISBN 978 - 7 - 5194 - 7345 - 7

定　　价：98. 00 元

前　言

私有财产的神圣感，既赋予收入再分配以高度敏感性，又使正统理论难以有效地展开科学研究。不过，纵观人类发展史，人们总是在解决剩余的生产、分配、积累、垄断中周而复始的竞争与斗争，并在此基础上不断衍生出错综复杂的心理活动和思想理论。时至当下，辩证唯物论所坚持的科学的普遍性与实践价值的人民性，仍是其他世界观方法论所不能企及的。物质的决定性，一方面体现为处于短缺时代的社会生产强制人们倾向于效率至上或优先；另一方面，这种单向度的强制性，既非稳定，更非永恒，它要在具体时空条件下进行适应性调整。

过剩与垄断并行凸显分配在再生产中的决定性地位。个体理性成为整体长期非理性的诱因，并成为进一步发展的障碍。这种制约就是分配对再生产的根本限制。然而，正是分配与再生产的矛盾加剧，使得有关分配的研究被边缘化。将虚构的均衡作为价值决定与价值导向，将常态性非均衡作为外生、异象弃置一边，以市场"均衡"遮掩社会失衡，"优选"能够体现"现代""科学"的自然科学工具，实现其正统、主流的社会地位目标，并履行其作为"参照系"去"改造"别国和其他制度的"使命"。这符合资本全球扩张的根本需要。

实践具体中的市场是由众多理性个体交互作用和组合而成的。推动旨在保"恒产"、守"恒心"的既有制度，驱使个体差异化乃至异化。生产力发展的工具理性，将不同行为主体以不同方式重组起来，形成特殊力量或利益集团，实现该主体群体的利益最大化这一价值理性。工具理性与价值理性使生产力和生产关系偏离人的主体性，造成工具理性与价值理性、生产力与生产关系的多重异化：主体的分化、异化，生产力发展的迟滞及不可持续。这种偏离均衡稳态的实质，是基于既有权益而衍生出的社会再分配效应。

主体差异化为异质主体。他们在理性程度、定价权力和效率目标三个基本面上严格不一致，打破同质主体完全竞争的均衡效率范式框架。而基于唯物史观辩证方法，选择适宜于异质主体非均衡动态分析的范式框架，将发展的起点与归宿定位于普遍科学性与彻底人民性的辩证统一，寻求个体理性与社会理性相统筹协调的经济基础与制度保障体系，才能提升理论研究的针对性与实践价值。

由此可以发现，分配问题不仅体现在短期条件下的既有要素能否充分地参与生产与分配，进而达到整体性效率目标；还体现在长期条件下，既有要素在行为主体间分配的差距本身对再分配的内在作用，即收入分配的逆向转移机制。

就收入分配逆向转移的主体来看，自然人、法人实体、党和政府及其各层级，在理性程度与行为能力上存在着巨大的差异。这些主体虽然均保留着各自"约束条件下的最优选择"的可能性，但是这种个体理性均衡绝不是一个可以引致总体和长期均衡稳态的微观基础。不同收入水平的居民之间、居民与厂商之间，以及居民、厂商与地方政府之间，存在强势主体对弱势主体进行制度强制性选择替代（效率至上或优先原则下的优胜劣汰）；发达地区优先开放与非均衡增长，城乡之间的城市扩张，偏向城市的住房供给的二元体制；竞争性教育市场化导向的选拔机制；等等。这些都是社会再分配的关键问题所在。

就收入分配逆向转移的体制机制来看，资源优势作为强势主体参与非对等博弈的先决条件，成为优势方先行优化选择的条件，并构成可置信威胁的理性选择的基础。相对地，因约束条件相对苛刻，弱势方基于强势对手的优先权而后行优化选择，其可选空间及潜在权益相应地受到减损。这种依据主体之间的差距而形成的社会再分配效应，正是极为重要而未被均衡范式所正视的收入分配逆向转移机制。

就收入分配逆向转移的后果来看，各主体的效率评价既不等价，也不能相互替代。个体、局部、整体三个层面的任何组合，都存在理性冲突加剧的现实挑战。个体理性与整体长期理性不等同而是冲突对立，表现为财产权利、社会权力及个体收入分配等方面的逆向转移，以及由此引发的结构性矛盾与危机。作为契约政府或支持效率优先的其他类型的政府及公共选择，应在事实上助力而不是遏制逆向转移机制的差距拉大和累积效应。分权以制衡、按资分配、因制度而分化，最终迫使贫穷成为发展的手段和结果，而贫富分化严重限制发展的速度、程度及质量。

在收入分配逆向转移的治理方面，在公有经济主体地位支撑下，党和政府接受时代、实践及人民的检验与考验，形成和推动以人民为中心的全面发展的思想与政治结构。特别是在当今过剩与垄断交互作用、逆全球化问题突出的形势下，以人民为中心，以逆偏向的政策机制补短板，遏制收入分配的逆向转移机制，对落后地区、农村地区、弱势产业、低收入群体实施优先支持，解决发展不平衡不充分这一主要矛盾。将生产、分配、消费纳入辩证统一的关系体系之中，以发展作为维系社会整体长期理性与效率条件下的更大发展的手段与目标。这种发展实质是建立在经济主体差异性的基础上，利用并释放其差异，以发展的统筹协调机制，促进全面可持续发展，以扩展人的发展维度与程度。通过个体理性的充分发挥来实践整体长期理性目标，这是制度着眼点与着力之处，更是体现和实践制度优势之举。

目　录
CONTENTS

第一章　导　论

不同社会皆有其独特的发展史，不同时代亦有其特定的主题、难题。新时代、新探索、新方位，人们需要从守护旧制中解脱出来，以创新理论推动实践创新。"新冠疫情影响在短期，而长期影响不大"，出此轻言的实质是将疫情视为自然和偶发的孤立现象，这是均衡经济学教条式的一厢情愿。与"涓滴效应"渐趋枯竭相对应①，人类社会在收入分配逆向转移的制度与道路上走得很远，劫贫济富的内在性，很难倚靠经济数据向大多数人揭露出真相②。能够且愿意选择逆偏向的再分配制度体制机制及政策，彻底消除绝对贫困，并将"解决相对贫困"纳入长效机制的构建中，唯有中国制度与战略所能及。这既是理论研究的全新课题，更是新时代创新实践所要探究的难题。

第一节　提出问题

社会生产的方式决定了各行为主体之间组合的方式与结构。传统产业向新兴产业升级成功与否，依赖于资本与市场对政府干预的挣脱。20世纪70年代以来，自由化浪潮逼迫西方各国政府放松资本管制，放任市场，限制政府。这种基于不对等的市场主体与政府之间的博弈，不断拉大各种层面的差距，造成失衡酝酿并引发危机。③ 这种态势考验着富人的人性、知识界的良知和人类整体及

---

① 约瑟夫·E. 斯蒂格利茨. 重构美国经济规则 [M]. 张昕海，译. 北京：机械工业出版社，2017：2-17.

② 乔治·比文斯. 劫贫济富：美国经济数据背后的真相 [M]. 喻海翔，罗康琳，译. 北京：北京大学出版社，2014：94-131.

③ 热拉尔·迪梅尼尔，多米尼克·莱维. 新自由主义的危机 [M]. 魏怡，译. 北京：商务印书馆，2015：5-46.

长期的理性与耐心。

一、涌现主体差异化的时代背景

当今的时代背景有两点值得高度关切：一是生产力层面的普遍相对过剩；二是由这种生产力驱使之下所形成的生产关系层面的后工业化超级垄断。

（一）工业化普遍相对过剩时代：个体理性造成整体长期非效率

我们是选择以市场竞争体制机制驱动社会发展，还是依据社会发展内在要求而选择不同的竞争方式；我们是选择基于理性人的自发性，还是通过社会理性进行自觉调整。这并不是一种主观随意性选择，而是由社会实践客观决定下的某种特殊设计或安排。

资本主义发展史展现出如此过程：从短缺条件下的小生产扩张至过剩和大生产，对海外殖民、抢夺市场，源于其工业化对过剩产品难题的摆脱。随着生产与分配失衡在全球范围内的加剧，大量生产、过度刺激、大量浪费之下的增长和生产能力的持续扩张，以及资源环境的利用超出了人类整体和既有制度的承载能力。微观主体逐利的效率性与社会生产、分配及可持续发展形成愈益尖锐的对立和冲突。

科技创新与产业升级发展的交互作用，将资本、技术、人力等各类要素置于愈益激烈的全球竞争中。这一过程依据科技与信息的规模报酬递增效应和解除管制带来的资本市场的杠杆效应，不断加快技术进步与生产创新联动的机制和节奏，是资本在激烈竞争中立于不败之地的必然选择。但这些新发明仅仅作为少数人所掌控的私产，并不意味着该创新可以保全完整产业体系，也不能充分惠及社会中的大多数人。生产技术进步，并不总是带来生产进步与社会发展。[①] 因为，有限的现实需求对大生产的产品的价值实现形成严格的硬约束，全球一体化并不只限于技术和利益的传播，而且其破坏力也同样被扩散。[②]

作为构成生产力关键因素的技术，并不直接等同于与之相适应的生产关系或根本制度。作为新技术发展的重要代表，大数据相关技术本身同样无法对结

[①] "机器的影响是有利还是有害，首先要看社会制度以及引用机器的目的如何。"（张培刚. 农业与工业化［M］. 北京：商务印书馆，2019：243.）

[②] "自由竞争在一个国家内部所引起的一切破坏现象，都会在世界市场上以更大的规模再现出来。"（马克思恩格斯文集（第1卷）［M］. 北京：人民出版社，2009：757. 另注：本书所引马克思恩格斯全集、文集，以及列宁全集，均为中文版，均由中共中央马克思恩格斯列宁斯大林著作编译局编译，人民出版社出版；其中，《马克思恩格斯文集》全部为2009年版，《列宁全集》均为2017年第二增订版。）

构失衡进行再平衡与有效管理，它只是在既有的制度作用下，以更有个体效率性的方式生产出加剧社会低效性的过剩产出。在现有产业演进态势和不完全竞争的体制机制之下，大数据的形成与供给，首先是基于知识产权的垄断性保护，并且作为对创新的一种利益补偿，即赋予各类相关创新者的联合体以垄断权力和利益。新产业的业态，基于知识、信息和技术，具有显著的规模报酬递增效应。基于规模化和垄断性相互紧密结合的新业态，不仅对传统加工制造业形成利益的攫取，而且也放大了生产者之间的社会距离，弱化了传统产业群体的政治经济影响力，威胁工人工资和福利。① 分配差距拉大和两极分化的经济基础更为强势。

（二）后工业化超级垄断时代：多元化主体改变分配规则

生产社会化，是对人的自然属性的社会性超越。因此，在经济行为主体中，除了自然人主体以外，还有各类非自然人主体，并且这些不同主体在经济社会领域表现出差异化。②

其一，行为主体多元化。基于私有制的社会化发展，分工、分权、分利，促进行为主体多样化。作为自然人，其自然属性虽被社会权力关系的强制性所超越和掩盖，但仍被流行经济学假设为仅具有"动物精神"或"利己本性"的同质性"理性人"。同样的理性主体，还有由自然人中的一些人依据制度而组合的法人，如厂商、机构投资者、特殊利益集团等实体。此外，执政党、政府及其各地、各层级，该类主体除了具有对微观个体理性的反思、弥补及纠偏之外，党政层级之间存在着行政和组织的隶属关系，同级之间还有竞争合作关系。

其二，理性行为能力差异化。各行为主体的理性行为能力（简记为"理性能力"）呈现出差异化的特征。在真实世界里，差异化的行为主体（包括各类法人实体）不断地被社会赋予不同的理性能力，其间的动态调整势必会给效率公平注入更多的内涵和不确定性。③ 极端少数人利用特定组织实体关系，以规模

---

① 约瑟夫·E. 斯蒂格利茨. 重构美国经济规则 [M]. 张昕海，译. 北京：机械工业出版社，2017：76-77.

② 李强. 当代中国社会分层 [M]. 北京：生活书店出版有限公司，2019：75-117，482-501；杨继绳. 中国当代社会阶层分析 [M]. 南昌：江西高校出版社，2011：1-14，25-41，346-358. 但是在正统经济学范式的严格限定下，关注该问题的主流或正统经济学文献极为稀缺。同样，对社会行为主体差异化的研究，西方世界中的社会学家的研究中远比他们的经济学研究更为先行和相对成熟。（马克·格兰诺维特. 社会与经济：信任、权力与制度 [M]. 王水雄，罗家德，译. 北京：中信出版社，2019：91-216.）

③ 戴维·罗特科普夫. 权力组织：大公司与政府间历史悠久的博弈及前景思考 [M]. 梁卿，译. 北京：商务印书馆，2014：169-196，297-298.

和杠杆效应放大其实力和利益，并与其竞争对手的差距不断扩大。对于中国而言，党政各层级基于其性质、宗旨而必须有所作为；其效率目标显然不能像私有企业一样旨在追求营利性最大化，而是作为一个代表人民根本利益的公共权力机构，除了维护长期经济增长与经济社会可持续发展的效率公平性目标之外，其明确的政治、社会目标均不容忽视：既以人民为中心、为人民服务、统筹协调全面发展的理念，又着力于局部利益和短期利益，这是在整体性和长期性上所追求的效率目标。

其三，有偏性分配内生化。普遍相对过剩时代，资本的兴趣不在于生产什么、生产多少，而是究竟从事哪种行为能够带来更多的利益。超额利益的谋求，依靠分配中的社会权力，而不是在交换中生成，交换只是再分配权力借以实现其利益的途径或机制。特别是在摆脱绝对短缺、进入相对过剩时代的分配，几乎可以超越功能性分配，而是寻求更好发展的需求问题的解决。这种分配在不影响基本生存的情况下，依据资本和以此为基础的竞争实力对比进行分配权力的再分配，是分权分利的通行准则。少数群体基于经济与政治的优势地位，主导经济社会潮流（形成"主流"），以维持并扩大利益索取权；而占人口绝大多数的社会中底层，占有财产权利较少，他们却倾向于群体性选择悖德或违背法纪（有违"主流"），以补偿不对等交易中的权益损失；[1] 作为维系社会理性的公共选择，却发生了不利于公共物品均等化的偏向。[2] 逐利之下的分利竞争，使主体多元化和分配差异化不再保持完全竞争中的"随机性"，而是不完全竞争的内生化。其实质就是，个体理性诱致社会整体非理性，周期性危机和常态性低效率问题越加突出。[3]

二、对差异主体进行协调的发展趋势

将生产目的置于满足资本逐利这一定位，而满足人们的需要只是实现生产目的的手段。这种社会迂回路径的问题在于，目标的实现严格受制于手段。因此，解决分配中的矛盾问题，成为紧迫且棘手的难题。

---

① 王现林. 悖德行为的逻辑：基于垄断价格的经济效应分析 [J]. 中央财经大学学报，2014（10）：70-76.

② 夏志强，谭毅. 公共性：中国公共行政学的建构基础 [J]. 中国社会科学，2018（8）：88-107.

③ "工业在资本主义基础上的迅速发展""同启蒙学者的华美谎言比起来""由'理性的胜利'建立起来的社会制度和政治制度竟是一幅令人极度失望的讽刺画"。（马克思，恩格斯. 马克思恩格斯文集（第2卷）[M]. 北京：人民出版社，2009：272-273.）

（一）"知识就是力量"：摆脱供给侧的产能制约

短缺时代的紧迫问题是提高生产效率、增加财富。通过全新的科学知识发现与掌握，并且能够快速运用到生产盈利中。这种效率性既满足突破旧制度的思想理论舆论的需要，也满足快速提高生产力时的技术需要。"知识就是力量"，是精神和生产的有效动力。对于财富增长，亚当·斯密在《国富论》中从理念、理论及方式方法上给出奠基性分析和解释。由于生产总是有足够多的需求加以消化，经济学将其解释为"生产自动创造需求"，生产及其扩张的共容性尚且明显，效率与公平的对立成为"共识"。

然而，以资为本的商品经济将生产、分配、消费分割和对立起来，过度强调生产的个体性而无法考虑制约生产的分配和消费条件，也就无法从根本上消除其间的深层矛盾，生产、分配、消费失衡造成市场有效需求不足的过剩时代很快到来。这种过剩局面使人口、资源、环境、生态及社会处于"过度拥挤"①的势态。

竞争形成垄断，垄断不会自行消失，更不会使社会重归于竞争。这种情形只会加剧过剩问题，并且造成强势资本之间的联合，形成对财富和收入进行再分配的权力操纵。因此，过剩条件下的垄断，已经是一个凭借权力而实现再分配的时代。然而这个时代并不是能够促进生产大发展的革命性新时代，而是生产和分配的矛盾不仅没有得到任何解决，却促使该矛盾进一步加深的旧时代不断延续。

"知识力量论"只是形成供给侧的积极推动力，在逐利资本强制驱动下，再生产受制于失衡的分配和消费的不足，而其分配制度不能对生产分配关系进行有序和有效的协调。社会再生产的约束力量愈益集中于价值能否顺利实现的问题。

（二）"团结就是力量"：突破需求侧的短板制约

从历史和实践看，短缺和过剩属于人类发展史中的两阶段失衡，表现为前者的解决势必带来后者的接续。这种势态源于生产力的持续发展而制度间歇性调整滞后所形成的新的历史性局限：普遍相对过剩的实质是再生产的扩张取决

---

① 李慎之对亨廷顿的"文明冲突论"进行反思，认为该论点所欲掩盖的是，对利益冲突不断加剧的恐惧，即对"人类的生存空间几乎已经塞满了，甚至已经是过度拥挤了"的预防性心理恐慌。（李慎之. 数量优势下的恐惧——评亨廷顿第三篇关于文明冲突论的文章［J］. 太平洋学报，1997（2）：3-7.）

于需求侧的分配状况，而此时的境况正是分配失衡构成再生产的致命性短板。但是这两方面的失衡，终将需要得到物质基础和制度保障条件下的有序有效协调，这是人类社会发展中人的个体理性向整体理性过渡的可能结果，即力量的团结构成新的动力源。

生产、分配及消费中的失衡，存在于总量和结构两个基本维度。行为主体的差异性，是这种失衡的原因、体现和结果。然而，根本制度的相对稳定性，决定了内在矛盾不可能在其制度框架之内得到解决，只能通过周期性危机和波动的途径释放其张力。显然，根本问题的彻底性解决需要根本制度的变革，当然这并非平常可行之事。从方法论上看，从生产关系上调节生产、分配及消费的适宜比例，使各因素能够"团结"以彰显韧性，这些是形成新的更为强大的社会性力量的基本前提。"团结力量论"表明，在过剩时代，效率与公平的对立和替代关系，特别是从整体和长期的大格局上来看，两者并非严格对立，而是辩证统一、相互促进的关系；如果将两者关系割裂并孤立处置，其结果却是带来效率与公平相背离的恶性循环，二者不可能得到根本性调和。①

在上述矛盾驱动下，社会被迫对个体理性与整体理性的对立做出整体性甚至前瞻性的权衡与调整，将经济增长的效率性与社会的公平性作为相容性互动关系，并能有序有效地进行动态调整，是新时代赋予实践者的新课题。② 这种调整正是对矛盾各方的统筹与协调，是对矛盾着的各方面的种种"团结"，也就是团结带来新生力量的更高发展阶段。

三、基于矛盾论的实践创新研究取向

全球化竞争、技术进步及组织管理创新相互促进，形塑特殊利益集团及其理论与舆论。这种格局既能够主导性地推动过剩供给，也能通过影响甚至改变制度及规则，进行财富和收入的再分配。发展本身已经成为进一步发展的障碍，这需要打破传统理论范式框架方法及其政策选择的限制。

（一）立足实践而不是虚构前提

物尽其用、人尽其才、皆大欢喜，意即"效率最优且福利最大"，是微观层

---

① 张卓元. 中国经济学 60 年（1949—2009）［M］. 北京：中国社会科学出版社，2009：391-393.

② "社会力量完全像自然力一样，在我们还没有认识和考虑到它们的时候，起着盲目的、强制的和破坏的作用。但是，一旦我们认识了它们，理解了它们的活动、方向和影响，那么，要使它们愈来愈服从我们的意志并利用它们来达到我们的目的，这就完全取决于我们了。"（马克思，恩格斯. 马克思恩格斯全集（第 19 卷）［M］. 北京：人民出版社，1963：241.）

面的效率公平兼备的一种极致表达。如果以系统性假设和极端化逻辑推理，可能实现这一理想境界，但实践为何不能达到并维持这一"最优"状态，而是差距和失衡常态化？这种立足虚构前提的抽象逻辑，只是维系现有格局、拒绝改变现状的意识形态工具，并无促进实质性进步与发展的实践意义。这和几十年以来西方世界经济理论繁荣与经济增长乏力、发展迟缓并存，是极为相符的。相反，立足实践、坚持问题导向，破解实践中的矛盾失衡及困境，推动共同发展进步，既能保障不同层面的效率，也能有效促进不同层面的公正，使增长与发展在效率、公平、长期可持续的框架体系下运行，才是新实践、出新知、促发展的过程。

（二）正视而不是漠视异质主体差异

遵循丛林法则的自由竞争，迫使过剩和危机中的竞争者选择破产或者兼并。危机中幸存下来的竞争者以不同的方式结合在一起，形成愈益庞大的具有垄断地位的利益集团。这些集团之间的差异性及其特定性关系将会因为垄断和政府干预而改变个体的理性选择。对这种新情况的分析，需要新的分析范式框架，探究新的解决思路与途径。如果继续沿用传统框架模型，那么其预测失败，既是必然的，更是极其惨重的。[①]

（三）统筹协调而不是放纵失衡

市场效率的基础首先在于微观个体的效率，但个体的差异性成为竞争不完全的最大阻力。个体与整体在效率与公平的认知和诉求上必然存在差异，特别是在过剩时代，分配差距拉大，不仅是效率优先的结果，也会对效率本身构成威胁。因此，关注分配问题，也就是关切整体长期效率与公平问题。在这一点上，能将不同主体在利益与思想上实现一定程度上的共识与行动，是理论课题，更是实践难题。从长期和整体的利益需求与可能性出发，为有效解决问题，对不同主体差异化的权益进行相容性统筹协调，成为一项创新和迫切的实践任务。但不能不承认，这并不是任何制度的所有国家都能实现的普世准则。

[①] 经济学家的经济模型对 2007 年美国次贷危机的预测方面"做得很不好"。(乔治·阿克洛夫，等. 我们学到了什么？次贷危机后的宏观经济政策 [M]. 周端明，等，译. 北京：中国人民大学出版社，2017：261-263.)

第二节　理论观点述评

立足唯心史观，在"给定条件"下，坚持"理性人"假设，倚重经验主义"存在即合理"的逻辑，解构历史与实践具体的整体性，碎片化分析，以个体、局部、短期条件下讨论成本收益关系，逆推其均衡条件，寻找维持现状的途径，无视理性主体差异化和由此形成的收入分配逆向转移机制，将个体理性与整体理性对立冲突视为外在性问题，并将此问题的解决寄托于外在性契约政府及外生政策。然而，失衡的内在性考验实践具体中的制度、政策及其选择方式，也突破了均衡论范式框架方法的边界。

一、财富与分配研究传统的抛弃

（一）人性利己与财富形式单一化

亚当·斯密发现通过手工品的生产和交易，实现财富的增长和利润的获取。基于利己心和对私利的打算，通过个体的自由竞争，从而带动整体利益的增长；同时减少对此类生产和激励方式的负面约束，减少政府干预和地租，促进开放竞争来实现加工制成品的不断堆积，促使所有个体也即所谓的社会的财富增长。[1] 这种线性加总的机械逻辑，将行为主体分割为"理性人"和"道德人"，并且在财富生产分配中完全抛弃了后者在经济社会运行中的极为重要的作用，仅仅将理性人和自由竞争作为假设前提。

正统经济学坚持理性人的利己本性假定，并将此假定视为具有"自然性""公理性""正当性"，甚至"证明"这种理性源于私利对人的无限且可怕的欲望的驯服。[2] "理性人"所追求和依赖的目标即财富。然而，财富观会随着社会发展的阶段差异、生产状况、稀缺程度而有所改变。从人类社会发展中可以看到，充当利己本性所追求的对象的材料，并非必须仅限于金银及具体的物质财富，特别是对于上层群体因为财富过多而造成"边际效应递减"以后，他们还可以追求超越既有代表财富的特定材料的追求，即对同样能够带来满足利己欲

---

① 亚当·斯密. 国富论 [M]. 唐日松，等，译. 北京：华夏出版社，2005：325，203-276，294-303.

② 阿尔伯特·赫希曼. 欲望与利益：资本主义胜利之前的政治争论 [M]. 冯克利，译. 杭州：浙江大学出版社，2015：5-102.

求的东西如荣誉、权力等有所企图。

将财富从其来源（生产层面）提升到以生产为基础、以分配和再分配为前提的辩证关系的认知高度与实践着力点，是过剩时代真正值得关切的核心问题。然而，在均衡范式主导之下的西方世界，始终追逐并陶醉于私有财富和获取更多私有财富，并不想从马克思的理论及其范式中接受有损其私利却有益于整体和长期利益的事关社会矛盾及其运动规律的真知灼见。因此，实践上的此岸与理想目标的彼岸性，决定了维持既有制度与现状的均衡理论体系及其理论家们的根本性局限。

（二）财富与分配研究传统的遗弃

经济学虽然最早关注财富的界定和致富之道，但是随着过剩问题的困扰而得不到有效解决，则逐步将研究重心向解决"稀缺"资源（产品及生产要素）的优化配置转移，将生产与分配的关系直接交由市场流通并予以赋值。在这一转变过程中，实现了由叙事性抽象研究迈向精准描述性均衡分析。[①] 研究对象的转变，通常被解释为适应经济活动的社会化对理论的新要求，以及"传统"研究的"现代化"和"科学化"的需要；而决不会承认这是为了解释和应对在这个时期所出现的失衡问题即生产过剩、有效需求不足的问题的需要，更不可能超越根本制度和由该制度所决定的均衡范式框架体系来看待经济学研究的局限及演化。

财富分配的研究，从古典政治经济学及马克思政治经济学批判中关于价值与分配研究中逃逸，造成其对经济中的失衡问题的关注缺失。这种理论研究的选择与实践中矛盾的持续与累积并不相互匹配和适宜，结果是不仅引发理论分析对现象的无法深刻理解和掌控，无法判断因果关系、内在联系；而且其后的研究，只能基于经验和现象，在数量关系上寻找外在相关性。经验的描述性分析及其必然存在的碎片化问题，是将有偏性经济解释做到片面的极致，但绝不是改变经济运行的动力的挖掘和根本问题的发现。将经济发展的逻辑性、系统性链条解构为相互并列的碎片，以研究者个人的视角偏好而构造假设前提，将这些碎片外在地关联起来，以构造抽象的历史终结论，旨在"揭示"经济的"自然规律"。[②] 事实上，这既解释不了理论的困惑，更解决不了实践难题。

---

① 莱昂·内尔罗宾斯. 经济科学的性质和意义 [M]. 朱泱，译. 北京：商务印书馆，2000：8-26.
② W. W. 罗斯托. 经济增长理论：从大卫·休谟至今 [M]. 陈春良，等，译. 杭州：浙江大学出版社，2016：732-757.

在面对和应对诸如 2008 年大危机时，将原因与机制归咎于理性人的"投机狂热"和危机放大机制即逐利且脆弱的金融体系，以及对最大利得群体的妥协与保护，而政策建议只能基于此现状而以圆场的方式给出，即不具有公共性和权威性的机制调整与标本均不治的对策性规定与规制。① 事实上，近 200 年以来周期性危机的必然性和爆发时机的偶然性相统一的事实，既从根本上表明上述评定的恰当之处，也表明完全偏重于现象层级的经验解释学因其受制于主观操纵性而存在根本缺陷。

二、同质主体"随机分配"说

（一）同质主体假设的源流

对封建等级的反叛而追求个体平等与自由，是同质主体假设的现实基础。资本运动的逻辑则是保障这一前提的根本动力。同质主体假设，发端于西方自发竞争时代的古典政治经济学。基于抽象人，假设其利己和完全理性，赋予其平等自由竞争空间，以自由竞争均衡高效的抽象逻辑，反对整体理性和政府干预。其实质，不过是自由竞争时期私有资本的人格化的具体表达。

该理论受到自亚当·斯密到阿尔福雷德·马歇尔、哈耶克，以及今天的大多数理论家的秉持和拓展。瓦尔拉斯基于个体理性同质性的假设前提，将个体理性等同于整体理性，构建微观层面的一般均衡框架；② 法国社会心理学家勒庞坚信，完全理性的个体并无足以组建充满理性的组织或集体的客观条件，而那些被强制组织起来的群体或集体只是缺乏效率和平等的"乌合之众"；通过此论，以强化人们对极端个体理性的普遍接受和忠实信仰；③ 极端自由主义者一向不承认作为独立行为的组织机构、各类政府等的独立存在；所有组织机构没有任何行为与功能，组织机构只不过是人设和人为。④ 将个人从各种社会关系中切割并独立出来，似乎就可以让人不受社会权力的统治和约束，从而获得了外在自由和内在自主支配权一样。但是这种自由不过是"工资不取决于食品的价格，

---

① 查尔斯·P. 金德尔伯格，罗伯特·Z. 阿利伯. 疯狂、惊恐和崩溃：金融危机史［M］. 朱隽，等，译. 北京：中国金融出版社，2017：345-370.

② 莱昂·瓦尔拉斯. 纯粹经济学要义［M］. 蔡受百，译. 北京：商务印书馆，1989：151-209.

③ 古斯塔夫·勒庞. 乌合之众：大众心理研究［M］. 冯克利，译. 北京：中央编译出版社，2015：36-40.

④ 穆雷·N. 罗斯巴德. 人，经济与国家（上册）［M］. 董子云，等，译. 杭州：浙江大学出版社，2015：100-101.

而取决于永恒的供求规律"所支配之下的单方面的自由。① 哈耶克基于作为"生而平等"的自然人的无差别性而单方面强调超越经济不平等之上的自由性，而不是在行为主体存在理性能力差距（如在收入分配、财产权利、社会关系方面的差距）的前提下，充分考虑自由与平等的交互作用与协调关系。因此，他极端反对政府对个人"自由"与"理性"的任何干预，以此显示出相对于政府"拙劣的""不怀好意的"干预而言的"比较优势"与经济社会长期的"安全性"；而从实践来看，唆使政府和公众不作为，其实质是确保事实上的特定群体（而绝非所有个体）的自由行动②的特权。

事实上，脱离实践具体而研究抽象的人的主体性，那就是只能产生性快感和各种欲望的高级动物在应对权力过程中所发生的个体理性化的行为。③ 这与哈耶克虚构式自由观念及政策不谋而合。与这两者显著不同的是，阿马蒂亚·森（2013）将发展、自由与平等的内在相关性统一起来进行考察，关切到自由平等的物质基础。④ 博弈分析虽然被认为是经济学近些年取得长足发展的突出代表和方向，但是从其分析的起点、范式及结果来看，接受完全理性传统及其范式的主导和规范，强调同质主体的非合作博弈多于合作博弈，对于差异主体的差异性的内生性关注并无现实那么普及和突出。

行为主体的同质性不仅表现在资本家眼中的任何商品不过是货币与权力载体，劳动力自身也只是作为无差别的挣钱机器的一部分。⑤ 资本的社会强制性的同质性，与资本家本人的行为特征的差异性，二者本身并不存在矛盾性。追求均衡论的理论范式，选择同质性假设，拒绝马克思主义矛盾论的研究，是自由市场、完全竞争前提下的均衡效率论分析范式的基础性假设前提。这一逻辑可以便捷地将贫富差距和不平等归罪于外生性"随机"因素，并且作为放任市场的局外人政府，不便也不能干预其中的矛盾及其失衡。

（二）基于完全理性的微观效率论

均衡经济学选择理性人这一同质主体假设，既要满足诸如"利己本性""天

---

① 马克思，恩格斯. 马克思恩格斯全集（第12卷）[M]. 北京：人民出版社，1998：384.

② 弗里德里希·奥古斯特·哈耶克. 通往奴役之路 [M]. 王明毅，冯兴元，译. 北京：中国社会科学出版社，1997：18-28.

③ 米歇尔·福柯. 主体性与真相 [M]. 张亘，译. 上海：上海人民出版社，2018：60-145.

④ 阿马蒂亚·森. 以自由看待发展 [M]. 任颐，于真，译. 北京：中国人民大学出版社，2013：1-18.

⑤ "正如商品的一切质的差别在货币上消灭了一样，货币作为激进的平均主义者把一切差别都消灭了。"（马克思，恩格斯. 马克思恩格斯全集（第44卷）[M]. 北京：人民出版社，2001：155.）

赋人权""自由平等"等近代西方文化传统与价值诉求，又要符合均衡分析的"自洽性"之"刚需"，最终完成将个体"线性"加总为整体、由个体理性"等价"整体理性、由局部均衡"计算"到一般均衡这一"完美逻辑"的推演过程。例如，一般均衡的论证，基于蔚为壮观的系统性、抽象化、极致化的假设，利用数理方法进行逻辑实证①一般均衡的"可能性"。② 然而要让这种纸上构想成为实践的"参照"，既缺乏实践依据，也不具备任意条件下的"普适性"，只是利用"给定条件下"的逻辑推演，有助于了却"维持现状"的特定群体的利益需求和主观愿望。

实践表明，一般均衡只能是一种过于片面性的幻象。因为经济学的逻辑实证方法，在研究人类的行为与事物方面，由于真实世界的不确定性，而限制理论研究与预测的能力及效果。③ 这是由于坚持资本逐利这一先决条件，相应地将放纵个体个性而限制整体性与公共性的作为与作用。由此，个体理性不会自然地等同整体理性，而是自然地存在对立冲突，旨在保护个体至上的制度并不允许两者辩证统一性的自发实现。因此，以个体和微观指代整体和宏观，就是该理论与实践上的必由之路。

（三）基于边际原则的均衡分配论

绕开实践真实的描述辩护之学问，不仅仅依赖于唯心论，更要完全依赖唯心史观。古典政治经济学的庸俗化，客观价值的主观化，经济矛盾的均衡化，定性分析的数理数量化，在推动此类庸俗化转型进程中，边际主义起着"革命"

---

① 这种"实证"并非如孔德所论实证精神之"实证"。孔德的实证论比此种实证更为可靠，可以表现在很多处。例如，其一，强调人的具体社会性，拒绝认同单纯抽象人的存在，实证精神是要立足于社会现实性（第59页）；其二，将人类社会中的个人行为与社会整体视为"互相关联"的关系，并更为强调"社会的"系统整体性而不是"个人的"和碎片性（"局部精确性"）的堆积（第12-13页）；其三，强调真正的实证主义是要超越神秘主义和经验主义，绝不直接等同于经验实证（第13-14页）；其四，将理论活动与实践活动"直接建立全面协调关系"视为"实证精神最可贵的优势"（第24页）；等等。（奥古斯特·孔德. 论实证精神[M]. 黄建华，译. 北京：商务印书馆，1996.）由此可见，均衡经济学的实证，只不过是对孔德实证精神的"按需选择性索取"，两者实在毫无相关性。

② Kenneth J. Arrow and Gerard Debreu. Existence of an Equilibrium for a Competitive Economy [J]. Econometrica, 1954, Vol. 22, No. 3: 265-290.

③ 米塞斯关于人的行动不能被自然科学所恰当描述的观点很有道理，并且他的下述说法同样值得关注，尽管毫不客气："但凡够格的数学家，都会看出各种各样所谓的数理经济学尤其是计量经济学的根本性谬误""诸如保罗·德·利林费尔那样的作家卖弄得相当业余的有机体学说，愚弄不了任何一位生物学家。"（路德维希·冯·米塞斯. 经济科学的最终基础：一篇关于方法的论文[M]. 朱泱，译. 北京：商务印书馆，2015：8，78-80.）

性作用。该"革命"出现并适用于自由竞争和市场有效性假设仍然占据社会正统的历史阶段。基于边际分析，同质主体之间的分配问题，只能沦为一个现象层面的基于随机分配下的描述性工作了。其研究的任务，就是不仅将劳动，而且将除了土地以外的所有生产要素，通过市场交易的结果，"还原"出报酬（或收入的分配）这一被视为"公正"的分配结果。①

边际主义的问题不是革新研究方法，而是丧失历史与现实的基础性。一方面，将诸如信息（或认知、"知识"）视为免费中性的物品，过度强调自然人的"动物精神"② 甚至生物基因作用，而无视人的社会属性及其差异和规模效应；另一方面，罔顾竞争不断加剧的事实，③ 仍把人的社会属性从经济行为中剥离掉，达到"物化"（或对象化）实践中的社会人的目标效果。基于此法的静态、比较静态乃至极其有限的"动态"分析，完全具备了机械力学的神助，人的社会行为完全为物竞天择式"制度演化"提供活人素材。

由于无法区别抽象化的同质性主体的差异性，也就不存在所谓的特殊、特权及不自由。虚幻的"平等"与"自由"成为极端自由主义驶向任何方向的第一出发点。代表奥地利学派的罗斯巴德在其重要代表作中，基于个体主义的自由竞争，认为表现为自愿行动即自由交换，能够使交换双方共赢。他的这种充满空想的"自由交换的网络"即"自由市场"，产生了"精致的甚至是令人肃然起敬的和谐、调整及精确分配生产性资源的机制"。他还认为这种自由不仅直接使所有各方获益，还为维护社会秩序提供了有力、有效的工具，因此他坚定而热情地继承普鲁东的名言——自由乃秩序之母，而非其女！④ 由此支持如下观点：自由竞争是均衡而且有效的，边际主义分配充满正当、正义。但是边际原则的这种分割整体的理念，是对分权、分利、相互制衡而不断分化的个人至上的自由主义的秉持和体现。⑤ 它对分配正义的抽象性描述，并没有提供分析和解决内在矛盾的任何可能性，被分割的世界继续失衡与分化。

---

① 克拉克. 财富的分配 [M]. 陈福生，陈振骅，译. 北京：商务印书馆，1983：152-165.

② George. Akerlof，Tobert J. Shiller. Animal Spirits [M]. Princeton and Oxford：Princeton University Press，2009：11-50.

③ 约瑟夫·E. 斯蒂格利茨. 自由市场的坠落 [M]. 李俊青，等，译. 北京：机械工业出版社，2017：109-180.

④ 穆雷·N. 罗斯巴德. 人，经济与国家（下册）[M]. 董子云，等，译. 杭州：浙江大学出版社，2015：940.

⑤ 穆瑞·N. 罗斯马德. 美国大萧条 [M]. 谢华育，译. 海口：海南出版社，2017：9-51.

（四）基于均衡效率论的再分配悖论

正统经济学立足理性个体假设、抽象逻辑推演和在此基础之上所形成的经验，对公共选择的作用充满疑虑和本能性地反对。无论是简单化的"守夜人"定位，还是由于权力寻租、财政重负而对个体利益及市场效率的影响，不同利益主体及为其代言的理论，均对政府和政策的负面评价不一而足，特别是有关分配再分配的政策选择，更显示其敏感性和深度质疑的特质。

而稍微偏离正统范式，就能在特定的指标和有限程度上抓住分配中的非均衡问题。皮凯蒂显然在对有关财富再分配的"纯理论"的"引论"性质的著作中，一方面无条件地强调基于抽象个体的理性和分配正义，另一方面却苦于因不平等导致大量"坏的"复杂机制，从而引发对反不平等的任何公共选择的"忍痛割爱"式放弃。因此，这种逻辑结果就是一种放纵，即对因放任市场所造成的分配不平等的问题的解决仍依赖于对理性个体的理性行为的"无限放任"。① 对于形成这种逻辑的"微观基础"的坚守，以及对这种基础所掩盖的真实社会制度丝毫不敢加以触动，不会因为"纯理论"而发生任何有实质意义的实践推进。

三、多元主体均衡分配论中的分配例外

从古典政治经济学伊始，关于经济行为主体的分类，远比现在更为广泛地受到关注和研究。从杜阁②到亚当·斯密③、大卫·李嘉图④，再到马克思、恩格斯等，在其著述当中发现，从封建主义向资本主义转型期，以及资本主义生产关系确立以后，社会阶级关系及各阶级的行为的变化，涉及财富的生产、分配的效率公平问题，以及有效应对的方案选择。然而，古典政治经济学的"现代化"和"科学化"过程，就是将价值、分配等经济社会内在问题逐渐地革除掉，倾向于不同交易主体的交易价格、资源配置效率等表面性问题的研究。在对分配的研究上，限于市场和边际原则，⑤ 完全丧失解决问题的勇气和可能。

---

① 马斯·皮凯蒂. 财富再分配 [M]. 郑磊，等，译. 上海：格致出版社，2017：149-155.
② 杜阁. 关于财富的形成和分配的考察 [M]. 南开大学经济系经济学说史教研组，译. 北京：商务印书馆，1978：11-24.
③ 亚当·斯密. 国民财富的性质和原因的研究（上卷）[M]. 郭大力，王亚南，译. 北京：商务印书馆，1972：91-169.
④ 彼罗·斯拉法. 大卫·李嘉图全集（第1卷）[M]. 郭大力，王亚南，译. 北京：商务印书馆，2013：5-39.
⑤ 克拉克. 财富的分配 [M]. 陈福生，陈振骅，译. 北京：商务印书馆，1983：310-325.

（一）比较优势论的福利观点问题

资本人格化为个体理性，以均衡论套用在不同行业的决策主体，并以资源禀赋的差距进行区别化对待，比较优势论是早期的典型。该论区分个人、企业、组织、机构乃至国家等社会实体的差异性，基于贸易各国资源禀赋的差异，或者晚近的基于产业链的国际分工的差异性，研究国际分工与贸易的效率、福利问题。其要旨在于，资源、技术、制度等差异能够赋予各国不同的"比较优势"，从而在贸易各国之间进行"优势互补"以取利，即"尽皆实现""节约成本"和"增进福利"的共同性目标。但这种基于纯粹经济维度和自由平等原则的"成本—收益"框架，并未就强弱双方不对等贸易条件进行开放条件下的系统性研究，不会顾及分工贸易的总体利益（或所谓的国际社会总福利）在贸易各国间的分配及其影响（如无视各国在政治、军事、安全及制度选择等诸多实际问题的重要关切），无法解释和应对贸易各国诸如增长与发展中的不平等和非均衡等极具外溢和累积效应的问题。

与上述理论相反，对于产生并维持国际贸易的理由的最新研究表明，贸易无论是对于在产业群体性和技术上主导世界的国家，还是居于这些国家正统地位的经济理论学而论，都维护一个绝对和长久的差距或落差，以保障先进国家的经济领导地位、产业的国际垄断地位的不可挑战性；选择为国际社会立规矩，从制度层面上掌控和维护特殊利益。[1] 这种对既已失衡的旧制的努力维系，不可能在较长时期内表现出均衡和稳态的局面。[2] 而针对主流国家主流经济学恶意忽略不平等和差距不断扩大的历史与现实，给诸如幼稚工业论、中心—外围论[3]、资源诅咒与悲惨增长等贸易保护主义论者带来争鸣甚至挑战的机会与空间。只是这些辩驳始终处于不被主流认可且被边缘化的位次。

撇开价值分配在整个主体行为和经济运行中的基础性保障与激励作用，试图绕开并超越以解决资源配置问题的新古典经济学，新兴古典经济学使用数理工具，对抽象行为主体基于分工专业化及贸易等问题的理性选择进行边际和均

---

① 拉尔夫·戈莫里，威廉·鲍莫尔. 全球贸易和国家利益冲突 ［M］. 文爽，乔羽，译. 北京：中信出版集团，2018：80-105.

② 罗伯特·吉尔平. 世界政治中的战争与变革 ［M］. 宋新宇，等，译. 上海：上海人民出版社，2019：7-8.

③ 萨米尔·阿明. 世界规模的积累：欠发达理论批判 ［M］. 杨明柱，等，译. 北京：社会科学文献出版社，重庆出版社集团，2016：1-39.

衡分析，进行"精练"，即"超边际分析"，以寻求众多均衡解中的真均衡解。①这些自视为以现代数理工具复活古典经济学的新研究，将不同的均衡解进行再度"精练"，选出更胜一筹的相对均衡的思路，不仅超越个体理性与局部均衡的传统局限，也是对其正统经济学的一次尝试性超越。这种凌驾理性主体之上的超现实主义精练，只不过是既有条件下相对较好的均衡状态的甄别和遴选，但是这种抉择究竟由谁做出，是否属于"最优"，凭借何种制度体制机制予以保障，诸如此类的核心问题，显然该理论范式同样不能给出答案。

旨在论述生产者利益最大化的个体效率而不是社会整体利益的国际贸易理论，在生产和供给及其效率上的优化选择，不可能也不愿意在各主体利益分配与协调上，即在需求能力的改善和提升上②，进行整体性优化规划。比较优势均衡论无论如何精选"给定条件"约束下的均衡，也找不到超越其自身边界的依据和可能。

（二）不完全竞争均衡中的剥削

不完全竞争论基于厂商在规模和量价博弈能力方面的差距，关注到垄断厂商在极端条件下达到均衡时，其市场势力、定价权及经济利润（垄断租）具有正相关性。在面对社会整体性危机时，席勒则将更多类别的理性主体纳入社会理性决策的非均衡分析中来，认为2008年金融危机前的房地产空前繁荣及其危机源于各主体理性所造成的社会整体非理性。③ 阿克洛夫、席勒将个体理性带来社会非理性的原因，归结为人的动物精神。④ 这些理论的共性问题在于，由于忽略了人的社会属性及其内在差异性、关联性，未能考虑到政府的性质、功能与局限，最终只能聚焦自然人本身的生理和心理特异性能，因此在个体理性与集体乃至整体理性的对立与协调机制上，不仅难以找到摆脱矛盾及困境的条件与途径，也造成理论的孤立性、碎片化，并且在不断地"创新"驱使下造成理论体系的非理性繁荣。

---

① 杨小凯，张永生. 新兴古典经济学与超边际分析［M］. 北京：社会科学文献出版社，2019：14-37.

② 把生产和资本的自行增殖直接看成一回事，既不关心消费的限制，也不关心流通（交换）能否实现，只注意生产力的发展和产业人口的增长，只注意供给而不管需求。（马克思，恩格斯. 马克思恩格斯全集（第30卷）［M］. 北京：人民出版社，1995：391.）

③ 罗伯特·J. 希勒. 非理性繁荣［M］. 李心丹，等，译. 北京：中国人民大学出版社，2008：35-89.

④ George. Akerlof, Tobert J. Shiller. Animal Spirits［M］. Princeton and Oxford：Princeton University Press，2009：11-50.

在发展经济学的重要先驱者张培刚那里，他很早就开始关注和研究不完全竞争。他特别强调，在历史上，从来就没有完全竞争或纯粹竞争，而且，只要是涉及了人类的行为，这种竞争也将永远不会有实现的那一天。他通过对比农业与工业之间的差异性，并对农民与其交易对手之间的非对等性交易与利益剥夺问题的研究，指出产业之间的非均衡性势态，是农业社会趋向于工业化的重要驱动力。① 而问题在于，收入分配差距与产业变迁并非相互独立，而是辩证统一体，这有待进一步探究。

（三）有限理性主体均衡中的逆向转移问题

在增加考虑一些显性和突出的影响因素之后，完全理性被降格为有限理性。有限理性论对作为自然人的生理、心理差异性与局限性的考虑，让人们认识到在对信息的接收与处理上的局限性，对完全竞争论进行必要的修正。但是这种放松假设前提的程度，仅限于同质主体理性程度非内生性差异这一"自然"表象层次，不能达到主体实质性差异的内生性及非均衡性分析这一社会制度与理论范式层面。

基于心理、行为及实验的个体行为分析正是如此。选择摒弃实践的具体而向抽象和玄奥寻求研究行为的合理性、正当性、科学性的庇佑，这与经过虔诚洗礼之后乞求神明的示下的行为并无根本的差别。抽象条件下对理性主体的自然属性或本能进行经济学的分析，这种模仿而并不超越自然科学研究方法的社会实践研究，显然需要将行为主体局限于自然人，并将自然人的社会属性尽可能地"管控"，方能标准化为理想化的"控制条件"，以"萃取"出控制条件下的行为主体的反应和效应。这种纯粹和抽象的效应的实践意义何在？在这个控制条件与控制过程中，对数据及统计的控制和操纵的程度如何，似乎丝毫不需要认真考虑。

然而，保罗·肯尼迪的历史性发掘认为，近代以来西方世界的兴衰主要依赖于经济及决定经济的科技、军事，以及其他派生性权利。这种唯"物"主义，是财富的生产和为财富的再分配而提供的势力乃至武力，即围绕供给而不断获得供给的一种机械性模式。他在对21世纪中国的分析中认为中国坚持了"平衡"的发展，具备平衡发展的实践基础、特征和未来的希望。② 这一分析的实

---

① 张培刚. 农业与工业化 [M]. 北京：商务印书馆，2019：124-132.
② 保罗·肯尼迪. 大国的兴衰：1500—2000年的经济变革与军事冲突（下）[M]. 北京：中信出版社，2013：178-198.

质仍然是短缺时代的逻辑范式：财富稀缺迫使财富创造、为财富生产而生产、为生产而分配的"短缺逻辑"；完全忽略产生过剩与垄断的物质基础与制度驱动，这两重核心要素分不清人的主体性诉求以及由此造成的分配和需求对再生产及可持续发展的根本制约性。

四、新自由主义对逆向转移效应的辩解

（一）制度效率论：信息优势成为权益再分配的依据

以科斯为代表性开创者的新制度经济学，寄望于自由、平等的"科斯谈判"和制度选择，[①] 旨在推进机会均等与制度效率。该理论一方面基于对等的理性能力和"零交易成本"的假设，坚持产权"随意"界定对效率"无关"论，并以此作为理论与实践的"参照"，将对市场交易的关切提升到对制度效率的研究；另一方面，虚构一个具有绝对理性的主体，依赖该主体进行效率高低评判和有效制度选择，以行市场效率替代社会公平之实。[②] 因此该理论体系未能有效考虑异质主体在制度谈判与选择时的能力差距问题，特别是在有关谁能评价效率、谁在选择制度（包括产权界定）、如何纠正制度偏向，以及如何应对涉及不同层面（尤其是作为系统整体性的宏观层面）的效率公平等问题上，缺乏对非对等性"科斯谈判"的关切和研究，最终丧失探究产生交易成本的经济基础的可能性，更无从谈起实践社会理性的基础与机制。

企业理论正是将均衡论纵深拓展至企业治理层面。职业经理人基于对代理权所形成的信息优势而被赋予部分剩余索取权，这一分配机制被视为应对信息与契约问题的有效机制的创新性设计，以此为企业在规模与资源配置上的功能扩张提供效率上及正当性的加持[③]。这种将生产理论从生产函数层面向契约层次推进，仍然与实践中的问题不符。职业经理人（高管）、股东、工人、社会之间的利益并非相互等同或兼容，而是相互矛盾，造成利益对立冲突之下投资短期

---

① 罗纳德·哈里·科斯. 企业、市场与法律 [M]. 盛洪，陈郁，译. 上海：格致出版社，2009：96-152.
② 罗纳德·哈里·科斯. 企业、市场与法律 [M]. 盛洪，陈郁，译. 上海：格致出版社，2009：34-57.
③ 陈郁，编. 所有权、控制权与激励——代理经济学文选 [M]. 上海：上海三联书店，2006：1-83. 威廉姆森. 资本主义经济制度——论企业签约与市场签约 [M]. 段毅才，王伟，译. 北京：商务印书馆，2002：99-143.

化、投机动机长期化和收入分配的两极化,① 以下问题并未厘清：其一，造成此类分配改变的"信息与契约"问题的真正症结是整体层面上的经济因素，还是个体层面的心理因素，是短期性还是长期性？其二，该种旨在保障效率公平的激励约束机制，虽然对个体理性充满着怀疑并通过机制设计加以约束，但是它又完全依靠职业经理人市场的"有效性"，也就是依靠并非可靠的契约或机制的这种层层嵌套，加总后是否可靠？其三，职业经理人已经是由劳工阶层中具有普遍性的幸运儿荣升而来的吗？或者说，顽强的资本逻辑已经能够被职业经理人市场的竞争机制所打乱和彻底改写了吗？显然，基于不符实际的假设及其理论框架的实践意义令人担忧。②

（二）供给学派：一个颠倒是非的分配论

唯心论总是颠倒着认识和解释现状，以虚构论题掩盖事实上的失衡与非效率性，并以此作为拒绝改变现状的依据。作为向政府干预主义发起直接挑战、旨在重新恢复自由主义的重要代表的供给学派，一方面继续将不同的主体及其差异化的行为进行同质化假设，不能发现差异性本身的性质、规模与规律差异；另一方面，将企业家区分为自由竞争企业家群体和庞大垄断性企业家群体。这种逻辑体系坚持个体理性前提下的英雄主义唯心史观，旨在将社会进步与财富创造的贡献都归于资本家个人，而解决贫穷和不发展的问题的希望，依靠这些并不必然具有英雄主义和伟大品格的资本家的创新、努力拼搏等美德所形成的涓滴效应，反对政府通过再分配的手段，坚决反对政府在履行此类任务时的不当作为和低效率问题。③ 这种理论虽然强调降低生产成本和供给的重要性，也提到了反垄断，但是没有申明实践具体中的事实：垄断由竞争蜕变而成，不可能被消除；既有政治制度和契约政府在应对垄断、恢复完美竞争的问题上完全失利。因此，供给主义的自由是以获得私利最大化作为实惠之至的真正目标，并以"涓滴社会"的心灵安慰剂作为推销新自由主义的手段，这是将现象中的个案掩盖现象背后的本质与规律，只能无视过剩与垄断所构成的制度性社会成本与发展的迟滞。

---

① 约瑟夫·E. 斯蒂格利茨. 重构美国经济规则 [M]. 张昕海，译. 北京：机械工业出版社，2017：52-59.

② "高尚的理想在空中，低俗的交易在地上""正变得越来越糟"。(亨利·明茨伯格. 社会再平衡 [M]. 陆维东，鲁强，译. 北京：东方出版社，2015：68.)

③ 乔治·吉尔德. 财富与贫困：国民财富的创造和企业家精神 [M]. 蒋宗强，译. 北京：中信出版集团，2019：429-432.

（三）公共选择理论：再分配政策的失灵

基于经济社会的内在关联性，公共选择经济学关注到理性主体的差异性对公共选择的不同影响能力。特殊利益集团及寻租理论的提出，向我们间接展示了理性主体差异性的形成与影响。① 但是基于理性个体的假设与均衡论，公共选择学派的传统远不及社会学对实践具体的高度专注和务实。② 彼得·M.布劳曾将对社会学的分析建构在差异性主体（异质性）的前提下，基于抽象的心理特征和经济学的理性行为，着力于建构社会学的微观与宏观分析框架，指出社会运动处于常规性均衡与短暂性非均衡的交替出现的辩证机制之中。③ 但他明显地想把社会学的分析建立在对均衡论和马克思的辩证法的杂合的基础上。这种忽视两类理论体系在质上的差异的努力，虽然受到不少理论工作者的认同和效仿，但这只是理论研究上短期性投机行为。将社会学的研究触及经济，也是很多社会学家远见卓识的举措。有着"引文桂冠"和博学之称的马克·格兰诺维特，将研究中的涉事主体，赋予理性人更多社会性格，如信任与欺骗，从个人之间扩展到集体以及这两类主体之间的权力、互动及影响，特别是将其他主体"嵌入"集体关系网，考虑此网之中的个体的能动性与互动性。④ 这一行动是对理性人假设前提的示范性批判，是一种进步；但是对于以"帝国主义"为荣的正统经济学，只能选择性失明。

私有产权主体基于独立自由地位，通过群体妥协而签订的契约政府⑤，在均衡范式的普照之光的掩映之下，只不过是"理性人"在公共选择层面的生动表演：它们谨遵个体私利至上的原则和为达目的而不择手段的自由权利，实践着对政治分权制衡的目标，⑥ 代表近代以来的流行且强势的民主制度，⑦ 以及在此

---

① 戈登·图洛克. 特权和寻租的经济学 [M]. 王永钦，丁菊红，译. 上海：上海人民出版社，2017：36-37.
② 费孝通. 费孝通谈民族和社会 [M]. 北京：学苑出版社，2019：916-922.
③ 彼得·M.布劳. 社会生活中的交换与权力 [M]. 李国武，译. 北京：商务印书馆，2012：443-477.
④ 马克·格兰诺维特. 社会与经济：信任、权力与制度 [M]. 王水雄，罗家德，译. 北京：中信出版社，2019：18-38.
⑤ 霍布斯. 利维坦 [M]. 黎思复，黎廷弼，译. 北京：商务印书馆，1985：62-63，129-142.
⑥ 弗朗西斯·福山. 政治秩序与政治衰败：从工业革命到民主全球化 [M]. 毛俊杰，译. 桂林：广西师范大学出版社，2015：422.
⑦ 包刚升. 民主的逻辑 [M]. 北京：社会科学文献出版社，2018：166-167，295-296，360-361.

制度基础上形成的市场分利和社会分化的体制机制，① 政府干预失灵正是该种制度体系之下的必然结果之一。然而，在另一方面，却又将市场失灵带来的诸如垄断权力和寻租等造成的分配失衡、社会不平等等一切问题，以及对改进制度的需要，都毫无保留地摊派给幻想中的充满廉洁、高效、公正的契约政府，保障自由竞争，促进实体经济的发展和共容性增长，这与政府失灵的理论起点完全相悖。②

事实上，在均衡论视野中，政府行为的尴尬在于，基于个人、企业、政府的同质性理性人假设，不能发现作为契约型政府因其受制于各种独立的契约主体的内在影响或干预，③ 不仅缺乏基本政治独立性，而且缺乏强有力的党内制度和纪律的约束，以及事关政府行为及公共选择的公共性及效率性的保障问题，甚至是文化层面的诸多不利因素。④ 特别是那些极具强势的利益集团影响之下的公共决策，足以造成像美国这样极具代表性的民主国家长期持续"承受政治衰败的侵蚀"的势态。⑤ 这虽然是一个涉及政治的理论和实践问题，但对福山而言，不是从经济根源上寻求解决，而是笃信市场民主与自由竞争是美国创新和发展的基础和希望。⑥ 但是契约政府的非独立性造成的政治衰败，必将带来僵化认识和难以触动改革的结果，而这一认识要比用"社会资本"化解社会不断分化中的"社会鸿沟"论⑦显得审慎和务实一些。在对当前各国在应对新冠肺炎疫情大考中的表现的争论中，又提出"自由主义、社会保障和国家干预"三者之间的"平衡论"，并无时无刻不忘对社会主义的恶意攻击，以及对美国制度问题的掩盖与美化。

---

① 弗朗西斯·福山. 大断裂：人类本性与社会秩序的重建 [M]. 唐磊，译. 桂林：广西师范大学出版社，2015：64-65.
② 约瑟夫·E. 斯蒂格利茨. 重构美国经济规则 [M]. 张昕海，译. 北京：机械工业出版社，2017：16.
③ 保罗·克鲁格曼. 一个自由主义者的良知 [M]. 刘波，译. 中信出版社，2012：167-186.
④ 小约瑟夫·奈，等. 人们为什么不信任政府 [M]. 朱芳芳，译. 北京：商务印书馆，2015：5-24.
⑤ "本应服务于公共利益的政府机构，却遭到强大私人集团的攫取，使民主多数派难以真正掌权。它的问题不仅在于金钱和权力，还与规则本身及支撑这些规则的思想的僵化有关。"（弗朗西斯·福山. 政治秩序与政治衰败：从工业革命到民主全球化 [M]. 毛俊杰，译. 桂林：广西师范大学出版社，2015：4-5.）
⑥ 弗朗西斯·福山. 政治秩序与政治衰败：从工业革命到民主全球化 [M]. 毛俊杰，译. 桂林：广西师范大学出版社，2015：419-424.
⑦ 弗朗西斯·福山. 大断裂：人类本性与社会秩序的重建 [M]. 唐磊，译. 桂林：广西师范大学出版社，2015：273-284.

（四）社会治理：搜寻匹配论的分配激励

市场失灵只是经济结构失衡的日常表现，政府失灵是市场失衡在政治上的行为表征。将这些非均衡归咎于如下条件与机制，只是一种经验主义的解释：由于给定制度前提下的抽象理性人的私欲在"不可避免"的信息、契约不完全不对称的现实条件下进行理性逐利行为，以此试图寻找相应的"良政"治理途径。[1] 就既有文献所倚重的表象描述看，问题归结为搜寻和匹配的不足，以及人的心理、精神及神经的因素影响。

行为主体多元化，对政府行为的干预不断强化，社会整体不可能将问题控制在理性、均衡、效率的宏大框架之内。2007 年以来的金融危机，使不少理论研究者将新自由主义的危害提到空前的高度。[2] 这些作品所深刻批评的对象非常集中：20 世纪 60 年代以来逐步挣脱政府管制，放任市场、放纵资本，公共选择者在协调各主体差异和实现公共性方面倍显乏力。戴维·罗特科普夫特别注重对全球中的极端少数利用权力组织（法人实体）实现操纵世界权力利益分配的"杠杆效应"进行深刻报道和研究；[3] 也有一些理论家尤其关注贫困与经济不平等，并且已有大量的研究成果。由于与现实的巨大反差、学科之间的差异、分析框架的主观选择，这些研究在整体一致性、主流性和实践价值等基本层面上仍有待进一步增强。

真正的困扰似乎仅在于错配问题。与同质主体均衡稳态论不同，正是包括行为主体在内各种因素的差异性及其动态，对公共选择的效率公平构成不利影响；[4] 奥斯特罗姆基于各理性主体及其环境条件的差异性，批评传统公共选择理论假设的空悬性和理论实践价值的缺失，坚持"存在即合理"的宽容心态和匹配原则，充分考虑到诸如行为主体、各类目标、环境条件、涉及范围等多方面的独立自主性与差异性，强调公共选择应当予以区别对待并加以综合考虑和利用这些各具比较优势的差别，以解决公共事务治理方面所存在的由单一主体、

---

① 蒂莫西·贝斯利. 守规的代理人：良政的政治经济学 [M]. 李明，译. 上海：上海人民出版社，2017：50-108.

② 科林·克劳奇. 新自由主义不死之谜 [M]. 蒲艳，译. 北京：中国人民大学出版社，2013：18-107. 保罗·克雷格·罗伯茨. 自由放任资本主义的失败：写给全世界的新经济学 [M]. 秦伟，译. 北京：生活·新知·读书三联书店，2014：49-139. 以及本文多次提及的斯蒂格利茨和保罗·克鲁格曼自 2007 年以来的几部著作.

③ 戴维·罗特科普夫. 权力组织：大公司与政府间历史悠久的博弈及前景思考 [M]. 梁卿，译. 北京：商务印书馆，2014：364-366.

④ 曼瑟·奥尔森. 国家的兴衰：经济增长、滞胀和社会僵化 [M]. 李增刚，译. 上海：上海世纪集团，2007：186-242.

单一制度所造成的匹配不足、协调缺失等低效率问题。① 这种基于个体理性前提下的旨在个性差别、实施本地化监督的社会治理理论及政策建议，不仅难以奏效，而且距离社会理性依然遥不可及。"存在即合理"并非体现势态非均衡演进的内在特征，现实世界中持续存在的被锁死的次优甚至低效状态（或收入分配陷阱），如长期贫困、持续不平等这样的难题，如果具有制度强制性，那么它将导致经济社会长期以来无法摆脱困扰，只能给"存在即合理"的现象主义者们以永恒和无解的心灵感应。

在对个体自然属性上的差异的研究，也能自适应地开始。对自然人行为及实验主义者而言，主要从自然人的生理特征的具体差异性解释同质主体均衡范式所存在的缺陷。② 这种新兴的视角方法，不过是以一种碎片替代另一种碎片，以一个极端的偏差替代原有的偏误。因为此法无法顾及理性行为主体的组织机构化，无视自然人的理性与能力根本无法对抗组织机构的操控和制度的普遍且持续的强制。

五、非均衡论对收入分配逆向转移的研究

（一）均衡论不匹配非均衡实践

经济学均衡论要通过人为规定供求相等和储蓄等于投资这样的逻辑来实现。均衡是纯粹的，非均衡则是具体的。这并不意味着非均衡能够脱离均衡论的普照之光的误导，但均衡论描述现实的传统与非均衡稳态实践的反差，反向激励着理论研究的妥协和改变。

西方理论研究中的非均衡（非瓦而拉斯均衡）始于凯恩斯的宏观经济分析。这种非均衡增补了均衡条件及均衡状态不成立时的研究空白，将均衡条件下的供求降低到现实条件下的"有效供求"，旨在通过政府适度调控，达到供求平衡的目标。③ 非均衡分析将研究的核心放在经济总量、劳动市场及货币数量三个维

---

① 埃莉诺·奥斯特罗姆. 公共事物的治理之道：集体行动制度的演进 [M]. 余逊达，陈旭东，译. 上海：上海译文出版社，2012：1-34.

② 布伦诺·S. 弗雷，阿洛伊斯·斯塔特勒. 经济学和心理学：一个有前景的新兴跨学科领域 [M]. 单爽爽，等，译. 北京：中国人民大学出版社，2014：3-9，99-129. 保罗·W. 格莱姆齐，等. 神经经济学：决策与大脑 [M]. 周晓林，刘金婷，译. 北京：中国人民大学出版社，2014：3-155. 尼古拉斯·巴德斯利，等. 实验经济学：反思规则 [M]. 贺京同等，译. 北京：中国人民大学出版社，2015：259-262.

③ 袁志刚. 均衡与非均衡：中国宏观经济与转轨经济问题探索 [M]. 北京：北京师范大学出版社，2011：9-10.

度上的供求失衡问题的分析。袁志刚（2008）系统研究了中国经济的系统性非均衡运行的表现，即在产业结构、经济增长与收入分配的不匹配性，公共物品供求、贸易与金融的非均衡，所有制结构非均衡，地区及社会发展非均衡，等等；作为政府，通过促进竞争和结构优化，以融合全球化、工业化、城市化为一体的战略选择，适应非均衡问题的再平衡目标。①

非均衡分析是基于失衡的实践，针对局部短期问题进行现象描述与解释，根本的问题在于，将非均衡视为短期性、可克服的"小麻烦"，不认为非均衡的根本性、系统性、长期性问题，即表现在以下三个维度：一是未能在经济规律上系统性地探究生产中的经济总量如何与分配中的需求不匹配性，也无从考虑各产业在结构上的匹配或失衡；二是没有在此基础上探讨劳动力供求在生产与分配失衡中的收入分配逆向转移机制的作用；三是更没有研究作为公共选择的宏观经济总量及结构再平衡政策的制定规则是否符合失衡实践对政策的内在需求。因此，基于均衡范式下的均衡分析与非均衡分析，最终均指向均衡；就实践中的失衡性矛盾而言，该理论体系本身也处于失势之中。

（二）均衡范式之下的分配失衡

个体和局部的短期均衡，是微观经济学的核心关切，但正是这种理性和理想，造成对生产和分配在整体长期层面失衡问题的无视与无解。均衡论根本不可能发现引起失衡的收入分配逆向转移机制的存在及其具有累积效应的作用。

供给学派为自由主义竞争者正名、呐喊，为其反对政府干预，恢复自由市场的竞争、均衡、效率而建构希望。② 然而，以克鲁格曼和斯蒂格利茨为代表的美国主流经济学家给以更为致命性的反击。他们认为正是以供给学派为代表的自由主义助长扩张，放纵资本在市场上的垄断，在政治上的操纵选举和干预政策选择，扭曲了分配，损害了经济。③

解决经济增长乏力和分配失衡这一双重失衡之间的交互恶化的困境，斯蒂格利茨认为，在知识技术带来创新、市场需求依赖分配均等性，以及由此造成规模报酬递增普遍发挥作用等情况下，具有独立地位的政府如果能够推动这一

---

① 袁志刚. 新的历史起点：中国经济的非均衡表现与走势 [J]. 学术月刊，2008（11）：70-78.
② 乔治·吉尔德. 财富与贫困：国民财富的创造和企业家精神 [M]. 蒋宗强，译. 北京：中信出版集团，2019：2-179.
③ 约瑟夫·E. 斯蒂格利茨. 重构美国经济规则 [M]. 张昕海，译. 北京：机械工业出版社，2017：92.

效应，则会比市场驱动私有产权更有必要，更为有效率和保障公平。① 同时，他还与众不同地发现，选择一项或两项政策是容易的，但是这并不能解决问题的根本；选择一整套方案，即制度改革与政策选择，"抑制上层、拉动中层"，旨在重构规则、重塑经济，减少不平等，改善经济状况。② 但是，这种基于问题进行"对症式"治疗，显然符合事实逻辑，但并非有效。因为任何制度重塑和政策重构，并不是随机、随意和碎片化安排，而是需要基于既有根本制度和主客观条件下，各方面利益博弈与妥协的结果③。作为一个缺乏独立地位的契约政府，在没有独立经济基础的支撑下，无法改变公共决策的既有法则，也不能出台并实施旨在解决收入分配逆向转移机制的战略与政策。

（三）对收入分配逆向转移的批判

以资为本、按资分配的制度强制，造成失衡性收入分配持续存在。对于斯蒂格利茨、克鲁格曼而言，他们愿意撰写"难以入流"的"大众读物"，向更加广泛的受众群体表明他们对美国贫困、不平等，以及造成该类问题的体制机制层面的关切。此举正是不再按要素的边际原则（或所谓的有效市场）定价方式进行财富和收入的分配，而是基于现有政治经济体制机制，将分配纳入这些体制机制及政治的维度，考察收入和财富的分配按照资源、权力而进行偏向于极少数既得利益者群体的再分配。④ 乔希·比文斯以大量的数据图表的形式，向读者展示美国"劫贫济富"的真相。⑤ 塞缪尔·鲍尔斯等，以竞争、统制与变革三维图景建构资本主义政治经济失衡的势态。⑥ 事实上，很多极具挑战传统理论范式观点的研究，在揭示问题的深层体制机制上，是尖锐和有效的；但是在能否将其改良的方案落实到实践中，则更像是空想社会主义在当代美国的翻版，

---

① 约瑟夫·斯蒂格利茨，布鲁斯·格林沃尔德. 增长的方法：学习型社会与经济增长的新引擎 [M]. 陈宇欣，译. 北京：中信出版集团，2017：250-252，340-358.
② 约瑟夫·E. 斯蒂格利茨. 重构美国经济规则 [M]. 张昕海，译. 北京：机械工业出版社，2017：100.
③ 萨缪尔森，诺德豪斯. 经济学（第19版）上册 [M]. 北京：商务印书馆，2012：379.
④ 参见斯蒂格利茨的相关著作：《不平等的代价》《自由市场的坠落》《巨大的鸿沟》《重构美国经济规则》等；克鲁格曼. 一个自由主义者的良知 [M]. 刘波，译. 北京：中信出版社，2012.
⑤ 乔希·比文斯. 劫贫济富：美国经济数据背后的真相 [M]. 北京：北京大学出版社，2014：1-131.
⑥ 塞缪尔·鲍尔斯，理查德·爱德华兹，弗兰克·罗斯福. 理解资本主义：竞争、统制与变革（第三版）[M]. 孟捷，赵准，徐华，译. 北京：中国人民大学出版社，2013：61-64.

即寄托于现行制度体系对既有体制机制进行改良。①

以经验数据为主要支撑，研究资本运动中的社会各阶层之间的差距、不平等问题的重要代表性人物托马斯·皮凯蒂，基于历史与现实数据描述，分析和解释分配中的收入不平等原因、机制、特征等，但终因无法摆脱制度与范式的"普照之光"而重新希冀资本与市场的"自由"与"公正"。

由上可见，对财富与收入不平衡问题的研究，止于对现状的不同层次的描述、解释和批评（批判），而不被允许进行旨在整体性和长期性的效率公平的根本性改造，皆因其经济与制度的根源所强制。②

（四）基于矛盾论的收入分配失衡研究的问题

由于受到马克思和西方两方面的理论与实践的影响，霍奇森试图找到与时俱进的折中之道，从主义之争到具体问题的解读转变。他将剥削定义为各交易主体之间的议价能力的不对称，将马克思的资本内涵进一步具体化和变通，从而认为，拥有更多资源的主体会有更大的议价能力，这并不是通过一次交易所展示出来的结果，而是在很多方面很多次交易谈判过程中所拥有的优势，维持这种不对称性优势所依靠的是社会的制度体系，因此这是资本主义不平等持续并具有累积效应的根本所在。③ 将不平等制度化、内生化，而不是抽象个体的随机化，这是其独到之处。但是，由于作者所处的实践、历史和国家制度等局限，不能找到解决问题的根本途径，最终也只是解释世界而不能改变世界。

大卫·哈维从资本关系及其运动过程在时间与空间领域的非均衡性扩展的客观必然性上展开分析，发现资本的矛盾运动，带来经济体整体在发展上的差异性，形成发展速度与程度的差距，加剧发展各方面的不平衡矛盾，并且这种平衡本身也不是均匀地分布于固定的时期与空间。④

实践中的矛盾依然突出，强势的经济基础势必须要构建与之相匹配的强势话语权。分配上的悬殊性失衡，成为西方主流经济学与马克思主义经济学两大范式关系失衡的基础。在改革开放不断深化的进程中，西方主流经济学强势扩展其在世界和中国的话语权和影响力，主要表现在两方面：一方面，从市场化

---

① 亨利·明茨伯格. 社会再平衡 [M]. 陆维东, 鲁强, 译. 北京：东方出版社, 2015：68.

② 托马斯·皮凯蒂. 不平等经济学（第七版）[M]. 赵永升, 译. 北京：中国人民大学出版社, 2016：151-185.

③ 杰弗里·霍奇森. 资本主义的本质：制度演化和未来 [M]. 张林, 译. 上海：格致出版社, 2019：302-312, 327.

④ 大卫·哈维. 资本的限度 [M]. 张寅, 译. 北京：中信出版社, 2017：632-677.

改革实践层面，对中国改革开放的政策取向和框架建构产生导向和示范作用，国内相关的研究非常之多，如厉以宁（2015）①、吴敬琏和刘吉瑞（2009）②，以及吴敬琏（2018）③ 等具有"教科书"级别的专著。另一方面，在理论方法和经济学教学研究领域，均衡论大有"蒸蒸日上"的势头，而中国马克思主义研究存在着突出的问题，④ 马克思主义政治经济学的影响力与其应有的价值严重不匹配。⑤ 结果是，对分配问题的研究，偏离了差异主体之间的价值分配这一关键方向，却选择并过度倚重对表象进行统计学和描述性的分析技术，最终进行经验解释，对于创新实践与理论创新无益。

有些马克思主义理论的研究，不能顾及马克思恩格斯理论与实践的整体性和有机统一性的特征，⑥ 往往缺少将其理论与当时的实际相结合；谨循原典文本和观点，将原文直接与当下的实际进行生硬结合，甚至从中直接截取"能够"证明论点的论据和指导实践的段篇章作为教条，为当下的偷懒行动提供背书。马克思主义关于矛盾与非均衡的研究范式框架体系并不能得以广泛运用和付诸实践。更有甚者将均衡论和微积分相结合，对马克思价值价格及生产再生产理论进行"形式化""改造"。⑦

总之，均衡范式无法解释和解决西方国家经济社会在整体和长期层面的生产效率与社会公平分配等实践难题；西方左派思想家提出有建设性的见解，不被重视和采纳；后发国家若没有独立性，完全依靠模仿教条和"路径依赖"，根本不可能有效追赶和超越。

六、收入分配逆向转移问题的不同评价与应对

完美市场不会造成内生性差距的扩大，而除此之外的一切因素都可能是差距扩大的外生性原因。⑧ 而解决分配差距问题的唯一途径，似乎在于将不完美的市场变回到完美状态。这是均衡范式关于认知收入分配差距问题及解决途径的基本逻辑。

---

① 厉以宁. 非均衡的中国经济［M］. 北京：中国大百科全书出版社，2015：230-254.

② 吴敬琏，刘吉瑞. 论竞争性市场体制［M］. 北京：中国大百科全书出版社，2009：1-50.

③ 吴敬琏. 当代中国经济改革教程［M］. 上海：上海远东出版社，2018：481-485.

④ 段忠桥. 关于当今中国贫富两极分化的两个问题——与陈学明教授商榷［J］. 江海学刊，2016（4）：69-77.

⑤ 陈学明，姜国敏. 论政治经济学在马克思主义中的地位［J］. 2016（2）：5-14.

⑥ 杨金海，主编. 马克思主义研究资料（第21卷）［M］. 北京：中央编译出版社，2015：39.

⑦ 郎咸平. 马克思中观经济学［M］. 北京：人民出版社，2018：63-170.

⑧ 王弟海. 收入和财富分配不平等：动态视角［M］. 上海：格致出版社，上海三联书店，上海人民出版社，2009：383-384.

（一）分配问题的外在描述性

福山（2015）试图对西方国家日趋严重的社会分裂问题做出谨慎却又很乐观的解释与展望。[①] 但是他依然基于人的生理、心理及大脑神经结构功能建构用以解决社会理性难题的"社会资本"，试图以此种逻辑弥合不断扩大的社会鸿沟。

然而被理论忽略的实践问题更为严重。与经济顺周期一样，收入分配逆向转移存在着不断自行加剧的内在机制。这种动能带来严重的收入分配差距不断扩大的累积性效应（如马太效应）。这种不利于人们对其政府及其官员积极性评价的问题，使人们选择越来越不信任政府。[②] 但是，理论家们并没有将研究的核心放在 20 世纪 70 年代以来新自由主义对经济社会及政府的内在而深远的影响之上，没有考虑被不断放松的资本如何影响分配、如何垄断市场、如何干预政府与政策。这些内在因素才是问题的根源及解决问题的突破口。

（二）有关分配的科学与价值之争

在均衡范式规范之下，贫困、不平等及再分配等失衡问题不是均衡经济的问题，而是政治的、伦理道德的问题；经济问题的核心变成一本生意人的致富经。然而，正统经济学之外的经济学并不认同这一点。剥削首先是经济问题而非道德问题。剥削体现为统治权或垄断权在经济利益上的实现，体现为全方位的对立和不可调和。而晚近出现的"抽取"则在政治和道德上更淡化对立与仇恨。但是从经济与科学上看，两者并无实质性差别，只是后者比前者更易于平缓心理上的矛盾与失衡。

就经济而言，剥削主要体现为一种社会再分配法则，而并不是简单的伦理道德问题。分配问题源于其与生产的内在关系。分配如果能够更好地促进生产的发展，那么它就不失为一种得力工具；相反，如果一种分配制度体系没有带来上述有利的目标和效果，那么改变就成为一种内在的需求。

以哈耶克为代表的新自由主义更是承接了早期自由主义的传统，并在不完全竞争既已成形并发挥越来越重要作用的条件下，继续论证自由竞争效率这一具有光荣历史传统的价值，希望旨在保障资本主体意志的自由竞争强行于市场

---

① 弗朗西斯·福山．大断裂：人类本性与社会秩序的重建［M］．唐磊，译. 南宁：广西师范大学出版社，2015：3-30.

② 小约瑟夫·奈，等．人们为什么不信任政府［M］．朱芳芳，译. 北京：商务印书馆，2015：279-300.

交易，让货币"非国家化"的理由也不过是出于私利的自由竞争而不是仁慈。①
在紧随其后的供给学派看来，正是这种自由和竞争才能带来人类整体共同的财
富增进和贫穷问题的化解；而对于自由竞争和供给的任何干预，才是真正的不
道德。② 但是他们都不敢面对过剩与垄断这一个问题的两面性所造成的困局。

（三）效率公平问题及解决途径的有限探讨

在对个体理性造成整体非理性的研究中，均衡经济学无法有所建树；而其
社会学深受正统经济学帝国主义侵蚀，却无揭示问题本源之可能，只是对社会
问题进行丰富多彩的现象描述与解释。③

特别是在涉及分配和再分配这样敏感的问题上，大多数主流的经济学家们
选择退避三舍，但仍然有一些经济学家勇敢面对。斯蒂格利茨认为，垄断背景
下，垄断者基于其市场地位和对政府行为的影响力，而谋求垄断租金，既损害
了经济效率，更侵蚀了社会公平，使美国梦荡然无存。他强烈建议要"重构"
美国的经济规则。在重构规则这一宏图大业之中，包含对垄断资本的限制，对
社会上层精英的抑制，对税收和转移支付的重新平衡，对职工权利的赋予，以
及对劳工就业的促进、保障及晋升空间拓展。④ 同时，在知识技术带来创新、市
场需求依赖分配的均等性，以及由此造成规模报酬递增普遍发挥作用等情况下，
依赖于具有独立地位的政府，有效推动并实现这一效应，则会比市场驱动私有
产权更有效率，更好保障公平。⑤ 与此相似的是皮凯蒂，他认为为了解决财富愈
益不公平的问题，则需要迫使资本为整体利益服务，并对收入和资产征收累
进税。⑥

此类研究基于强势资本垄断前提和由此提出反垄断的直觉逻辑线条十分清
晰，但由于只是把改变不合理现状的希望置于契约政府这一不切实际的空想之

---

① 弗里德里希·冯·哈耶克. 货币的非国家化 [M]. 姚中秋，译. 海口：海南出版社，2019：
  110-113，132，149-154.
② 乔治·吉尔德. 财富与贫困：国民财富的创造和企业家精神 [M]. 蒋宗强，译. 北京：中信
  出版集团，2019：90-151.
③ 布赖恩·卡普兰. 理性选民的神话：为何民主制度选择不良政策 [M]. 刘艳红，译. 上海：
  上海人民出版社，2016：168-169，220-221.
④ 约瑟夫·E. 斯蒂格利茨. 重构美国经济规则 [M]. 张昕海，译. 北京：机械工业出版社，
  2017：104-168.
⑤ 约瑟夫·斯蒂格利茨，布鲁斯·格林沃尔德. 增长的方法：学习型社会与经济增长的新引擎
  [M]. 陈宇欣，译. 北京：中信出版集团，2017：250-252.
⑥ 托马斯·皮凯蒂. 21世纪资本论 [M]. 巴曙松，等，译. 北京：中信出版社，2014：IX.

中，① 显示理论研究的实践意义缺失。

七、简评及启示

（一）对差异主体做同质性假设所存在的问题

无论是个体之间的差异，还是同阶层主体之间的对等博弈，均不构成个体理性与整体理性之间的统筹协调的可能性。以同质主体假设作为研究分配问题的前提约定，这种研究的问题在于基于个体、静态、短期的均衡理念对研究行为的一致性规范，缺乏系统整体性和长期有效性。同时，由于将微观个体行为的差异性等同于制度运行，必将混淆具体行为人的个体性与根本制度下的必然选择的重要差异性，也就是将个体与整体、偶然与必然、原因与结果的关系完全遗失于范式框架体系，将科学理论变成主观经验的奴仆。基于历史与实践可以确定的是，财产权利赋予其主体以道德制高点和规则的制定权，对实践中的主体进行有效分类和区分，是马克思主义理论与实践的真正起点。

（二）均衡理论与失衡实践的对立

均衡范式不能解释和解决非均衡实践难题。自诩"皇冠""显学"的"现代经济科学"，利用学科间的鸿沟和矛盾，形成对来自该学科之外的批评的"免疫力"。这种孤芳自赏的科学主义，其流行性范式框架基于均衡分析。在面对虚构均衡与实践失衡的矛盾时，人们需要着力应对的不是来自教条对政府的指责和向虚构的均衡稳态回归，而是基于唯物史观辩证方法，着力解决非均衡所给人们带来的递增性成本及制度障碍。

面对实践中的困扰，理论家们不得不尝试让政府对市场进行必要的干预与功能弥补。然而，因为利益和制度不接受调和，在政府何时介入、如何介入、介入程度的宽窄深浅等方面不能达成共识，无法展开集体行动。基于均衡论，对实践非均衡性的原因探究，只会将实践中的困扰加速变成理论上的争议。究竟是出在原初的市场失灵，还是政府行为的失当？更有甚者要为自由立法，通过保护私有产权和创新，为发展提供可持续，从而为解决贫穷问题提供条件，唯有"将自由付诸法律"才能"长治久安"。② 显然，在实践不能长期稳健地给

---

① 马克思，恩格斯. 马克思恩格斯全集（第19卷）[M]. 北京：人民出版社，1963：201-247.

② 罗伯特·库特，汉斯-伯恩特·谢弗. 所罗门之结：法律能为战胜贫困做什么？[M]. 张巍，许可，译. 北京：北京大学出版社，2014：276-281.

出有效解决问题的同时，均衡范式不可能得出一致性的结论和对策。达成共识、达成一致行动的困难在于，理论的差异本身并非理论或学术的问题，而是由实践中难以克服的系统性矛盾所驱动。

（三）对公共选择的公共性的背离

资本集中是个体至上的经济运行的结果。但是个体主义对政治集权的恐惧又源于对个体私利与私欲的珍视和放纵的制度体系。这种情绪迁移到对政府、政策及社会主义的质疑与反感。这种价值体系迫使政府作为"健康、有序"的经济体系的"守夜人"角色，发挥"干预得越少越好"的作用；对于同质主体理性选择下的非瓦而拉斯均衡的推论，则希望作为公共部门的政府，始终保持神算、廉洁、高效、无敌的才能，完美地履行市场在发生任何失衡时的合意的救火神明的职能。换言之，市场的内生性则要排除政府的任何介入，而市场的"意外"失衡则需要政府外在性预防和补救。正是唯心论对事实构成颠倒性认识，对政府及意外的上述认识同样是颠倒的。① 在均衡范式的钳制之下，在决定政府性质、职责、功能等根本问题上，以及政府在何时、可以凭借何种基础和杠杆，才能解决分配失衡等深层次问题，依然是实践矛盾与理论困扰。

（四）党政制度研究中的范式窠臼

经过对比发现，均衡经济学流行于中国，不仅是思想理念、范式框架方法上的，而且在研究的具体内容上，不顾及中国在经济基础和根本政治制度上的差异。这方面的研究以均衡范式框架方法为准绳，"指导"中国的经济政治改革与公共政策选择，不能够也从未基于中国的实践和经济政治实际进行实事求是的创新研究。因此，根本看不到中国党政经济学的独特性和中国经济之"谜"如何产生。

国内马克思主义研究包括马克思主义政治经济学研究，取得了很大进展。该理论本身必须和必然基于实践的特征，以及其与政治的高度结合，造成马克思主义经济学自身的独立性、创见性相对于其他理论而言的弱势结果。国内马克思主义经济学关于党政经济学的研究，② 虽有起步，但缺乏范式框架方法体系

---

① 马克思，恩格斯．马克思恩格斯全集（第30卷）[M]．北京：人民出版社，1995：391-392.
② 马建堂．中国经济长期稳定发展的潜力来自何处 [J]．求是，2019（20）：59-65. 刘伟．中国特色社会主义基本经济制度是中国共产党领导中国人民的伟大创造 [J]．中国人民大学学报，2020（1）：20-26. 孟捷．中国共产党与当代中国经济制度的变迁 [J]．东方学刊，2020（1）：65-73. 钱路波，张占斌．论中国共产党领导经济改革40年的历史方位 [J]．西南大学学报（社会科学版），2018（4）：56-64.

的系统整体性，存在不易符合实践具体的应用性要求。

在这种情势之下，均衡经济学就成为最为中国改革发展实践的"质优价廉"的评判标准。清晰、严厉保护私有产权，放任自由与竞争秩序，秉持"恒产恒心"论，以"法定天下"的气势激活创新动能，似乎能够通过"涓滴效应"摆脱当今世界及当代中国的贫困、不平等等难题。这种解决贫困问题的逻辑，是西方主流经济学的正解。然而正是这种范式框架方法诱导实践陷入分权、分利、分化的矛盾之中。结果，发展的不平衡不充分，并且将有限的发展异化为人的发展的阻力。在国内外既有文献中，可以发现各种分门别类的"片面的极致"研究、经验值测算及其检验，但是将高速增长中结构失衡的经济基础与制度强制进行系统性非均衡动态研究却实属罕见，但这的确极其重要。

第三节　范式框架及方法

实践具体的复杂性，决定了拥有科学实效性的理论必然存在非普适性的特质。基于实践具体而生成不同理论，比较和借鉴不可多得的思想和智力财富，实现理论的科学化，而非意识形态化和宗教化，是理论的普遍科学性与实践的人民性的基本要求。

一、范式

每一个时代都需要具有独特性的世界观方法论和经济学。国与国之间存在诸如地位实力、民族种族宗教等差别，其内在差异性和矛盾运动从来都不是"势均力敌"条件下的均衡、效率及稳态，而是这个"动荡的世界"造成的多种不平衡问题①。正如霍奇逊所强调，"世界是一个不断变化的过程而不是一个固定不变的自然秩序。"② 相比较而言，从坚持和注重社会变化发展的历史观上

---

① 明茨伯格将社会严重的不平衡归结为"政府""企业""公益组织"三类主体之间的非对等性组合关系，引致作者将此作为区分资本主义和社会主义的依据，并认为任何一种不平衡组合都可能导向人类的万劫不复。无论此论如何，但有一点是我们可以进一步确认并加以论证的，即"世界已经严重失衡"，并且"需要根本的革新"，即人类需要"社会再平衡"。因此，该著的意义更在于向人们提出了一个由来已久的严峻问题。（亨利·明茨伯格. 社会再平衡 [M]. 陆维东，鲁强，译. 北京：东方出版社，2015.）

② 杰弗里·M. 霍奇逊. 经济学是如何忘记历史的：社会科学中的历史特性问题 [M]. 高伟，等，译. 北京：中国人民大学出版社，2008：53.

看，而不是仅仅依靠"自然"，霍奇逊要比福柯具有更多的时代性和现实性。①

当前正统于西方的经济学范式框架体系与世界资本主义体系早已进入垄断阶段。这种学说体系更是无视中国的经济基础与制度结构，即把这些实际与中国经济崛起之谜进行机械的切割，"总结出""有严重问题"困扰的"中国模式"，并以西方模式作为目标参照系（以美国为"灯塔国"），强势地向中国提出进一步改革的导向。②

时代、实践及制度的差异决定理论体系的差别，理论范式、框架及方法因之而存在不同。一些基于比较的经济学得以形成，此类研究发挥了更为宽广的视野和客观性优势。③正如吴承明所总结的，任何伟大的经济理论，都具有方法论的性质；史无定法，因此要根据时空条件和所研究问题的性质及史料的可能，选择适当的理论与方法；而均衡论中的"理性人"假设，即便在发达国家也不完整，将其运用于当今中国，亦非适宜之选。④

基于实证精神的科学研究，并非囿于系统有偏性假设前提而永远无法回归实践、回归历史与人的主体性，而是恰恰相反。立足创新实践，让普通人能够解决贫困和生存危机以后，继续扩展更多的发展潜能与维度，实现与时代、实践相符和良性互动的理论体系创新，而绝不是以均衡稳态之名行因循守旧、阻碍改革与发展之实。

作为对时代与发展的准确把握和科学前瞻，马克思主义不是观点和教条，而是基于完整系统性的范式方法论体系，旨在研究发展的人民性及人民的发展这一根本问题。如果把马克思主义仅仅作为一种超越时空的"片面的、畸形的、僵死的"语句、观点，那么片面理解和恶意歪曲这些特定观点，就是"抽掉马克思主义的活的灵魂，就会破坏它的根本的理论基础""破坏马克思主义同时代

---

① 米歇尔·福柯. 什么是批判：福柯文选Ⅱ［M］. 汪安民，编译. 北京：北京大学出版社，2016：287-290.

② "用在华尔街学到的分析框架来分析中国当前的实际问题"，以此为基础为中国改革提供源于华尔街的信念与逻辑。（陆旻. 从纽约看中国经济——中国如何转型为消费增长模式［M］. 北京：中国经济出版社，2015：5-33.）鲁特在其著作中以美国为灯塔，在其分析中审视和改造无论如何都"不怎么完美"的拉丁美洲和亚洲的发展中国家。（希尔顿 L. 鲁特. 资本与共谋：全球经济发展的政治逻辑［M］. 刘定成，译. 北京：中信出版集团，2017：3-63，209-241.）等等，此类文献不胜枚举。

③ 正如国家、制度、发展程度的差异性一样，经济学本身也存在着研究对象、目的及工具差异。整个世界很难存在超现实与历史的经济学的"大一统"的可能。（劳埃德 G. 雷诺兹. 经济学的三个世界［M］. 朱泱，等，译. 北京：商务印书馆，2013：318-343.）

④ 吴承明. 经济史：历史观与方法论［M］. 北京：商务印书馆，2014：370-371.

的一定实际任务"。①

　　建立中国经济学梁柱，首先要求基于实践进行理论范式的重构。若没有理论范式作为根基，而仅限于用"他山之石"来移植、嫁接和堆砌而成的"现代""科学"，就不能匹配和适应中国对时代性、人民性、前瞻性及可持续性发展的要求。

二、框架

　　若要研究诸如收入分配这一充满"敏感性"的非主流问题，不可能依靠主流范式框架，更不应受到主流范式框架的束缚，不能迫使研究流于形式、沦为庸俗、陷于苍白、实为守旧。基于马克思主义，研究和解决收入分配逆向转移机制及应对，必然需要有破有立，与西方学术正统的流行范式截然不同。图 1-1 为本书研究框架的主体内容及逻辑。

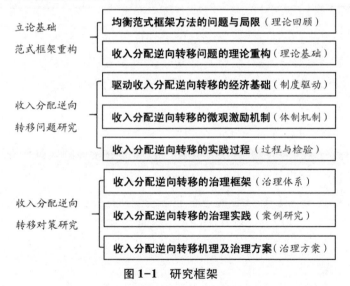

图 1-1　研究框架

三、方法

　　工业化虽由人推动和完成，但这一过程也在以工业化逻辑形塑人本身，并将人、社会及自然卷入一个全新且不可逆的境况与未来，这是立论的基础。选择基于实践的共同性，着眼于整体的系统性和发展性把握知行关系及规律，这是方法论基础。

――――――――――――

① 列宁. 列宁全集（第 20 卷）[M]. 北京：人民出版社，2017：84.

（一）立足实践坚持问题导向的原则

经济解释乐于把解决问题的希望和机制放在依赖精致的个人主义和致力于进取创新的"企业家精神"之上，让它们把实践中的问题变成生意场上的交易标的，而政党和政府只提供"守夜人"服务和迫近"零交易成本"的环境。在"有效市场"驱动下，"理性人""遍及四海""源远流长"，均衡论则"大有可为"；而"不正常"时期则是一种不予以考虑的"意外"。事实上，在几乎所有的时期，都不过是"正常时期"，因为从较长的时期考察，所谓的正常时期与不正常时期恰恰可以构成特定历史时期中的一个完整的周期，而不是将这两个阶段割裂并放弃其中任何不利于保守理论的阶段或因素。诸如结构性失衡、经济周期性波动及增长乏力等问题，都不过是整个制度体系的必然事件，而不是市场与政府完美体系之意外事件。

如果将重要问题都纳入政党和政府都必须长期持续承担的职责范围之内，那么什么时候都不是可以放任自流的"正常时期"。在实践中矛盾的普遍性和以解决问题为职责定位的执政党共产党和人民政府看来，问题从来不少而且不断生成，但解决问题、化解矛盾才是推动发展的着力点。立足实践，发现问题，解决问题，将实践和理论的视野呈现出开放发展的势态，这对于以"理性人"定位、以极其狭隘的均衡论寻求反对政府公共选择的私利最大化的个体选择而言，虽然没有利用性质温良的函数求"最优解"那种形式化"美感"，却能够具有更坚实和广泛的推动经济社会发展的实践基础。

（二）基于矛盾论辩证法的动态非均衡分析

不同时期有不同的主要矛盾。在当今过剩与垄断并行、交互作用的背景下，矛盾论辩证法是研究和解决问题的前提。收入分配的逆向转移涉及利益相关主体之间的矛盾性。既然是系统性矛盾综合体，那么它们所驱使的经济社会运行并非如均衡论所坚守的消极世界观那样，即市场自发有效地将所有问题调节到人们"普遍"渴求并"永恒完美"的状态（所谓"均衡稳态"）。事实上，和谐经济论者对这种矛盾做出调谐和美化的努力从来不乏其人其事，但收入分配的矛盾、失衡的存在，迫使结构性问题引爆危机的机制，从来没有停止发挥该作用的可能。

非均衡分析旨在揭示实践中对矛盾的辩证把握和动态规制。总体自主选择性时刻"在其位、谋其政"，即要在短期非均衡中把握长期动态可控的效率与公平辩证统一的状态。① 这里所要涉及的主体是真实的个体、局部、整体、制度四个层面。特别是作为政党和政府，在对规律的把握和利用上，自觉遵循辩证与发展规律的要求，减少无知盲目和自发，避免动荡性失衡。对收入分配逆向转移的本质进行探究式分析，解决收入分配逆向转移的根本途径，是迫近普遍科学性与彻底人民性相统一的基本前提。

（三）基于历史、逻辑及实践相统一的辩证发展研究

对收入分配逆向转移实质的把握就是完整发现社会运行的规律与实践过程。为了解决这类问题，还需要基于实践的历史与时代性所进行的逻辑分析，是科学研究和正确解决问题的基本方法指向。

选择基于系列苛刻假设前提，并随时修改个别假设条件而进行的形式化分析，仅仅考虑其逻辑性，的确具有科学主义的性状，但是在这一过程的起点与终点，即逻辑前提与逻辑结果，与实践的社会具体性并无必要的整体性契合度，它们只是一幅幅为个体理性所打造的意识形态导图，而不是给现实世界中的大多数人提供系统可靠、有效且公正的解决方案。

（四）基于个体、规模、整体相统筹协调的系统整体性研究

从实践来看，异质主体在谈判和交易时存在资源、理性、权利方面的落差，他们之间的博弈存在非对等性、非均衡性、非效率性及非可持续性，使主体之间的异质性凸显出来。他们对效率的衡量也会受制于各异的权利诉求，特别在理性能力和效率评价中，个体、局部及整体三个层面存在复杂而非线性加总关系②，个体理性已经不能代表和代替集体及社会理性。基于矛盾论辩证法，选择非均衡分析，研究社会生产中的生产方式的矛盾、分配中的差距不断扩大的生成机制，分配失衡与生产失衡的相互作用机制及其对未来发展的内在影响。这样有助于探究收入分配的逆向转移机制，为有效应对这一不利结果而提供治理途径及对策。

研究个体理性形成整体非理性条件与机制，探究党和政府通过制度变革与

---

① "系统动态平衡"是要"保持一种相对的不平衡"，以实现"活力、动力和势能"。这种不平衡不能是"死平衡"，而是"保持一定的稳定性和平衡性"，以"从不平衡走向新的更高级的平衡"。实际所强调的是不平衡的辩证与发展的关系。（王曙光. 中国论衡：系统动态平衡发展理论与新十大关系［M］. 北京：北京大学出版社，2018：2.）

② 乔纳森·施莱弗. 经济学家的假设［M］. 邓春玲，韩爽，译. 上海：格致出版社，上海人民出版社，2019：119-124.

优化等途径，对人的行为进行有目的的约束与激励，助力社会整体长期理性的实现，也就是要关注社会分层，系统动态研究经济结构演变趋势和社会发展规律，这需要以矛盾论的分析方法，以统筹兼顾协调发展的途径，解决作为总体的社会的自主选择悖论问题。

第二章　均衡范式框架方法的局限

不同制度及与之相适应的世界观方法论，决定着理论范式及理论的生成。私有制与唯心论的紧密结合有其历史、现实及逻辑上的客观必然性，但这并不能就此认定此种存在的神圣永恒性。在追求普遍科学和人民民主的实践中，理论问题越来越不体现为理论本身的问题，而是需要关切形成理论的实践问题。因此，将研究范式框架方法提升至世界观的高度的做法并不过分。[①] 同时，在"世界大同"尚未到来、以邻为壑的理念仍占重要地位的阶段，宣扬均衡范式框架体系的世界大同，显然是盲目且操之过急的。在"现代"与"科学"的话语下，均衡论是经济分析的基础和核心，均衡范式成为广为流行的传统和正统。问题在于，均衡论对失衡实践的背离，均衡范式的虚构和美化性质，成为维系现状拒绝改变的政治正确之工具。

第一节　均衡范式框架方法的特征

19世纪晚期以来，与马克思对资本主义未来的不祥预期相反相成的是，以个体经验为内容、以数理与统计为工具、以均衡论为神旨的范式框架体系，开始为内在不稳定的资本主义构建海市蜃楼般的稳定系统。直至今日，均衡论已经不是仅限于理论分析方法，而是构成正统的世界观方法论、具有核心支配地位的研究范式，甚至成为经济学帝国主义。特别地，主流经济学将分配问题研究边缘化、空洞化，[②] 并与分配中的深刻矛盾构成尖锐反差，是均衡范式的重要取向。

[①]　乔根·兰德斯.2052：未来四十年的中国与世界［M］.秦雪征，等，译.南京：译林出版社，2013：18.

[②]　托马斯·皮凯蒂.财富再分配［M］.郑磊，译.上海：格致出版社，上海人民出版社，2017：149-155.

一、作为世界观的均衡论

(一) 基于"给定条件"的均衡论

流行经济学的研究对象为"给定条件下"的资源最优化配置，依靠市场供求决定的价格机制，似乎最终能将失衡的经济带入均衡的理想大道，通过价格机制而放纵自由竞争的市场，让利润和风险在波动中"随机分摊"，以应验有效市场能带来最优效率和最大化福利这一逻辑预设。

1. 基于个体经验主义唯心史观

均衡经济学基于系统性假设前提，即历史虚无且现实虚构。基于个体至上而拒绝主体之间的协调，使得个体只能以"自由""平等"的政治意蕴，以线性加总的途径，以独立同分布的同质性体系，组成难以达成共识、不能集体行动的乌合之众。因此无论是理念上还是实际运作中，总是存在突出的外部性所构成的再分配问题：一是在权益分配上，规模效应的生成与分配问题；二是在成本分摊上的转嫁问题。对于事关个体再分配这一核心难题，唯有基于个体经验而建构唯心史观，才能将其掩饰并形成学术宗派、势力集团。

相对于实践而言，在当今"一切都要证明"，特别是需要"数据"加以经验地证明，这给保守主义者及其传统理论提供了暂时性保护，给制度主义者面临可能出现的任何风险提供过渡性保护。一些经验主义者将伦理、道德、信任等社会关系转化为仅凭金钱和技术来相互联系的孤岛，一切判断唯"证据"是从，连"我是我""你妈是你妈"这样的常识都需要大张旗鼓地"正式证明"。如果不依靠近年以来发明的基因技术的话，其他证实方式并非能让唯证据者轻易接受。对于很多盛极一时的当红理论，过了几十年或者更长时间，就会被发现其正当合理性及价值性所剩无几了。显然，与唯物主义的实践及其检验相比，经验主义者的特定经验与"实证"，在证明外在性而不是内在根本性问题时，或者在论证狭隘命题时，都是不可或缺的学术"法宝"。

均衡分析将彻底分立的各主体通过交易和利益联系起来，并旨在维护彼此之间的相对稳定状态。这是通过签订契约以实现相互制衡的抽象化效果。在其中，与假设不同的是，现实中的主体的差异性，通过利益的差异性和差距扩大化的机制，将社会主体间的距离越拉越大，形成社会鸿沟、阶级对立和歧视，社会的离散性越来越明显和严重。由于缺少能够弥合社会差距的机制和力量，社会离心力越来越大，即随着社会的发展和各主体的个体行为能力增强，这种离心力愈益强化。但是，个体主义和形而上学的理论与实践逻辑相互融洽，形成一种正统的学术框架，达到解释世界、拒绝改变现状的效果。

与此同时，在同一"总体"中进行样本选择，最终被选的样本实为"幸运"样本。以这些幸运样本的特征推断总体特征的"真实性"和"正当合理性"，与基于预先的假设中得出预设的结论的研究范式方法如出一辙。选取形成同质性主体的社会制度框架和传统经验来验证另一种经验，拒绝选择异质主体的经验，正如西方世界在证明其行为正当合理性的时候，选择其同一战壕里面的盟友，并以其立场、观点、方法来否定和批判其对立面；根本不使用具有辩证法的穿透性、实践性、建设性等方法，不进行内在规律研究，却选择与之不同和对立的方式、方法及对象，这是因为唯经验论追求和维护均衡与稳态，达到以偏概全的根本诉求。

最终的理论与对策不是解决根本问题的有效对策。在对经济社会问题进行分析时，经济社会层面的外生性、随机性都会成为理论与政策选择的共同性特征，而将这种外生性、随机性因素的驱动力又倒退至自然属性和永恒性。用自然界的自然现象和关联性作为隐喻性论据，来解释或者佐证社会规律性，缺乏实际科学性。比如，使用蜜蜂与果园的"互利"性"揭示"社会合作关系及其互利性，[①] 以及以理性人"自私""利己"本性解读基因的主观选择性，借以感化和强化社会人的理性共性。[②] 利用这种"天人合一"的"逻辑互洽"，借以发现社会人的"动物精神"，只是用以解释人类社会发展到特定阶段（商品经济时期）以来人们的经济活动的部分特征。因此，滥用隐喻这一手段以此达成对理性人不断地进行经济解释的目的，饱含着社会达尔文主义的浸润，仍然是西方学术的传统和当今的正统与主流。这种局面相对于时代发展的新进程而言，已经极为传统。

2. 严格依赖先验性系统假设前提

理论研究中的假设和抽象是必要的，问题在于假设前提的目的或价值取向是什么。如果因为世界观方法论与实践及科学对立而造成理论与事实整个过程完全相反、相悖，基于此种假设和抽象的理论并不能带来客观、科学、可靠的结论与对策。均衡经济学依赖假设和事实前提，在给定制度和时空范围之内，求取约束条件下最优选择方案的组合解。只要条件限制得巧妙，理论上就存在均衡的可能，著名的阿罗-德布鲁范式比前人瓦尔拉斯的一般均衡论"严谨"得

---

① 罗纳德·科斯，等. 经济学的著名寓言：市场失灵的神话 [C]. 罗君丽，等，译. 桂林：广西师范大学出版社，2018：1-36，99-123.

② 理查德·道金斯. 自私的基因 [M]. 卢允中，等，译. 北京：中信出版社，2012：230-288.

多。西方学术将此种均衡论作为其经济分析的普照之光，非瓦尔拉斯均衡论似乎要增补均衡论对非均衡研究的空白，但这是一种以均衡范式填补非均衡研究空白的方式，其实质是以非均衡实践中的现象补充均衡分析所遗留的片论，其范式方法及目标均在均衡范式的普照之光之下进行，存在系统性偏误。

对事物的矛盾性及其非均衡演化的研究，则是从突破给定的制度和时空范围的高度，也就是从整体长期性（社会历史实践性）的层面，研究各个具体选择均衡的瞬时性与非均衡的根本特征。如果一种理论体系不是基于实践，而是基于"给定条件"和系统性假设（包括大量的"公理性"假设），那么无论坚持何等程度的"客观"和"价值无涉"，① 都不可能达到其所标榜的效率与公平兼备的稳态。这是因为其理论及逻辑的起点和基础早已"价值有涉"。这种伎俩正如自由主义者对自由的高歌和放纵，这种选择本身就是一种先入为主的价值有偏性，即并没有让自由平等做到基本和事实上的普及，它不可能"普度众生"。

因为作为个体效率前提的自由平等竞争，仍然作为拥有足够多财产和收入这个最为关键条件的人的特权。个体层面的自由、竞争及效率，从来都是根本不具有充分财产权利及收入的普通民众的奢侈品。在如此事实之下，以"效率"的名义保护"自由""平等""竞争"，其结果首先并不是各主体效率的真正实现，而是促成共同体的效率与公平的双向丧失。从《增长的极限》发表以来的半个世纪实践看，资本主导之下的市场所带来的效率公平性、增长动力性及发展的可持续性均难以被整体性实现。所谓"平等""自由"，只是一个涉及财产权利占有、归宿及分配结果的经济与权力范畴。② 从经济社会运行与发展的实践及实质来看，脱离现实的财产权利的平等与自由概念，并不是针对所有人的政治性规定，只是随着政治运动的展开和不断加剧，在政治口号中，以这些虚伪的词汇成了一种极具欺骗性的共识。

均衡论者从伦理道德、学理观点及研究方法上根本性拒绝马克思在《资本论》中确立的方法论与理论体系，对马克思著作的文字表述极端不适应，更谈不上对其世界观方法论及理论体系的完整准确把握。③ 流行经济学的职业化工作者以先入为主的均衡论和系统性假设去寻找与其社会现实相匹配和印证的证据；在真实经济运行中的变化、困境所引起的困惑中，形成对经济世界的颠倒性认

---

① 马克斯·韦伯. 社会科学方法论 [M]. 韩水法，莫茜，译. 北京：商务印书馆，2013：1-69，151-205.

② 查尔斯·A. 比尔德. 美国宪法的经济解释 [M]. 夏润，译. 南京：江苏凤凰科学技术出版社，2017：48-53，118-141.

③ 琼·罗宾逊. 论马克思主义经济学 [M]. 邹巧飞，译. 北京：商务印书馆，2019：15-16.

知和解释，以对其所遵循的制度进行维护与辩护。① 因此，这种正统和传统不能与马克思主义有所妥协，而仍然是对后者进行"无知的漫骂"。这种狭隘性决定了均衡范式框架不能探究收入分配问题的本质与规律，其理论与实践严格不一致，只能以种种悖论和迷思回避矛盾。

3. 坚持个体功利主义狭隘价值观

与口头上的"价值无涉"相反，功利主义大行其道，价值有涉是一种"科学"之举。功利主义思想观念及其形塑的均衡范式被不断地渲染、教育、接受、保护及传承。作为一种世界观，均衡论的基础在于，未知世界的不可知性和不可改变性，拒绝承认和接受理论的时代性、历史性局限，以强调和维护既有利益格局和制度体系的合理合法性和不可变革的"自然永恒性"。这种价值取向与封建时代的皇帝热衷于追求"长生不老药"的驱动机制完全一致（受制于其对既得利益的永恒占有和享受的内在需要），不能形成辩证唯物主义和历史唯物主义，是这种时代条件下的必然选择。虽然自然科学和科学主义在近代西方得到空前和卓越的发展，但是对于唯物辩证法的科学化的发展极其不足。马克思和马克思主义在西方思潮和学术界中所遭遇的尴尬，均能表明这一点。

均衡论否认事物的矛盾对立性及其从未停止的运动发展性，旨在接受和维护现状，因为害怕和拒绝真正的制度革命而"认命"。为此，将基于均衡论所建构的均衡范式作为正统理论的"参照系"，对后续研究施行"普照之光"效应，即要让一切皆因主体之间的差异、不平等、矛盾冲突所造成的非均衡这一事实被该"参照系"及其宗派所掌控。

从英国古典政治经济学对财富生产与分配的研究，过渡到对既得利益群体及其所珍视的私有制度进行合理性和科学主义的保守性辩护，政治经济学开始与基于阶级对立的社会矛盾不断激化这一基本事实分道扬镳，沦为对雇佣剥削制度和分权制衡理念进行均衡论辩护的"现代经济学"，为矛盾的社会实践提供"均衡"与稳态的理论与方法。

然而，科学主义根本就不等于科学。均衡论中的均衡世界与现实中的非均衡世界完全不一致，终究是理论与实践的错配。

对理论与实践的矛盾性的处置，就是以外在描述性应对内在矛盾性。实践中的非均衡性，在均衡理论范式看来，通过外在性描述，将研究的重心放在经验检验上，并不深究问题的内在因果关系，甚至不少研究将因果关系完全颠倒，似乎也不影响其研究的"现代科学"性。因为这种研究只是通过创新解释世界

---

① 琼·罗宾逊. 论马克思主义经济学 ［M］. 邬巧飞，译. 北京：商务印书馆，2019：18-19.

的手法去维护现状，即演示真实世界如何偏离虚构的参照系，理论与舆论又要向这一参照系回归。

当理论范式与实践已经处在制度性阻碍技术进步和人的自由全面发展的阶段时，它们就成为阻碍变革和发展的势力。因此，立足虚构的假设前提，所演绎出来的抽象的均衡结论，其政策建议至多只是单薄的改良主义的对策，最终不过是被规制者变化多端的创新行为灵活地化解和对冲；[①] 对均衡理念之下的纯粹的经济学研究及其任何的"创新""先进"的分析技术，也是于事无补的。[②]因为就业与分配的失衡性表明，以治标不治本途径（如提高最低工资标准、教育改革、增加教育机会等政策修订都远远不够），无法系统性或根本性解决经济增长与减少不平等的难题。[③] 但是，借用这一基础性研究范式，基于个体私利至上的起点，在无形之中，为其最终政策建议都预置一些不可挣脱的诸如"分权""制衡""排斥政府""反对干预"的思想套路，而无视该国选择何种道路、实行何种制度、处于何种国际地位、处于哪种发展阶段等实际差异！这是西方制度及其思想向全球布道的具体实践形式，也是此种社会赖以存在和扩张的前提和基础。

（二）基于工具理性的个体效率优先论

1. 以私利最大化作为个体理性的核心

理性个体对理性与效率的追求与实现，在于最大化私利的任何富于创造性的行动（或破坏）。因此，对于西方一些政客的双重标准，我们不应当只看到双重标准，其实是在行动上没有标准，而目的只有一个，即最大化私利。为达此目的，则可以改变评价标准和行动。马基雅维利主义、利维坦主义给出了最早而且最露骨的揭示。从这一根本层面理解西方主流价值规范就更容易了。因此，通过私利将所有相关主体联系起来，利益调节成为经济主体关系的纽带。对私利的追逐和维护、替代、掩盖及扭曲，远重于对他人、社会及长期层面矛盾与规律的科学揭示。

立足实践解决根本难题，既需要拥有基础理论研究的支撑，更需要强有力

---

① 约瑟夫·E. 斯蒂格利茨. 重构美国经济规则 [M]. 张昕海，译. 北京：机械工业出版社，2017：25.

② 因为基于实践的创新性研究，是马克思主义研究的基础；而坚持事务之间的线性关系，利用抽样推断总体或然性，基于虚构假设提供均衡化对策的形式化研究，这种具有系列性的理论与对策操作，缺乏对事物本质规律性的系统动态的准确把握。

③ 约瑟夫·E. 斯蒂格利茨. 重构美国经济规则 [M]. 张昕海，译. 北京：机械工业出版社，2017：27.

制度体制机制的驱动。① 然而，这两方面的需求已超出上述理论框架所能支撑的范围和传统思想观念的边界。借用和套用既有的传统模式和教条，在中国历史与现实中并不乏先例。② 因为坚持与时代发展不相适应的理念和方法，在长期发展中不可能实现其预期目标。纵然如拉塞尔·柯克所坚持的，依靠其保守主义一派，将对本国传统的保守和对既得利益的维护的行动视为美国积极进取甚至是美国革命，以此实现其不切实际的长盛不衰的宏愿。③ 显然，对于人民实践和人类历史而言，这的确是一种有待斧正的异端。

2. 坚守个体微观层面的效率至上原则

均衡经济学所追求的效率均属对微观个体理性行为绩效的描述。具体而言，效率是要将可利用资源的任何潜在能力发挥得淋漓尽致。这种极致的发挥，迫使各要素（包括人）都要服从、服务于产业分工的强制性安排配置。事实上，在产权没有而且不可能清晰界定的条件下，外部性的内生化必然造成社会关系强制下的悖德行为。欺诈、非法交易、战争、强制掠夺都是常见的备选项。从实践来看，过度开采利用资源，达到不可持续的状态；过度剥削，造成贫富差距和社会鸿沟。这表现出人与自然、人与人之间的异化与恶化。

从假设前提预设的逻辑空间中看到，在效率还没有达到最大的极致状态时（或如马克思所言，在一种生产方式还没有全部释放其潜能时），它的秩序性和强制性都可能被维持，而无论这种方式是何等腐朽与神奇。因为遵循着所谓效率原则的人们，同样需要权衡利弊得失，就像市场只要还有空间，就有城市的机会和希望一样，经济增长的落差达到相对的均势，是一种超越传统和对手的可能性契机。这种新陈代谢是异质主体间的竞争和强势碾压，而不是同质主体

---

① 朱梦冰，李实. 精准扶贫重在精准识别贫困人口——农村低保政策的瞄准效果分析 [J]. 中国社会科学，2017（9）：90-112.

② 历史演进发展呈现出鲜明的具体阶段性特征。基于特定历史实践的理念信条，存在其内在的历史与实践的局限性，它的胜利只属于一时一地，而时代与实践的变化，最终使其成为输家。从中国历史上看，以改革取得历史性辉煌政绩的秦国商鞅变法，以新制度代替旧制度，适应并促进了社会发展和历史演进的大潮流，但是随着秦王朝的覆灭和西汉的代之而起，经过恢复和格局奠定以后，对封建主义的建构、强化，对有违其利益和封建主义的任何思想、建制，均进行了清理。自此以后，"罢黜百家，独尊儒术"，崇本抑末，皇权集中、土地集中的保守封闭的模式愈演愈烈。随后的《盐铁论》令人惊讶地发现，以产生并旨在维护奴隶制的思想教条支撑封建主义的制度，并对商工的利弊进行大讨论，使商工发展的可能性窒息。（恒宽. 盐铁论 [M]. 陈植生，译注. 北京：中华书局，2015：1-68.）历史沉重地告诉我们，西汉最终选择前者而崇本抑末，封建主义与资本主义的原初对决，以两千余年的商工艰难发展史和封建皇权和农耕的所谓的稳定而终结。

③ 拉塞尔·柯克. 保守主义思想：从伯克到艾略特 [M]. 张大军，译. 南京：江苏凤凰文艺出版社，2019：486-492.

的模仿和无法挣脱。

就实践具体而言，效率的实现不是基于假设前提及其空洞的逻辑空间，而是基于差异性主体及制度体系所能释放的空间大小。在生产、分配相互制约的矛盾关系中，个体效率与整体效率因为主体差异性、矛盾性而存在内在的矛盾冲突。因此，个体效率性仅停留在微观主体的个性理性决策的层面；而宏观层面并不存在短期与长期的效率，只存在着如何实现充分就业（不是全部就业）和如何以相机抉择的外生性方式选择财政货币政策，或者讨论财政货币政策无效的问题。这不仅是理论范式局限所致的宏观理论偏误，而且是由造成理性个体与整体理性的根本对立的实践和制度所决定的。

3. 坚持效率对公平的优先性

个体及局部行为的理性诉求在于最大化私利，此即所谓的"效率"。凡与此目标不一致或相悖的，即非效率。各主体之间的利益对立导致群体及整体存在有效协调的需要，此即所谓的"公平"。将个体效率目标与局部或整体的公平目标对立起来，显然不是整体长期利益使然，而是效率至上者们私利诉求之下的制度与道德强制。

社会理性体现为对个体与整体在效率、在整体福利与公平上的一种统筹协调，如将效率优势转变为公平的物质基础，而不是对公平的一种漠视或者是损害。以个体或局部利益视域下的效率为手段，以保障私利最大化为目标的社会制度体系，其实质是以个体或局部的投资回报率的高低，来决定其在社会发展中的主导性方向，以主导被支配者、被替代者的地位。这是基于效率优先原则下的社会选择的现实依据。对现代市场经济国家而言，大社会小政府体现了政府对社会治理管理的能力极为狭小，更体现了资本主导性地位对效率追求和对公平遏制是其必然选择。

对效率和公平的权衡有两种依据：其一是个体追求效率，而不能最终实现效率；其二是政府能够协调个体效率与社会公平的矛盾，最终有助于整体效率的实现。社会整体性理性的实现，体现为将个体效率与社会整体效率与公平统一起来，实现有利于个体和社会整体效率协同性，这是一种良性互动和循环。当然，这种状态的实现绝不是靠心理感应、主观评价及道德安排来实现的，而是依赖具体的物质利益条件、技术及行动的一致性、可执行性、有利可图性的制度体制机制的安排。

二、作为参照系的均衡范式框架

均衡论需要通过"证实""均衡世界"为其正名。作为服务强势主体利益与话语权的理论基础，解释和维护"给定条件"的"自然"与"永恒"性就成为其价值取向与套路选择。

（一）基于系统性假设前提的均衡论推演

有多少种假设方案，就有多少种逻辑结果。假设前提或逻辑起点和与之相适应的结论之间存在严格的"互恰性"。为了得出符合特定诉求的结论并过滤掉不希望出现的推论或命题，有些研究者逆推并圈定假设前提的选择范围。这为假设和结果的主观选择性或者人为操纵性带来丰富的可选择的空间，但也必然造成各种理论观点、学派以及利益的分立和争吵。

1. 私有制前提下的同质主体假设

事物的差异性是普遍性共识。这种差异性是事物多样化发展的前提和动力。[①] 选择抽象掉事物的差异性，进行同质化假设下的均衡稳态分析，却是西方主流经济学最为基础性的分析方法。[②] 在行为主体多重行为特征和个人性格之中，选择"利己"和"理性"这一"共性"且"不变"的特征，自有对其狭隘私利的关切。

基于同质主体个体理性假设下的均衡逻辑，将所有行为主体，包括自然人、组织机构法人实体、政府各级，甚至各地区、各国，均视为理性行为人特征，完全忽略了其他重要特征。这些主体在并无差异的国情、区情和制度差异的环境中，只限于生产与交易的效率性及市场公平。基于此种假设前提和均衡范式，并非旨在凸显任何理性个体的自由和均衡稳态，而更在于偏向有产者这一强势主体对其自由高效地行使其资本权力的无尽欲求。首先，在资本驱使下，同质性不仅表现在作为价值增殖时的无须加以区别的任何商品媒介上，而且就连劳动者本人也被异化为劳动力商品，被视为无差别的挣钱工具的一部分，[③] 因此并无区别人与物的差异性的必要。其次，在再分配活动及其制度方面，选择"按资分配"原则，资本的天生平等派表征和诉求，有助于拒绝资本以外的任何有差异的因素冲击到分配与决策。最后，至于实践中各行为主体的差异性、非对等性，[④] 以及少数人的"理性"等，能否带来整体长期的均衡、效率及稳态，[⑤]

① 邱耕田. 差异性原理与科学发展［J］. 中国社会科学，2013（7）：4–21.
② 孙承叔. 资本与历史唯物主义：《资本论》及其手稿当代解读［M］. 上海：上海人民出版社，2017：293–309.
③ 马克思，恩格斯. 马克思恩格斯全集（第44卷）［M］. 北京：人民出版社，2001：155.
④ 马克思，恩格斯. 马克思恩格斯全集（第44卷）［M］. 北京：人民出版社，2001：204–205.
⑤ 马克思，恩格斯. 马克思恩格斯文集（第9卷）［M］. 北京：人民出版社，2009：272–273.

已经不那么紧迫和重要了，于是将这些干扰"纯理论"的因素"抽象"掉，在虚构均衡论上实现美好大同（如图 2-1 所示）。

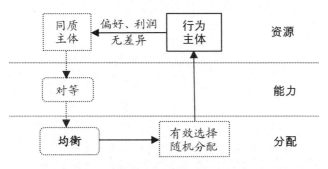

图 2-1　同质主体均衡分配的逻辑

同质主体下的均衡稳态的目标，只是在选择性假设前提里就已预设好的逻辑结果，是缺乏实践基础的空洞抽象。但这种目标对于资本扩张的大国强国推行各地区"再平衡"的霸权主义政策而言，简直就是提供最直接的"现代""科学"工具。

2. 基于竞争均衡效率的逻辑关系分析

亚当·斯密在《国富论》中的市场逻辑体现为，在各竞争主体"同质性"的均势之下，通过分权制衡、自由选择、优胜劣汰，达到个体与整体相容之下的均衡效率性。这种理想化的逻辑不妨称为"斯密均衡"。这种抽象化的理想化观念是攻击封建主义和畅想未来美好时代的教条。因此，自斯密开创至今，新自由主义的横行，所有的经验和实践，并未证实自由竞争和均衡效率及福利最大的必然存在性。事实上，自由竞争、均衡、效率只能是一种转瞬即逝的可能存在，只是活跃于均衡经济学教材之中。现实是不完全竞争的，经济社会处于非最优效率、非均衡之中，各行为主体之间的差距和不平等持续扩大，经济社会运行依靠周期性危机来强制调整，波动、发展迟滞甚至动荡成为客观必然。

3. 全面彻底依赖边际分析工具

均衡分析全面彻底地依赖边际分析工具。该方法的提出及其影响，被惊呼为"边际革命"。该方法为"最优化"提供技术上的"革命性"作用。但是如此重要的分析方法，是通过以历史与现实尽皆虚无为前提，基于假定、约定和个体化经验而完成均衡论题及其验证的。

将经济学的"古典性质"改造为现代性，其本质是庸俗化和描述性，具体形式为基于"公理性"假设前提（给定制度前提），舍弃各行为主体所从属的社会历史和实践基础，将诸如自然人、组织、机构、法人实体等行为主体均简化假设为同质性"理性人",并将其对象化为毫无社会含义且无差别化影响力的标准化数学符号,进一步将人的主客观进行数学化描述,以便于被同等理性的市场赋予完全一致性的函数性质,以此演绎这些"符号"如何理性地规划出优化选择决策(边际原则)。① 将描述自然运行几近不变特征的方法及观念直接迁移到对社会运行规律的描述,并让人误以为社会运行的"自然""永恒性"。由此,"科学"的使命就是揭示和解释外在的"数量关系",而不是也不可能寻求内在性质及其改变。

这种对天体和自然进行观测描述的方法逻辑,相对于社会复杂性而言的"极简"的逻辑演绎框架,似乎适用于任何有人的地方,即使是荒岛上的鲁滨孙也不例外,而是理想化代表。如此"简化"社会现实的技术目的,在于能将社会行为"科学化"为数理上的求取极值("最优解")的边际分析。超现实性和有偏性研究的问题在于,将经济中的强制关系描述为自由平等的市场交易过程,将生产和分配问题转化为经验和现象描述性的经济解释。② 例如,具有现代美国经济学基础地位的克拉克的著作极具代表性。③

边际分析是均衡分析最为得力和普及的分析工具。该方法基于对"其他条件不变"的严格依赖,进行孤立的两个变量之间的数量变动的比较。这种割裂社会事物的整体性,对其进行抽象的数学分析,并以此分析结果作为对整体稳定性的判定,显然过于以偏概全。例如,均衡经济学对收入分配问题的研究借助消费者的"边际效用递减""规律"和生产者的"边际报酬递减""规律",对收入分配进行"公正与否""有效与否"的评判。由于边际分析忽略了"其他条件"(也可以是事实上的其他变量,在求"偏导"时,被假设为不变的常量),如制度条件(既有财产占有的分布状况条件),所以无法将其纳入内生性分析。这些极为重要的因素像沉没成本一样"被沉没"于流行理论的美妙现状描述的大海之底,被意识形态掩盖得"难见天日",其理论的科学性丧失。

(二)以均衡理念递推均衡条件的机械逻辑

1. 代表性个体的同质性假设

均衡分析始于假设的微观个体。基于人的生理、心理、智力,进行作为个

---

① 斯坦利·杰文斯. 政治经济学理论 [M]. 郭大力,译. 北京:商务印书馆,1984:2,10,29,31-42.

② 马克思,恩格斯. 马克思恩格斯全集(第30卷)[M]. 北京:人民出版社,1995:22-29.

③ 克拉克. 财富的分配 [M]. 陈福生,陈振骅,译. 北京:商务印书馆,1983:280-292.

体理性的行为研究（甚至可以称为"动物层面的共性特征"①），其套路是利用同质主体无差异的主观效用论，凭借数理工具进行形式化逻辑推演，利用概率统计的或然性解释行为主体间差距的可能性成因，宣扬选择权和定价权"偶然""随机"甚至"对等"分布的虚假观念，以利于寻求均衡论教条的"现代科学"式呈现。

这种模糊客观事实的做法掩盖了造成贫困不平等问题的不合理制度。这种经过层层选择（苛刻）假设前提所布局的均衡范式框架被抬升为各项研究必须遵循的"参照系"，② 就实践来看，却存在严格的局部瞬时特征，表现在：

第一，差异主体之间的"最优"（均衡）状态之下，存在着优先权和利益再分配的非对等性，优势方对弱势方的利益攫取，弱势方对此方案并无优势方所具有的"无意改变"之下的"均衡""稳态"，却是"无力改变"的无奈之举。③ 因此，这种数理上的均衡并非事实上的"皆大欢喜"和"乐此不疲"的可持续的"稳态"。博弈各方的差异和矛盾只会持续存在，而且绝不会因为分析框架的单纯和唯美而"被和谐"。

第二，此"均衡"仅限于孤立的交易双方，并假定其他各局部"均衡"都具有同质性和独立性，以便于对每一个"均衡"进行孤立的求解，并适宜于"加总"为"总体"，绝不能存在强势个体由于自我膨胀所造成的规模效应、杠杆效应及虹吸效应等非对等性博弈关系与利益攫取问题，④ 借此推断总体中各主体的理性选择条件下的"一般均衡"与"稳态"。

第三，基于"假设其他条件不变"所"精练"出的均衡稳态，仅限于局部和短期，而不能扩展至其他任何条件改变后的实际情形，即整体和长期的均衡稳定。以此在客观事实上达到掩盖主要矛盾和根本问题、淡化和调和矛盾、维持既有制度格局和保证少数人不受限制的自由⑤等根本目标。并且，从"长期"来看，"其他所有条件"都按照制度的内在逻辑发生改变，并共同发挥作用，特

---

① 马克思，恩格斯. 马克思恩格斯文集（第 1 卷）[M]. 北京：人民出版社，2009：160.

② 田国强. 现代经济学的基本分析框架与研究方法 [J]. 经济研究，2005（2）：113-124.

③ 所谓"自由竞争"，本非所有人的福祉，只是特定主体的特权，即经济学家们笔下的生产与交易的自由，只是归属于经济权力的掌控者。对于广大的劳动力群体而言，自由是极其虚假和有条件限制的，他们只是以金钱的锁链代替金属的锁链。（马克思，恩格斯. 马克思恩格斯全集（第 44 卷）[M]. 北京：人民出版社，2001：205，662.）

④ 这种基于规模和杠杆原理的效应不仅要重新配置社会性权力，也要重新定义生产与分配的方式方法：社会化的生产与按资本份额分配，实质则是以由此所决定的社会权力进行分配再分配。（马克思，恩格斯. 马克思恩格斯全集（第 19 卷）[M]. 北京：人民出版社，1963：229-230.）

⑤ 菲利普·克莱顿，贾斯廷·海因. 有机马克思主义：生态灾难与资本主义的替代选择 [M]. 孟献丽，等，译. 北京：人民出版社，2015：112.

别是各主体存在着不对等的利益分配，那么一般或总体均衡的前提与逻辑均已荡然无存。"长期有效增长"与"整体均衡分配"等旨在整体效率公平的目标，则是难以"稳健地"得出和实现，更不具有超现实的普适性;① 只因均衡理念的狭隘短视性极端有利于强势主体关切其私利的强烈且永恒的需要②，而被其正统所坚守，并依据资本和市场的范围而广泛布道。例如，以代表性个体代表整体，犹如以苏联代表社会主义。③ 那么对社会主义的评价，以及对社会主义中国的评价，即等同于对当时的苏联评价一样，这种抽象法和"形而上"的逻辑，如历史穿越剧一样极具玄幻性，显然是非科学的和不可取的。

2. 分析框架的机械性

基于利己本性和动物精神的均衡分析框架，选择同质性效用论，完全倚重形式化的研究手段，④ 忽略理性主体之间的差异与动态，割裂政治、经济、社会、历史的内在关联性。⑤ 据称该有偏性选择是为了"简化真实世界"，方便"总结"出行为主体"同质性"这一"公理性"假设;再利用概率统计的或然性解释行为主体间差距的成因，宣扬选择权和定价权"随机""对等"分布的观念，寻求理性人在对等性谈判和交易中达到均衡与效率目标，并获得"经验检验";最终，该框架体系迫使大多数理论必须因循和回归"参照"。⑥

基于上述虚构的逻辑起点而构建有偏性框架体系，据说是为了"一般性研究"并得出"纯理论"，着力于体现"自然规律"，旨在形成"普适性"，以维护"均衡""永恒"的纯理论世界。这种因为具有共性和预知性而被评为"科学性"，并且成为检验或纠正普遍实践的权威或教条。而问题还在于，该框架体系对实践的偏离和扭曲表现在两个层面:一是对现实进行现象层面的描述性（甚至是统计描述性）分析，这是因为基于同质主体假设，无法区分主体间的差异性，也无从研究这种差异的内生性，因此在变量的因果关系和主次（内生外

---

① 马克思，恩格斯. 马克思恩格斯文集（第9卷）[M]. 北京:人民出版社，2009:153-154.

② 斯蒂格利茨. 不平等的代价 [M]. 张子源，译. 北京:机械工业出版社，2014:217-237.

③ E. 库拉. 环境经济学思想史 [M]. 谢扬举，译. 上海:世纪出版集团，上海人民出版社，2007:66-71.

④ 吴晓明. 论黑格尔对形式主义学术的批判 [J]. 学术月刊，2019（2）:5-16.

⑤ 杰弗里·M. 霍奇逊. 经济学是如何忘记历史的:社会科学中的历史特性问题 [M]. 高伟，等，译. 北京:中国人民大学出版社，2008:3-47.

⑥ 这种假设前提面临至少三个问题:其一，无法对效用（或偏好）的个体差异进行纵向和横向的衡量、比较，这一问题带给人们的质疑最为直接和强烈;其二，无法解释外部性与规模效应的内生性，即无法解释同为行为主体的组织机构和法人实体的价值目标及其计量与实现问题，无法考虑自然人与法人实体的价值评估与比较;其三，忽略行为主体基于资源所衍生出来的权责分配关系，即无法有效应对财产占有与收入分配的"马太效应"这一内在性问题。

生）关系上，往往并未弄清楚，更不可能取得一致见解；二是"成功地"将人的社会行为进行物化和短期化、局部性分析，在探源理性主体差距不断扩大的根源时，环顾左右而言他并且左右为难和束手无策（表2-1）。

表2-1　均衡分析框架的特征

形式	将社会人简化为仅具"动物精神"的同质性"理性人"，利用"偏导思维"进行短期化分析，达到"片面的极致"，显示科学主义之形式美感
内容	舍弃表象背后的经济根源，进行统计或描述分析，用现象解释现象；追求个体或局部均衡（维持现状），以个体理性代表整体理性进行整体和宏观分析
过程	基于"公理性"假设，导出"普世性""纯理论"，消解实践中行为主体异质性及其不断分化的内生性
结果	追求主观预设的均衡和稳态理论目标，却成为维护既得利益与现有体制格局的工具，缺乏支撑社会理性的经济基础
影响	基于个体理性的微观短期效率与基于宏观的整体长期效率相对立冲突

从该框架的效果来看，主流群体更倾向于以其所期望的结论或命题决定理论范式框架方法乃至假设前提的选择。这种主观选择性与"先入某主流才能成大牛"的学术钻研之道有相似之处，即学科的狭隘化、工具化及异化。

3. 博弈均衡的虚拟性

在典型性博弈分析架构中，博弈三要素包括参与人 S 和 W，其可选择策略分别为 m 和 n（m 和 n 不必相等），参与人的选择策略 ij 的概率为 Pij，相应的支付 πij 的矩阵见表2-2。按照博弈分析的套路，在"完全信息"的假设下，策略选择的概率 P 相等，那么给定对方最优策略下的己方最优策略为博弈双方的均衡（被通称为纳什均衡），并且这种均衡可能并非唯一。不过，通过"通览全程"后，还可以"精练"出全局性最优均衡。在不完全信息条件下，策略选择的概率 P 不相等，其均衡在于，对各种支付依据概率分布进行加权平均值的最大化，并以此确立策略选择时的概论分布。

博弈均衡分析框架，将传统的同质性理性主体的交易均衡具体化为极其有限的交易主体之间的决策均衡分析，以适应寡头之间的利益博弈时对复杂关系的细致研究。在各种可能预计到方案及其支付的情况下，并能估计每一种策略被选择的概率，此种分析具有极为有限的实践意义。这也是不完全竞争理论大量利用博弈分析的原因。

表 2-2　典型性博弈支付矩阵

S ╲ W		参与人 S			
		P_1^S	P_2^S	P_j^S	P_n^S
参与人 W	P_1^w	π_{11}	π_{12}	π_{1j}	π_{1n}
	P_2^w	π_{21}	π_{22}	π_{2j}	π_{2n}
	P_i^w	π_{i1}	π_{i2}	π_{ij}	π_{in}
	P_m^w	π_{m1}	π_{m2}	π_{mj}	π_{mn}

但是，这种分析框架所依赖的前提条件是明确而且严格的，它并不能适用于任何具体条件和制度环境中。这里的具体条件包括：

其一，参与人的数量选择问题。理论分析时，为了达到预期的目标，而将主体设置为极为有限的几个。实际上，相关主体之间的利益关系与博弈是广泛存在着的，而考虑更多的主体之间内在相关性是得出"一般均衡"的前提。然而现代的数学分析并不能支持三元乃至更多元函数的有效分析。将多重因素及其复杂关系进行"化繁为简"的偏导（边际）分析，造成对不同主体之间的内在社会关系的彻底割舍，无法解释和解决诸如规模效应与杠杆效应这样的量变引发质变的难题。因此，由博弈论确立的整体长期均衡解的问题，相比均衡范式同样难有实质性建树。

其二，参与人的策略选择及其概率分布问题。依据均衡分析，不是依据概率的确定性来寻求均衡选择，而是逆向思维：依据均衡解逆推策略选择的概率空间。这里的问题不仅在于"均衡选择先于策略选择而存在"，到底有多少策略及其概率分布，即参与人之间的差异性有多少，既是极具有偏性选择的性质，又受到数学分析工具求解能力的限制。因此，参与人的同质性假设前提在整个分析过程中占据基础性地位。

其三，支付矩阵的确定问题。从既有的博弈分析框架中可知，作为分析的前提，矩阵中的支付（包括收入分配与成本分摊）是确定且"合理"的存在。而事实上支付水平及结构的确立，需要基于收益与成本的确定：收益源于"需求规律"，成本源于"供给规律"；同时，由这两个"规律"所形成并依赖的价格，又要依赖于各供求主体之间和内部共同形成的"价格发现"机制。因此，这里的问题是，需求规律基于效用（偏好）假设，供给基于规模报酬不变假设，价格形成基于完全竞争假设，而对于所有人、整个交易行为及支付均具有广泛约束的制度环境或者顶层设计的"外生性"设置等，也都缺乏实质性考虑和区分。

总体上看，这种严格地基于层层嵌套的逻辑体系的基础，实质上是建立在系统性有偏的苛刻假设前提及个体和局部瞬时均衡之上。"现代经济科学"与虚构角色、性格及行为的文学作品并无实质差异。当它离开黑板而试图进入现实时，其意义何在？此种分析框架同样地仅能作为"纯洁""光鲜"的"参照系"，而对"肮脏"的现实选择无力进行解释、维护与辩护。在正统制度庇护下，作为"参照系"的均衡论成为束缚解放思想和改革利益格局的枷锁。理论的"创造者就屈从于自己的创造物"。① 事实上这种返祖现象只是构成"一种改良主义的骗局"②。

（三）定位于经验解释的随机原理

在相互矛盾和周期性波动中，聚焦事物内部及事物之间的内在关联性、规律性，而不是紧抓抽象个体，不是对于现象描述随机分布的个体化经验，才能对整个经济社会实践的本质与规律进行普遍科学性研究。

1. 对行为主体的同质化分割

对复杂总体进行同质性假设和分割，并将其绝对化，以进行规范性描述与演绎，这是边际主义过度倚重科学主义，丢弃各个主体之间的具体性、差异性及其彼此之间不对等的经济关系，将不同主体近乎一致地假设为"理性人"（从人的动物秉性层面考虑），做出形式化（实质是"形而上学"）推演，以所谓的"普适性"的名义对其进行"随机分布"下的"抽样"和或然性经验解释，给人以"众生平等"和"天下大同"的理论幻象，借此掩盖内在的不平等、阶层固化分化及可持续性发展问题。③ 这种研究仅限于对苛刻假设前提下的激励机

---

① 马克思，恩格斯. 马克思恩格斯全集（第3卷）[M]. 北京：人民出版社，1960：15.

② 列宁. 列宁全集（第27卷）[M]. 北京：人民出版社，2017：425.

③ 一些理论家善于"把注意力从根本问题转向表面问题甚至根本不存在的问题"，以此手段达到"把事搅黄"、掩盖真实问题的严重性、误导人们的选择等目的。（大卫·哈维. 世界的逻辑：如何让我们生活的世界更理性、更可控 [M]. 周大昕，译. 北京：中信出版集团，2017：31-32.）欧文·琼斯则有更为全面、系统、深刻的揭露和分析。（欧文·琼斯. 权贵：他们何以逍遥法外 [M]. 林永亮，高连甲，译. 北京：中国民主法制出版社，2019：359.）问题不在于这些揭露和研究是否真实可靠，是否具有学术性，而是这些出版物通都被定性为"学术性差"而进不了"学术殿堂"，舆论和理论被既有学术话语权势所垄断。纵然是在美国有重要影响力的著名的社会学家赖特·米尔斯在其著作中所给出的系统和深刻的社会阶层问题及其恶化的分析，也丝毫打动不了冷漠和偏执的经济学家。（赖特·米尔斯. 权力精英 [M]. 李子雯，译. 北京时代华文书局，2019：309-360.）要让这些钻研理性的理性人将其对函数和数据的热衷留一丁点对真实社会的研究，显然会被讽刺为是对"自由选择行为"的"扭曲"。

制设定而不顾实践性缺失。而且这种研究被认为是一种"科学有效"的手段而广受吹捧。

2. 对具体实践的碎片化研究

具体实践具有复杂、系统、动态、辩证的性质。对此种情形进行简化和静态处理，不失为一种技术性手段。但是，将这种技术手段处置过的状态视为真实状态并对实践进行"规范"和"指导"，与操纵者有内在关联性。

基于共同约定的"给定条件"（或制度前提），利用"理性""逻辑"以及个体经验，这种偏离真实而解构现实的做法并不能有效解释和解决问题。但是这种被纯化的方式方法可以将复杂的和系统的经济问题、社会内在矛盾分摊给各学科和各种奇谈怪论，通过各学科及众专家及其各种怪异观点①的"相互佐证"或者"协同消解"，通过一致性滤和萃取，达到最终以碎片化研究方式肢解和消解系统性矛盾问题，即以表象描述方式淡化、转嫁或掩盖问题与矛盾的效能。② 居于主流的自诩为皇冠的经济学对这种据说已经"证明"了很多命题的方法不可能对其有所免疫。

均衡经济学对社会科学进行分裂，并以社会科学的"皇冠"自居，在私利最大化这一价值导向下，极致地崇尚以"形式化"研究为表征，以"专业化"研究阉割系统性矛盾问题为手段，以数理工具作为研究的"高端化"标签，③建构科学主义及其从业者团体的准入壁垒，形成对业外人士及普通民众的话语"权威"。这种理论效果虽不敢触碰主要矛盾和根本问题，却把这些问题从普通群众可触及的地方，以极具权威性的学术工具加以移除，最终以碎片化的和怪诞的观点强势呈现。并且通过均衡范式的参照系功能形成统一的世界观方法论

---

① 各种观点之中，必然要包括经过科学主义包装的各种谎言、别有用心的诽谤以及随意操纵的"经验"和"统计数据"，这是应对正统理论所不能解释和解决的实践问题时的迫不得已的"理性选择"或救命稻草，是为适应政客们争取普通人选票的政治需要而在舆论及理论上所做出的无底线的妥协和肮脏的交易。不妨参阅马克思 1860 年的著作《福格特先生》，在该著作中有生动、深刻、辛辣的揭露和分析。（马克思，恩格斯. 马克思恩格斯全集（第 19 卷）[M]. 北京：人民出版社，2006：69-430.）虽然该著作所涉及的人和事发生在一个多世纪以前，但是在这一个多世纪以来的西方世界体系之中，问题和产生问题的制度基础并无彻底性改变。

② "各门社会学科实际上没有相互交叉多少，要解决的问题都在一片混乱中被人遗忘了。"（劳埃德·G. 雷诺兹. 经济学的三个世界 [M]. 朱泱，等，译. 北京：商务印书馆，2013：13.）

③ 颜鹏飞，陈银娥. 从李嘉图到边际革命时期经济思想的发展 [M]. 北京：经济科学出版社，2016：393.

和价值导向，达到极其狭隘的理论与实践的和谐统一。① 偏离实践与实在的均衡论只能是"近似的真理"②，绝不是真理。

这种以科学主义为工具的均衡分析，距离科学的实质与精神越发遥远，竟能为 19 世纪中叶的学者所批评③，因此更谈不上所应通过的实践检验与实践价值了。然而更为可惜的是，18 世纪康德的学术研究的逻辑似乎只存在于一些哲学家的脑海中，仍然没能根本送达与康德同时代的由亚当·斯密所奠基的、如今仍被正统的经济学家们的头脑中，这体现出"现代经济学"在极端地利用数理工具方面的"专业化"和"高端化"。

在分配问题上的具体操纵手法就是，对分配、分化及可持续发展等内生性和系统性失衡问题避而不谈，并把造成此问题的矛盾进行阉割，再分摊给经济学以外的其他学科给予"非专业"性的"佐证"和解释，并以"经济学帝国主义"或所谓的"皇冠"的"权威"名义，对一众后者施行非对称性"影响"，等等。通过这些操作，实现众多学科之间的"分工""协作"，将实践中根深蒂固的深层矛盾和难题，消解在学科之间的断层、重重迷思，以及永难达成一致却又相安无事的争鸣之中。理论异常活跃和繁荣的常态，虽然没有把经济繁荣带入常态化的均衡与稳态，却使人们对于失衡的经济社会保持着无能为力的宿命论或"自然"心态。

3. 对个体经验实证的完全依赖

"存在即合理"，是经验主义的学理基础。基于个体主义的经验分析（有称"实证分析"），囿于各种技术性分析的强制规范和局部利益诱导，而不得不将问题的研究做过度解读和带偏。其实质在于，在面对海量个体经验及其生成的大数据时，经验主义者总是迷失于大数据的惊涛骇浪之上，却又逃离内生经济危机和矛盾的暗礁。因为经验只是问题的表面和可描述的对象，它并不涉及这些表象所掩盖的实质。但是实践中的任何一个片段都可以作为经验主义者用以"证明"或者"证伪"特定命题的"主成分"。④ 如果不能从理论体系的内核进

① 显然，这种学术传统是现代版的迂腐和浮华，追求"形式上无谓的拘谨和无用的严密（拘泥琐细）""缺少将科学传授于人的方法知识的傲慢""只是力图博得读者的厚爱"，而只有"真正的学者"，通过学术的"完备性"和"通俗性"，才能摆脱"矫揉造作"与"堕落"。（康德. 逻辑学讲义 [M]. 许景行，译. 北京：商务印书馆，2010：45-46.）

② A. F. 查尔默斯. 科学究竟是什么？ [M]. 鲁旭东，译. 北京：商务印书馆，2018：318-329.

③ 赫尔岑. 科学中华而不实的作风 [M]. 李原，译. 北京：商务印书馆，1962：59-60，68-69.

④ "今天被认为是合乎真理的认识都有它隐藏着的、以后会显露出来的错误的方面，同样，今天已经被认为是错误的认识也有它合乎真理的方面"。（马克思，恩格斯. 马克思恩格斯文集（第 4 卷）[M]. 北京：人民出版社，2009：299.）

行研究，那么基于个体经验的再多争论都只能流于外壳或形式，遭遇大量"难以解释的事实"，坠入难以掌控的旋涡，最终迷失于历史方位、趋于平庸、化为腐朽。

虽然真理孕育于经验之中，但经验本身不是真理。真理只对屈指可数的追求者开放。对于不怀善意的经验操纵者们而言，拥有再多的经验数据，也只能够以"确凿的"经验证据，以激情似火的情感，以群体协同性攻击对手的方式，强行"证伪"真理的性质及其存在，使真理远离普通大众的视线，维护既有格局之下各种"存在"的"正当合理性"。这种放任而非节制的思维逻辑，就像人们在面临森林大火，或者洪水、猛兽时选择"无为而治"一样，因立场上的"自然""中立"所带来的事实与结果，却是让自然灾难和社会的成本由不具避难能力的弱势群体过多地承担。因此，对既有经验的高度依赖，只是保护既有格局、服从和服务于既得利益群体的褊狭之举。

理论体系的"底座"的稳定性依赖于其是否建立在实践这一支点之上，而不是基于分析工具本身的逻辑性和经验数据的丰富可得性和可靠性。建立在假设基础之上的经验（或称实证）分析，定位于解释世界而不是解决根本问题的理论工具，其分析的形式化和结果，只能选择避重就轻、数据操纵、选举操纵、政绩操纵，也就成为掌控政治结构与功能的特殊利益集团的学术化手段。

三、契合均衡范式框架的方法选择

（一）以均衡论框定研究方法

均衡论与私有制相互需要，流行经济学成为均衡范式最鲜明的载体。研究者将均衡范式视为主流经济学分析的核心与目标，且具有"价值无涉"的"中性"特质。均衡分析成为贯穿整个分析、对所有问题研究构成"参照"约束力的范式框架。"边际革命"所实现的边际分析与数理分析的紧密结合，构成均衡分析范式体系必备的工具箱。除此之外，基于"假设其他条件不变"的逻辑庇护，不断"调换"而不是"增加"研究的对象或"参数"，将所谓的制度及其质量纳入均衡与边际的分析中，借用人力资本、社会资本等，以加强该范式对经验性现实的模拟与预测。甚至晚近出现的"复杂经济学①"，虽然自称在和现实的接近程度上"突破"了传统和"均衡观"，但是由于同样无法摆脱个体经验主义的现象描述性以及工具主义传统，所以达不到根本性革新经济学范式方

---

① 布莱恩·阿瑟. 复杂经济学［M］. 贾拥民，译. 杭州：浙江人民出版社，2018：27-65.

法和更大程度上提升经济学理论的实践价值等效果。① 因为在"规律即规则"②的实践原则下，不能也不愿深入矛盾运动规律的研究，所以不可能成为确立行动规则的普遍指南，最后还是要在均衡范式中寻找私利和灵魂的归所。

从均衡范式方法论的层面看，均衡分析源于、基于并利于私有制之下的政治分权、市场分利、社会分化的制度体制机制，基于个体主义经验分析，旨在维护个体私利最大化的社会"工程学"，造成这种研究的数学方法的滥用和误用，③ 其最终是以"最值"原理所确定的"均衡稳态"作为价值评价准则，维护"给定条件"的"给定性"。从均衡分析范式来看，基本方法体系如下：

第一，基于有偏性选择下的系统性假设前提，坚持个体主义至上、同质主体假设前提、效用（或偏好）价值论、规模报酬不变假设，以及市场有效假说，拒绝对组织机构、利益集团、政党和政府等主体分权的能力、分利目标及社会分化等进行研究；

第二，利用边际主义，完全倚重数学分析中的"偏导"方法、"求极值"工具，在对效用函数、生产函数及完美市场进行极致化设定以后，进行形式化和机械化的分析，通过人为设定"均衡"结果，逆推均衡条件，以构建极其有限的因素之间的变动关系行为准则；

第三，基于主观选择性指标设计，以有限的"可控性""随机"样本抽样，"似然性"估计总体均值，并以此均值掩盖个体的实际差异，以随机或外生性因素解释行为主体间差距的成因，寻求理性主体在对等性谈判和交易中达到各个层次的均衡与效率目标，试图获得特定经验所给予的"实证检验"。

（二）苛刻假设及约定之下的形式化逻辑演绎

基于各自相同或相近的利益偏好，使用一致性公理性假设前提，基于均衡论建构或套用常被套用的函数与等式，机械性地推导出理论假说，选择服从、服务于这种假说的经验指标体系，收集和呈现有利的经验数据，使其具有所谓的内外融洽性。这种内外一致、自圆其说的实证主义，显示出其科学主义特质，并以其严格的经验主义外形、彰显其现代性的色彩。

选择某一狭小的残片或浅层次的表象联系，用以解释世界整体，或许是有必要且可行的，但终究因其逻辑前提的虚构性和研究中的边际主义、经验主义

---

① 马克思，恩格斯．马克思恩格斯全集（第32卷）[M]．北京：人民出版社，1975：542.

② A. F. 查尔默斯．科学究竟是什么？[M]．鲁旭东，译．北京：商务印书馆，2018：247-251.

③ 洪银兴．现代经济学大典（上卷）[Z]．北京：中国财经出版传媒集团，经济科学出版社，2016：864.

而不可靠。因为它只是建立了有限事物的局部性、外在性的相关性关系，而没有将事物内在的关系进行探索和求是，寻求根本问题和问题的根本所在。因此，最终的研究范式只能是片面的、表象的、描述性的解释学。从理论与实践、现象与本质、量变与质变的辩证关系中来看这种研究方式，显然它束缚了人们真正的逻辑一致性和逻辑与历史统一性的实践要求。

均衡理论及其分析是否科学有效，不只看理论本身如何规范科学，还要看它与实际是否相符合，能否对实践发挥共同性预期的重要作用。不能把抽象的理论与实践具体的真实相结合，使理论独自生成并自娱自乐，甚至沦为纯粹的意识形态，偏离致力于解决实践问题的科学。对于实践具体而言，无论其理论的形式如何精致，它始终都是粗鄙的。因为它没有把握住问题的实质，忽略了问题本身的客观实在性。

（三）经验数据的有偏性选择及呈现

数据本身没有问题，无可改变，难以挑剔。这是数据本身具有的令人信服和羡慕的原因所在。然而，以此一隅而认为所有呈现于面前的数据都是客观、准确、可靠的，却也是危险的。换言之，大数据的问题不在于数据本身，而在于数据的收集、使用、呈现的方式，以及由此上溯至产生数据的指标设置、形成指标体系的理论范式基础，以及形成理论范式的世界观方法论，最终归结于根本制度的强制性规范。

实践的无限连续性、有机结合性及本原性，与统计数据的离散性、模拟性、派生性、工具性等存在着不匹配的基本问题。无论在时间维度、空间维度，还是在国别制度层面，以及在思维、思想意识形态的维度，均存在着差异性。正是这些差异性，内在地决定着数据的生成、利用及呈现。

经验数据的不确定性，主要源于社会发展当中的多元化的、动态性的影响因素并不会孤立不变。这些影响因素根本不存在所谓的均匀地影响着所需要的数据形成。基于如此瑕疵的数据，进行长期分析和问题诊断，必然充满着"或许""可能"这样的表述，以对其不确定性进行慎重的表达。① 对于直接产生并要实际承担后果的政策选择者和执行者而言，这种经验验证只能权且作为一种参考，绝不是一个决定因素。但是对于经验数据产生偏好的分析家和狂热的政

---

① 即便某种相关性存在，甚至有真实的因果关系，但仍然不能据此进行决策。（达莱尔·哈夫. 统计数据会说谎［M］. 靳琰，武钰璟，译. 北京：中信出版集团，2018：104.）列宁曾特别强调，马克思主义者绝不能以可能性、或然性，而是以经过严格证明和确凿证明的事实作为自己的政策的前提。［列宁. 列宁全集（第47卷）［M］. 北京：人民出版社，2017：457.］

客还是乐此不疲地相结合和相互利用。

基于不同的经济基础和政治制度，各自的主要矛盾与利益关切不相同，世界观方法论价值观不同，对同一问题持有不同的立场观点和方法，因此数据本身的可靠性、可比性就有根本性问题。正是因为上述诸多影响因素决定了经验数据的形成、使用和呈现方式与结果，这种特征完全可以被过度利用、滥用、误用，即按照特定的或者有偏性方式呈现于目标群体面前，它们既不可能对预设的某种结论进行完全证实，也难以对其进行完全证伪，但是会在短期和局部范围之内引起一定的关注，甚至引起政策改变，这种后果还是值得关切的。

第二节　均衡范式框架方法的问题

均衡范式无视实践中的矛盾运动规律，转而依赖理性均衡效率这种不需要证实的假设前提与空洞逻辑。这种理论范式的政治性、价值性和工具手段的技术性并不能带来普遍科学性与彻底人民性的统一，因而也就不能在更现实和涉及更大范围的群体的政治和价值层面上发挥其科学性与实效性。

一、基于私有制的辩护性理论范式

均衡范式的"工具主义"方法论传统，过度重视形式化而忽视社会的内涵，① 是为适应旨在"解释"而拒绝"改变"、维护私有制这一现状的根本需要。

（一）个体理性侵蚀整体效率公平性

通常而言，理性与效率所呈现的是特定个体的利益与意志，特别是社会强势阶层强迫给其他群体的意志与强制，并将这种关系机制描绘成一种"自然铁律"。这首先与大多数人的根本利益不相符，与社会历史发展的方式、方向也不相符。

对个体效率的过度强调和激励，迫使个体理性选择利用一切可能，甚至利用造成对他人不便的各种选择，这是资本增殖和政治的需要，是社会中下层生

---

① "不惜牺牲历史研究，牺牲与其他社会科学相结合的研究方法，而盲目地追求数学模型，追求纯理论的、高度理想化的推测。""这种幼稚的做法"却让经济学家们"往往沉浸于琐碎的、只有自己感兴趣的数学问题中"，因为"这样不需要回答我们所生活的世界中那些更复杂的问题"。（托马斯·皮凯蒂. 21 世纪资本论［M］. 巴曙松，等，译. 北京：中信出版社，2014：33.）

存之需要，但绝对不是每个人永恒不变的必需。对于资本所喜好的"工作狂"即工薪阶层而言，效率并不是他们自身利益的最大化，却是一种被迫的"理性选择"。这是一种制度强制之下的群体非理性结果，其长期存在性体现出既有的制度体系没有一种调节机制能加以识别、应对和缓冲。这种狭隘性对于边际报酬和边际效应递减规律的痴迷者而言，就是一种逻辑上和私利上的悖论。但是，正如作为个体的理性与作为整体的理性相互区别和矛盾一样，不同主体极其关切，在资本逻辑之下，需要有内在的统筹与协调机制以发挥必要的动态再平衡能效，预防失衡与危机。

与个体理性对效率的无限追求相反的是，整体理性恰恰因个体理性至上而缺失。不同主体的理性差异进一步放大个体理性与整体长期理性的矛盾对立，加剧了整体效率性与社会公平性问题。在效率优先的价值导向作用下，社会诱惑和迫使作为个体的理性人，对各种潜在利益的发掘无限追求，从而也扩大了对他人利益侵占的可能性和必要性，也就是消极外部性更加广泛深入地产生。人与人之间的和睦、信任、友善及温情都被投入冷漠的利己主义打算之中。[1] 所谓社会资本的沦丧，人与人之间的隔阂、猜疑、分歧、分裂、孤立、鸿沟、对立诸如此类，逐一出现并不断加剧。虽然这正是个体对效率的追求，但它带来社会整体性的理性与福利的丧失。[2]

资本逐利与人民共富存在不一致性。资本的逻辑表现为对资本的增殖以及增殖能力的追求，它不在于物质财富的堆积，而是既可以通过物质财富的创造途径来实现资本增殖和增值能力的增加，还可以通过对生态环境的破坏、资源枯竭而扩展生存的空间和力量。资本的逐利属性决定了它不在乎生产什么，也不在乎对环境造成的破坏，但它一定要通过加剧社会的矛盾这一"破坏"途径，实现其创新性行动所能带来的利润的增加、获利能力的增强。然而对于社会整体而言，则是效率与公平的完全丧失。

（二）偏离实践的封闭性理论体系

相对于实践之树的"常青"，理论总是"灰色"的。以抽象和虚构为基础的理论，因其对实践具体与真实的偏离，必然为其理论发展预设不可突破的边界，即理论体系趋于封闭化。

---

① 马克思，恩格斯. 马克思恩格斯文集（第2卷）[M]. 北京：人民出版社，2009：33-34.
② 弗朗西斯·福山. 大断裂：人类本性与社会秩序的重建 [M]. 唐磊，译. 桂林：广西师范大学出版社，2015：273-284.

完整的范式体系包含理论假设前提、定律、应用方法以及内部成员的广泛接受。① 这种特征性描述，完全符合均衡分析的范式框架特征。经济学研究的西方主流范式，在"给定制度"和技术不变的前提下，基于包括"公理性假设"在内的系统性假设前提和均衡理念，构建抽象函数和等式，进行均衡条件的逆向推定，并以"外形美观"的模型作为过程载体，以此范式决定的理念和理论作为经验数据指标构建的基础进行数据选择，最终通过统计学的随机原理进行经验的分析和检验。很显然，在整个范式框架方法体系中，它已成为完全封闭的自证循环圈。

现在很多研究者无视"给定制度"前提和"公理性假设"前提的非普世性和非永恒性，而是将其视为不容置疑的逻辑前提，进一步无视原创者们在提出观点或假说时的审慎和严谨；而是将这些观点假说奉为圭臬，即将其作为毫无争议的理论基础和分析框架，从而进行无边界条件限制的经验数据的"实证分析"。显然，这种基于先验主义的约定和个体经验植入科学语境的学术式样，仍然是对国外半个世纪以前的理论基础和范式的照搬，对其方法和统计指标的主观选取，以及对特殊个体性经验数据的轻信和操纵。这体现出此种理论范式在适应实践具体中的保守性、封闭性的特征。

理论研究中的这种"现代性"和"科学性"显示不出人的主体性、人民发展的时代创新性和求实精神，这是由其所服务的对象的历史局限所决定的。这种极具怪诞性的群体有偏性选择，必然要在实践中暴露其"夹带私货"的端倪。② 理性人的"普照之光"的强势规范力，不可能照射不到研究理性行为的理论工作者及理论本身。个体主义的理性与功利主义，迫使理论研究屈从特殊私利，而不是对科学实践的敬畏和遵循。作为一种制度强制，而非抽象的道德、人性所致和所能理解。③

（三）私有制与均衡论相互适应的时代局限

学科的科学性在于其立足客观世界与实践运动发展；否则，终将沦为限制进步发展的教条。通过对不同立场、观点、方法之下的理论学说进行比较分析，

---

① 托马斯·库恩. 科学革命的结构（第四版）[M]. 金吾伦，译. 北京：北京大学出版社，2012：8，19.

② 马克思，恩格斯. 马克思恩格斯全集（第3卷）[M]. 北京：人民出版社，1960：5.

③ 无论是粮食还是食品，其质量安全问题仍然得不到保障，这与人的生存基本需要得不到保障直接相关，其背后的关键在于，人们对工业、财富及物质的追求和对制度的顺从，远远超出了对自身生命、对人本身的关心关切和提升，这体现了物和制度大于人本身的合理性诉求。可以看出，在这种制度和实践之下，人性与道德不是根本，而制度强制才是。

可以发现理论假设前提、范式框架方法的差异性。这体现了不同主体、群体所选择的立足点和目标的根本差异性。

问题的关键在于价值的判断与导向。价值理性决定工具理性，而工具理性则不一定符合科学精神，但它一定要服从于价值理性的强制性要求。理论框架体系本身所适应的是特定的起点和特定的终点，而不是兼收并蓄或可以随意改变的，因此这种工具理性决定了目标理性或者价值理性的宽度。这种情形就像用途不同的船只需要基于不同的航行原理，运用不同的方式、方法和速度驾驶一样，基于这种各成体系的各因素内部和彼此之间的适应性选择，是一种接受各种主客观条件作用下的理性化选择安排。这种机制体制并不能随便改变。因为这是物质技术条件和社会制度作用的结果。但这也表明，随着社会发展技术的进步，这种方式会发生普遍性的升级改造，因此既有格局并不是一个自然的永恒不变的均衡稳态或封闭系统。

包括分配在内的各种均衡理论，其价值理性在于维护个体私利最大化。然而工具理性并不能真正地直接支撑这一价值目标。价值目标的实现要受制于与该个体有关的各种能力与利害关系。但是基于假设而构建的理想化的均衡状态与均衡条件，似乎能够让任何主体均安于均衡稳态。因此，均衡的目的不是让普通人抵达并永恒享受"天堂"的福利，而只是让他们忽视非均衡，被迫性地参与维持既得利益与权力者所希望的矛盾消失和拒绝改变现状的社会强制之中。这种虚构的封闭体系会因为实践变化、制度变迁而做出某种改变。

二、基于经验、约定及功利性的系统有偏性框架

均衡之要在于无偏性，然而围绕均衡论的假设、逻辑、经验、价值都存在偏向性。这些因素构成均衡论对失衡实践的有偏性。

（一）个体经验的泛化

个体经验主义是实践及其历史发展的特定结果，而不是其全部。基于个体及其经验上升到规模、整体，由经验上升到理性，由偶然发现必然[①]，是个人及社会的成长、成熟的过程，是经济社会发展的条件、内容与结果。但是将整体和长期返祖到个体及其经验，以抽象化的概念再将实践具体绝对化、神圣化、玄幻化、宗教化。这是不科学的，而是基于政治和利益目的意识形态扭曲化的

---

① 所谓的众多"偶然"，由于其内在程度不同的关联性而最终结成必然。（马克思，恩格斯．马克思恩格斯文集（第10卷）[M]．北京：人民出版社，2009：592.）

工程：树立一种旨在强化"给定条件"对普通人的制度强制。

例如，作为封建正统，统治者维持秩序和利益的手段包括价值引导和塑造，而且这种方式并不随着改朝换代的发生而改变。比如，第一个朝代伊始即开展对前朝历史的编撰，并将其推崇至正统、正史的地位。这是一个英雄榜、英雄事迹典籍，同时也包含一些起着衬托和反面教材作用的人物的批判性记载的汇集。通过正反对照、因果轮回的逻辑范式，起到规范和警醒世人后代，强化制度延续、文化传承的作用。

再如，以资为本的根本制度，放纵个体私欲与自由选择，诱使经验主义和个体主义结合。但是这并不意味着这些权利不接受现实经济与制度的内在强制约束。以个案或个别代表一般、以个体和少数群体意志掩盖强制多数人意志，其实质是旨在保障私有财富的自由与特权，而不是真正的人的发展。

福柯对人的主体性塑造的人类学分析，侧重于 19 世纪以前甚至早到古希腊时期人类社会的主体性的考察，没有对他所在的时代和未来人类主体性的考察，而仅仅通过超越时空的抽象人性考察，试图发现人性的共性。这实际上是想摆脱当今资本主义制度对人的行为的扭曲效应。这一做法完全忽略了制度强制对人的影响远大于基因对人的个体差异的决定。马克思有关资本的理论体现出人与人、人与自然的异化关系，这一层关系构成异质主体行为的根本扭曲，这一科学研究更具有当下的现实意义。

综上两种制度及其相适应的理论体系可以看到，以个体至上的经验主义均衡论作为根本手段，这种范式完全忽略了社会作为整体的存在性和整体结构功能协调的必要性。封建社会的改朝换代和资本主义的周期性危机，其质同形异的规律性表明，社会整体系统功能的调节的内在需要得不到满足，只能通过强制性的外在力量的释放进行事后强制性调解与暂时性恢复。这是个体或局部利益、理性与社会整体长期利益、理性对立且无法协调而必然承担的社会成本。但是作为一种被广泛宣扬和价值观强制推送的意识形态，除了需要"现代"和"科学"的外衣之外，还要"符合"和"顺从"普通受众的主观感受与心意。因此，个体经验主义虽然并不事关科学，但它可以阻滞普通人对科学认知的进步。

（二）以偏概全的绝对化

均衡论将各具差别的行为主体同质化为没有社会属性和历史感的"理性人"，并将理性主体之间的经济关系视为具有无历史演进的永恒性质，无视经济行为中的个体理性决策者行为能力上的重要差别。然而，这些差异化因素正是决策者进行优化选择的重要依据，并对其行为产生直接且重要的影响。这些个性化的个体差异却被"理性人"在最优化选择时完全忽略，以此作为均衡范式所具有的"普适性"的分析基础。从历史的比较和实践具体的决定性来看，对行为主体做出上述选择性假设，是同质性资本的逐利性这一社会共性的人格化集中体现，是资本对人的社会规范和制度强制。

以偏概全的选择，还体现为对理性与效率的优先性。这种对理性与效率的强求，更主要的是资本逐利的强势手段。以所谓"人性"这种含糊不清的名词，指代特殊群体对其私利的高度关切；而理性与效率对于其他具体的群体而言，并不是一个十分有利的价值导向和制度安排，虽然这些价值取向通常都被标榜为所有人的平等与自由，① 但从社会历史演进的规律性看，这种自由平等只属于对封建主义反叛的目标，也是资本主义生产方式的核心利益诉求，并不代表其他群体及其未来的核心利益。因此，与马克思关于雇佣劳动和剩余价值理论所做的无人可及的、深入社会本质和规律的探析相比，抽象地讨论自由平等，实则充满着狭隘性和辩护性。

有偏性选择还必然出现在实践中的公共选择的有偏性。自由主义者更加倾向于认为每个人都是理性主义者和赢家，个人不仅对政府的信任度下降，对他人的信任度也下降。事实上，这就是迫使社会资本溃败的个体理性所致。与其说社会资本溃败，不如说是社会根本制度的缺陷导致社会不能弥合差距。而在这个过程当中，契约政府的政策选择不能实现其公共性，反而助长这种差距的拉大。因为此类政府本身都不具有独立性，它只是针对社会特定阶层、特定群体的仆从，它不可能完全受到任何群体的广泛和无条件的欢迎与支持。

对逻辑实证进行经验分析，其有偏性首先存在于分析工具本身，还存在于对均衡范式主观性偏误问题的无条件承接。此外，科学主义前提下的学术与学术圈也成为一种与研究范式、研究成果、学术声誉荣辱与共、利益攸关的共同体，但是这种融合性并不等同于普遍科学性与彻底人民性的辩证统一。

（三）学术评价的行圈化

基于极端假设和狭隘目标下的研究，趋向于碎片化、短期化特征，对于系统问题的内在性把握严重不足。研究的非系统整体性造成该理论范式对核心问题的认知仅停留于片面性的理解和对系统性理论不能进行整体性的把握，只能对系统性的理论提出过时论、不切实际论、理论及理论家的失败论，并堂而皇

---

① 约翰·密尔. 论自由［M］. 许宝骙，译. 北京：商务印书馆，1959：112-137.

之地进行否定和批判。当然这种研究范式本身也必然因为面对难以达成一致性结论而陷入派系林立、持久性争论和困扰之中。① 与此同时，这种研究却十分适宜解构主义和经验主义对社会根本问题和内在矛盾的刻意回避，构成对科学世界观方法论的恶意应对的内在需要。

将个体竞争升级为群体对抗，不仅出现于厂商、组织、机构，学术群体同样难拒此种诱惑。对于研究者而言，立足局部利益而解释世界，终将需要面对来自团队化的组织机构的强势竞争压力，因此，一方面各执一隅，另一方面还要结成宗派，分割影响范围至各学科方向。

将理论与实践的深刻矛盾外化为学术上的一团和气、相安无事，一个关键环节就是：由匿名审稿人、学术期刊、学界以及学者结成的共同体所进行的"协同性"评价体系的构建和完善。这一国外的科研评价模式②，正如均衡范式框架方法一样，被极其成功地复制到国内，并被毫无保留地"发扬光大"。

作者群、审稿专家群、期刊群三群体达成核心利益相一致的共同体，结成研究成果的互助性、发表与评价的共识性、学术价值的导向性与社会利益的共享性紧密耦合关系。这种紧密的合作、共进、共荣的利益群体，结成同行圈子（不妨称为"行圈"），"互投赞成票"（互引互证各方文献观点），形成脱离实践和实体而又可以订立攻守同盟的特定利益群体。这种局部利益共同体的个体理性显然具有短期化、均衡性。它们既形成敢怒不敢言的短暂的内部相对稳定均势，也对外形成近乎难以挑战的竞争强势，在行圈内达到一呼百应的"自证""高端""清白"的效果，但是学术群体结构、学术体系和学术研究的保守、僵化势成必然。而此类共同体能够较长时期内稳定地存在，显然是受到社会特定强力利益集团的认可、豢养和鼓励，与后者形成互动互助；否则，作为一个非物资生产性的附属性社会群体，它们不可能长期自圆其说和独立存在。

总之，学术上的权益与评价相结合，诱致学术同行圈内（行圈）的垄断性利益共同体，以私利阻滞学术创新和社会发展。依照流行范式框架方法才能入流，才能被认为有重要影响力，才能有"高引用率"，才能被认为是"高质量"，才能"高产"，才能高收益，才能"名扬天下""桃李芬芳"。这种学术生

---

① 米尔斯在述及理性与自由时，坚持抽象且片面地谈论此问题，并对自由主义和马克思主义关于理性、合理性及自由的观点进行指责，特别是在对马克思主义标签化理解的基础上进行短视性评论。但其根本性问题还在于，将问题置于浅表层进行解释并引发更多混乱，不能发现并指出问题的长期性、内在性。（C. 赖特·米尔斯. 社会学的想象力［M］. 李康，译. 北京：北京师范大学出版集团，2017：231-236.）

② 纳西姆·尼古拉斯·塔勒布. 非对称风险［M］. 周洛华，译. 北京：中信出版集团，2019：186-187.

成及其评价机制，体现的是资本逻辑的精髓。接受均衡范式框架的审核、检验和标签，就意味着放弃对中国自身的实践、制度及价值的遵循与研究。毕竟，作为哲学社会科学，所谓的"价值无涉"的学术是不存在的。它必须且必然夹杂着历史与实践、物质与制度、文化与价值，这是学术的时代性、国民性及价值性的渊源所在。因此，西式学术对于中国实践具体而言，并不能显示所谓的价值无涉的科学性。

（四）公共选择的非公共化

理论研究如果基于"给定条件"前提，势必将人的主体性弃置一边，从而仅限于对市场驱动下的客体进行对象化和现象性描述，对这些被动的经济行为进行模拟解释及规制。① 这种基于以资为本的制度与逻辑之下的理论研究的碎片化是必然的，对旨在公共性的公共选择的主体性也无基础性支撑。这种机制化的理性选择，绝非通往以人为本的理想境界的公共选择。② 政府的作用不在于此，而是基于契约服务于契约的权力机构。

因此，基于均衡论，理论家们以贴上标签视为解决问题③，这种学术拒绝立足实践、反抗唯物史观辩证法，固守唯心史观而对经济世界颠倒性认知，对经济社会内在矛盾的辩证性把握不足，不能也不愿提出系统性制度设计与政策选择，只是在非均衡的真实世界里试图绘制和维护纸上的"均衡稳态"④，达到从心理和学理上"以安天下"的效果。

但是，由于均衡分析对实践中的根本矛盾的掩盖，无论如何也不能使其摆脱非科学性之尴尬。基于此分析范式之下的"实证分析"，只是对一些既有函数关系进行数理的演绎，并经经验和数据检验；反而并不对构成其所依赖的数理关系的"公理性"假设前提及其"假说"进行适当的经验检验⑤。这种"工具主义"⑥ 方法与逻辑更适宜于依据特殊需要而对符合预期的一整套假设假说进

---

① 如此研究迫使"公正和真实的原则屈从于自己的处境和他人的谬见"。（葛德文．论财产 [M]．何清新，译．北京：商务印书馆，2013：85.）

② 戴维·罗特科普夫．权力组织：大公司与政府间历史悠久的博弈及前景思考 [M]．梁卿，译．北京：商务印书馆，2014：364-366.

③ 马克思，恩格斯．马克思恩格斯文集（第10卷）[M]．北京：人民出版社，2009：587.

④ 罗纳德·哈里·科斯．企业、市场与法律 [M]．盛洪，陈郁，译校．上海：格致出版社，上海三联书店，上海人民出版社，2009：3，18.

⑤ 洪银兴．现代经济学大典（上卷）[Z]．北京：中国财经出版传媒集团，经济科学出版社，2016：904.

⑥ Friedman M. The methodology of positive economics [J]. The Philosophy of economics：an anthology，1953，2：180-213.

行个体性的经验解释；而对于现状批判、解决根本问题而言，则无法提出足以通过实践检验的见解。我们可以从某些对"价值理论"有"重大贡献"的有关均衡的"纯理论"分析范式和过程看到这一点。①

均衡范式框架通过坚持和维护市场体系均衡有效论，借以反对包括政府在内的外在力量对特定主体（实质是既得利益主体）可能施加的限制或干预。②对政府和政策的外在需求，不是从重塑根本制度、在生产分配制度这一根本问题上寻求彻底的改变，因而不可能标本兼治；而只是基于临时起意的"相机抉择"和"轮流坐庄"这种非系统性和非自主性选择。因此，基于狭隘私利打算的公共政策只能是在解决问题的同时，又会派生层出不穷的新问题。③ 这样就在理论和实践上出现悖论：既审慎地和充满疑虑地呼唤政府干预，却又致力于积极反对政府的过多干预，以杜绝任何可能触发实质性变革的可能。④

质言之，资本主义源于对集权的封建王朝和宗教的政治上的反叛而更加倾向于选择无政府主义，因而在反对重商主义的行动上，为其政治行为提供直接的利益激励和话语支撑。在其民主革命以后，被资本改造过并加以掌控的契约政府，属于资本主导之下的名义上的"民选"政府，但更主要的是对资本的安全与增长负责，对资本的市场的失序与失能提供外在的纠正与弥补。政府与政策的外在性根本不可能在传统根本制度不变的条件下发生任何重大的改变，以至于造成对资本的"扭曲"（利他向善），而只能是迫使契约政府向资本妥协，即便是政府被普遍地不信任⑤，那也无关紧要，毕竟它隶属资本，而绝非优先立足普遍科学与全体人民。

三、基于形式化分析的经验描述性方法

（一）流行经济学对自然科学的模仿与滥用

知识只是潜在力量，制度激励与保障才可能将这种潜在力量变成现实推动

---

① 吉拉德·德布鲁. 价值理论：对经济均衡的公理分析 [M]. 杜江，张灵科，译. 北京：机械工业出版社，2015：99-130.

② 弗里德里希·奥古斯特·哈耶克. 通往奴役之路 [M]. 王明毅，冯兴元，译. 北京：中国社会科学出版社，1997：226-227.

③ 马克思，恩格斯. 马克思恩格斯文集（第3卷）[M]. 北京：人民出版社，2009：302.

④ 约瑟夫·E. 斯蒂格利茨. 重构美国经济规则 [M]. 张昕海，译. 北京：机械工业出版社，2017：168. 保罗·克鲁格曼. 一个自由主义者的良知 [M]. 刘波，译. 北京：中信出版社，2012：3-14.

⑤ 小约瑟夫·奈，等. 人们为什么不信任政府 [M]. 朱芳芳，译. 北京：商务印书馆，2015：279-300.

力。在此基础上，科学技术可以实现其超越自然经济的有形有生的力量的能效。科学主义是突破封建主义的无形的思维武器，在这一阶段，科学对于经济学而言，有充足的理性与力量，但这并非意味着永恒和神圣。一直以来，就有两种对立声音：经济学是不是科学？事实上，科学揭示本质与规律，并且能够通过实验或实践的检验；科学的重点在于其系统完备的内容，而不是规范而保守的外在形式。科学不仅仅在于解释世界，更重要的是改变世界，推动人民实践向前发展，而不是维系一个不变利益格局和均衡稳态的物的世界。作为社科科学，其理论与实践保持辩证统一，而不是彼此错配、失衡和异化。

将各学科统一于普遍性科学的实践和努力并未完全成功。企图正统学术界的均衡经济学，选择以偏概全，即以个体或局部否定整体，以短期掩盖或者决定长期，显然是狭隘的、有偏的，甚至执着于异途的学术修为。这种研究只是抓住次要问题大做文章，而忽略了所谓的小问题、小方面，却在实质上遗失、掩盖甚至否认真正的大问题。无论是在自然科学还是社会学科的研究中，均存在这种为了追求理论上的"求全"而过于强调问题的次要方面，甚至"喧宾夺主"而"委屈"了问题的主要方面，将研究的科学性带偏，造成理论方法的空洞化与实践意义的扭曲和空缺。显然，这种研究上的片面的极致与经济社会运行中的极化逻辑及非均衡性交相辉映。

自然科学选择适宜于自然科学的研究方式，社会科学选择依据自然科学的方式而不顾实际情形，这都是由各个学科之间的"潜规则"所决定的。以自然科学的范式研究经济学所涉及的问题，不仅仅体现为理论家对自然科学的艳羡和盲从，更是其正统经济学脱离实践基础并受制度局限之下的封闭性所致。从其他学科寻求研究的创新，而不是从实践着手研究问题的核心与出路，达到经验解释、拒绝实质性改变的能效，这是社会学科过度借用和滥用自然科学方法的根本原因。

故意混淆自然与社会的差别，并将两者等同，将自然科学方法套用于社会学科研究，并不必然带来社会运行中的所谓"自然铁律"，但它可以造成人与自然的交互异化。[①] 作为哲学社会科学，其研究对象和价值导向与自然科学的不同之处在于，前者要以人为中心，而后者则以物为核心。将这两种学科的差距忽略，显然不是个人行为，而是群体性选择。这不过是私有制对个体行为施加强制力的外在表现。

---

① 将自然规律作为规范社会主体行为的做法，无异于将人进行物化，将社会与自然等同，迫使人接受"自然铁律"的强制，这与迫使活人受制于封建迷信的性质大同小异。

（二）形式化研究的实践与历史的缺失

基于"给定条件"和假设前提的均衡论，在"现代"与"科学"的包装之下，研究价格发现机制与资源优化配置。这种研究不再涉及发展的动力、过程和趋势等社会与历史的特殊性等问题。这种占据西式正统的学术自由主义，对于发展中国家来说，即无视实际差别，被迫以"普适性"教条强行模仿和照搬。

特别是对于没有唯物史观和辩证法指导下的理论研究，最终选择唯心史观基础上的均衡范式，将整个世界历史中先后出现的不同发展表现进行毫无历史感的胡乱堆积和有偏见的一较高低[①]，如"关公战秦琼"这种穿越剧般的混战，是常有并且毫不忌讳的，将短期战术安排和长期战略安排混淆。

事实表明，由于唯心史观均衡范式过于短视和局限，其理论研究虽然能够流行于某时某地，但是经受不了历史和实践的检验，并且这种理论的创新发展的程度和速度永远都滞后于社会发展实践的节奏和步伐，有些理论总是陷入诸多悖论之中，而有些理论会被迅速替代或者直接销声匿迹。

均衡范式在中国化的过程中，从概念到观点及方法体系的大规模借鉴，不仅适合于从计划到市场的转型初期，也适合于中国的快速工业化、城市化初期阶段；或者说，它适合于向发达国家模仿和追赶的特定历史时期。这一时期，市场体系的构建，效率优先的遵循，可以实现产能提高和满足需求，刺激生产力的发展。但是中国的特殊性在于，增长的速度、发展的程度、潜力及目标定位均与西方根本不同。因为中国的经济基础与制度结构自成体系，凭借自身的基础与优势推进全方位的创新，这种创新还要体现为理念和理论范式框架方法的全面和系统性的不同，这正取决于中国自身的实践基础与历史传承而来的文化传统。这对于均衡范式而言，是极为重要但又无法兼容的。

第三节　均衡范式中经验实证的系统有偏性

均衡论对经验数据的支配性和经验数据对均衡论的支撑性，两者之间构成交互佐证的关系，是逻辑实证与经验实证相结合的流行性学术呈现，而实践中的统计及其操纵是完成这种匹配关系的关键环节。

---

① 杨小凯. 发展经济学：超边际与边际分析［M］. 张定胜，张永生，译. 北京：社会科学文献出版社，2019：640-657.

一、均衡论是现行统计理念的根源

（一）均衡论需要均值估计

均衡论决定了其服务于均衡分析对经验检验的方式与目标，有关收入分配的经验数据的指标设计、数据收集、筛选过滤以及分析方法的选择、构建，均受制于均衡论及其范式框架话语体系，并通过统计学上的随机分布原理（"独立同分布"）与同质主体假设高度相仿，以此营造出对经验主义理论观点的实证主义氛围。

但是均衡论主导下的经验数据并不能准确反映实践的真实，也不可能揭示出矛盾性及其动态，反而可以被人为操纵以扭曲事实真相。因此，无论在人们对 GDP 核算本身的问题上，① 还是从"6 亿人均月收入 1000 元"中可以发现，经济增长的片面性、狭隘性与发展所需要的均等性、数据的真实有效性均存在根本的差距。有些理论和舆论中的"有数据表明"和"没有数据表明"这样极具流行性的言之凿凿，却无以面对真实。② 正如面对失衡的实践真实而空谈所谓的效率、均衡乃至稳态与永恒一样，要在学理上保持其逻辑性，均衡论就要严格依赖经验的均值估计，而所估值的均值的原始数据又来自统计操纵之下的被认为是"均匀分布"的样本数据。由此，同质主体与均值估计共同完成了均衡世界的编织大业。

（二）均衡论掩饰失衡性数据

均衡稳态的价值与政策导向，对于维护现状而言，所具有的政治意义高于客观提示真相和真理的潜在价值。一方面，均衡论支配下的均值估计，在最大可能性上掩盖各主体之间的实际差异性和差距问题；另一方面，均衡论还要以和谐化矛盾为目的而拒绝或不便提供必要数据。官方统计仅限于市场及政府等主体因其所进行的合法合规性活动而产生的数据源，而对于由非市场行为、非法及不合规行为所产生的"灰色"或"黑色"收入的数据流，却没有相应的科学可靠的统计。诸如家庭家族内部的财产转移、垄断、贪腐、寻租、贿选、黑

---

① 让·盖雷，弗洛郎斯·雅尼-卡特里斯. 财富新指标［M］. 何璐，译. 北京：中国经济出版社，2018：46-97.
② 我们不是反对数据，而是反对数据产生的机制与数据的误用与滥用，不主张唯经验数据、以极为有限的经验数据作为检验虚假命题的范式和作风，而倾向于以广泛性、规律性的实践检验真理性命题。

金等行为，这些私下或暗中干预、幕后操纵政府与制度政策选择，涉及金额庞大、产生严重后果、造成收入分配严重扭曲的因素，都很难对其进行可靠的指标构建、数据统计以及数据呈现，但这绝不意味着它们不重要、没有影响。

二、统计指标的片面性

从生产、分配等实践总体的动态系统中分离出极为有限性特征指标，并予以估计和赋值，其中的片面性体现在以下三个基本面。

（一）财产占有与税负转嫁的统计缺失

分配问题的重心在于财产占有上的差距以及对分配制度的再选择。在均衡经济学研究及其统计设计中，有关分配问题的关切，更多集中在收入的"均衡性"分配上。对财产、收入的统计难以完备和有效，相关数据极度稀缺；而由于来自一些强有力的正统观点的压力等因素，有关问题的研究一直以来都举步维艰。[①] 国内统计指标与"国际接轨"，如果进行所谓的国际化，那么西方制度及均衡论支配下的指标缺陷也必然凸显出来。例如，虽然财产占有的差异性远远大于收入分配的差异性，与财产相关的收入分配对整个收入分配的影响很大，但是这一指标的统计却因为传统和法律对个体"隐私"的保护而被忽略或掩盖。同时，有关分配差距的研究不仅不充分，而且研究结果只能基于样本均值估计，这对于精准扶贫、全部脱贫的政策和价值取向而言是格格不入的。

对税负分担的衡量与统计，通常是以直接税和间接税来区分税负的最终承担者，主要被区分为生产者和消费者。对于统计工作而言，这种统计似乎已经完成任务。但是，从税负内在和长期性看，这些税负影响及其统计，不过是名义分摊，因为不同主体之间的个体或群体的变换并无制度性限制，从而达到快捷转移（转嫁）税负的目的。然而，由于阶层的流动性和可转化性远低于税制和税负的灵活性，实质上税负调节阶层之间的收入分配关系，并且税制结构对此关系予以确认和固化。可惜的是，涉及上述内容的指标设计与统计是缺失的。

（二）隐性成本分摊的统计缺失

消极外部性的问题在于，施害者深刻地明白如何让自己获利，而让相对弱势的穷人、后代及其他群体一同分摊成本。此种行为得不到解决的原因有，一

---

① Simon Kuznets. Economic Growth and Income Inequality [J]. The American Economic Review, 1955 (Volume 45, Issue 1): 1-28.

是权责不明，更谈不上统计数据上的明确支持；二是知识与经验等证据缺乏；三是因能力差距而无法以对等谈判的方式解决。有效数据的缺失则是上述问题的综合表现。

从既有统计指标体系的选择、构建及数据提取来看，在承担自然灾害、产业结构调整、深化改革、发展战略改变及社会转型等过程中出现的种种收益、风险和成本的再分配与转嫁，均缺乏相应的统计指标与数据。这些非均衡性选择所造成的结构问题不会自行消失，而是亟待被理论研究、统计分析并有效解决。

（三）规模和杠杆的再分配效应的统计缺失

为了摆脱传统产业对资本谋利限度的约束，技术创新和产业升级，即表现为"避实向虚"的"后工业化"。更大程度的资本集中和社会化，形成了超大规模的实体，并架起过高的杠杆以行再分配效应之实。该效应依据对资本市场的掌控而参与财产权利的再分配，从而持续挤压实体经济中的收入分配空间。无论是证券行情，还是城市土地及房地产，大幅度的价格波动都能够构成实质性再分配效应：收益从传统实体部门向新兴产业转移，将收入从普通居民手中向新富群体转移。这一转型的实质是资本掌控者凭借资本所赋予的社会权力而追求更高的分配掌控权与分配利益。这种既形成新财富，又能基于资本规模和金融杠杆效应而再分配新财富的新业态，在经济学和统计指标的显示上，并非跟上了社会演进的节奏。理论研究、真相揭露没有也不必先于实践而超前形成，否则它们得不到资本及时光顾和慷慨支付。

三、收入分配统计的非准确性

统计指标的选择、经验数据的取得，以及对两者的使用与呈现，均存在着有意和无意的主观选择，这造成统计数据所能传达的信息的准确性不足，甚至形成误导。其中的问题存在三个层面：一是相对总体而言，抽样本身的有偏性；二是统计人员的主观选择性；三是受访对象的"说好话"倾向性。①

（一）一般（均值化）数据的非准确性

在经济社会领域，精准统计计量的困难、数据采集上的偏误，都是必然的。

---

① 达莱尔·哈夫. 统计数据会说谎［M］. 靳琰，武钰璟，译. 北京：中信出版集团，2018：1-18.

才能有效地展示在有需要的人的面前。① 因为数据并不总是被用来科学精准有效地传达客观事实，也并非越多数据的堆积（如当今的大数据）就越能说明问题。但是数据完全可以被操纵和滥用，以达混淆视听、误导理论与舆论的事实性后果。

统计操纵是利用数据以扭曲和掩盖事实的学术行为。当今最大的统计操纵，可以看作是面对非均衡的实践而提出的均衡论范式框架方法。海面的平静只是表面现象，正如均衡稳态只是整个经济社会海洋的冰山一角。在整个坐标系中，以若有若无的均衡遮掩近乎整个坐标系空间的失衡态势，以极小概率事件代替必然事实的主观扭曲，使很多研究者只愿紧握均衡与美妙，显然"统计操纵"在其中发挥着意识形态作用。特别是大数据时代，带给人们的不只是数据的大量产生和传播，还有对数据产生筛选、过滤机能的理论与分析技术。过滤特定数据，过度和恶意利用某些数据，通过扭曲数据表达方式，达到数据操纵者的特定目的。这种统计操纵问题在哈夫的小册子里得到充分的体现。②

基于相同的"实事"，例如，在面对马克思的著作文本时，我们就能产生形色各异的理解、观点及政策建议，但为何就不能"求是"呢？从理论与方法上看，出现了研究者们的"研究视角"或者"侧重点"的差异。研究者们把"当代资本主义生产只看作人类经济史上一个暂时阶段"和"把这种生产形式视为永恒的最终阶段"，显然是基于不同的立场和目的。③ 统一起来就是，基于不同利益主体的根本利益，而构建不同的范式框架来决定如何操纵数据。也就是利益关切点不同，研究者们在处理所需论据时，需要突出哪些，需要掩盖或淡化哪些，都可以进行不同的取舍。各方所依赖的统计数据及数据展示有所不同，统计数据操纵就成为必然的选择。从供给学派中的代表作《财富与贫困》④ 与凯恩斯主义倾向的两位经济学家斯蒂格利茨和克鲁格曼的新著（分别为《重构美国经济规则》《一个自由主义者的良知》）中对比发现，在有关政府干预、就业减贫、放松资本管制等重大问题上存在格格不入的理论观点及政策建议。由此不难理解，经验及统计数据操纵的手法足够高明，足以满足任何实证的需要。上述争论之于马克思主义，也都是特定阶段的产物，并且最终要接受实践的裁决，这是解决统计数据不能被客观真实地提供和正确公允地使用而是被人

---

① 纳西姆·尼古拉斯·塔勒布. 非对称风险 [M]. 周洛华，译. 北京：中信出版集团，2019：175.
② 达莱尔·哈夫. 统计数据会说谎 [M]. 靳琰，武钰璟，译. 北京：中信出版集团，2018：83-135.
③ 马克思，恩格斯. 马克思恩格斯全集（第44卷）[M]. 北京：人民出版社，2001：33.
④ 乔治·吉尔德. 财富与贫困：国民财富的创造和企业家精神 [M]. 蒋宗强，译. 北京：中信出版集团，2019：180-316.

为操纵的问题的根本出路。

（三）数据来源范围的特殊选择

对数据操纵，还存在对数据来源范围的取舍。为了将收入分配这样的问题进行"脱敏"，对数据来源进行选择性预置也是常用之法。例如，对财产占有和收入分配的过程及影响，对均等程度、公平程度等敏感性问题的度量，远不及经济增长、公司盈利的数据披露那么丰富、有效和及时。

具体的数据来源操纵，表现为对数据及其所传递信息的选择。在考虑收入分配中的差距及不平等问题时，选择在什么范围内衡量，即不是以点代面的数据，而是应当在更大的范围和框架体系中研究问题，[①] 才是关键性的。对于发达国家而言，因其产生的贫富差距不能仅仅看它国内的差距，还要看到它与其他国家和地区所构成的真实差距。因为它脱离不了与整个世界的收入分配格局，不能切割在财产占有权利分配上与其他国家之间的内在关联性。

因此，从整个世界长期总体层面看，各主体各层面都不可能均匀、随机分布，更谈不上在狭小的样本空间内假设其均匀分布，以此来代表整体。例如，将数据来源限制在一个村、一个镇，或者一个县、市、省或者全国，以及世界大多数国家；所选时间跨度为 1 年、5 年、10 年乃至 50 年、100 年。这种跨度选择的不断扩大，涉及主体越多，差异性就越多，所传递的信息就越多，从而揭示的差距就达到最高和最广泛的水平，但这并非表明越来越接近于问题的实质。因为数据本身并不是实质，它是受制于形成数据的指标，以及决定指标体系构建的理论范式的系统性约束。

在不考虑时空特殊性的前提下，将特定数据作为结论的唯一或"有力"证据时，其实是缺乏实质意义的。例如，有一段时间在理论和舆论界认为中国的收入分配不平等是非常普遍的，列举了"令人不安"的数据，"证实"中国的不平等高过很多国家，并对此"严重问题"迅即给出的政策建议就是以私有化为前提的全面彻底实现市场化。这种资本意志驱动之下的分权制衡理念的意识形态攻势，尽管有"大量的"经验数据"支撑"，但这些被操纵的数据服务于异域的意识形态的实质，在历史与现实的实践检验面前，自会不攻自破。

---

① 马克·格兰诺维特. 社会与经济：信任、权力与制度［M］. 王水雄，罗家德，译. 北京：中信出版社，2019：87.

第四节 均衡范式框架方法的实质

依据马克思主义可以清晰获知，理论范式源于世界观方法论，受制于根本制度。近代以来，资本竞争最终形塑同质主体均衡范式。该种自认为"现代"与"科学"的研究范式，对矛盾失衡问题进行均衡论辩解和经验性实证，偏离普遍科学性和人民主体性，最终不是扩大发展的维度、速度及程度，而是以意识形态的手段将增长与发展收敛于制度所能容纳的极限。

一、意在解释世界

从社会层面原初含义来看，均衡是供求各方达到势均力敌的相对静止稳态。这是一种抽象的虚幻的假想状态，作为一种参照系来鞭策现实中间存在的非均衡问题。它是一种资源流动和配置效率性的衡量手段，由于要素也由此方法来衡量，因此收入的分配也因此而被决定。以此看来，经济行为的均衡是一种微观局部瞬时理想化状态，并且现实要向这种状态"迫近"，才能"完美"。

均衡论强调资源的最优化配置。这种效率在经济学上，就是要在降低成本支出和提高收益效用上做到极尽所能。从实践中的行为导向上看，即对潜在能力和资源的一种竭尽全力的释放和利用，并致力于将这一切转化为赤裸裸和冷酷无情的金钱关系。① 这种竭尽所能、全力以赴，完全可以被描述为"无缝不钻、卑鄙龌龊的利欲心"②。18 世纪以来并不曾式微的"效率"追求，③ 至今仍未有任何消退。生产、创新、扩张等逐利行动的高负荷、高强度、高节奏和义无反顾，成为一种优化选择的方案。除非就业不足、市场需求不足、经济萧条，但这又是一种约束（危机），使收入、生产、生活陷入困境。因此要让工作和闲暇得到平衡，要取决于市场状况和经济整体的状况。但这不是个体所能决定的，而整体的决定却由整体理性客观决定。问题在于，解释世界的工具理性根本达不到整体均衡与有效。从其内在矛盾上看，所谓的效率只是对参与者形成强有

---

① 马克思，恩格斯 . 马克思恩格斯文集（第 2 卷）［M］. 北京：人民出版社，2009：33-34.
② 威廉·葛德文 . 政治正义论（第二、三卷）［M］. 何慕李，译. 北京：商务印书馆，1980：613.
③ "使船队遍布四海""依靠武力在世界遥远的地方征服了广大的领土，敢于向最强大的联盟挑战，尽管受着赋税和债务压力，却能在日益增加的负担下创造着新的繁荣。我们能够轻易放弃具有这样无穷力量的动机吗？"（威廉·葛德文 . 政治正义论（第二、三卷）［M］. 何慕李，译. 北京：商务印书馆，1980：629.）

力的社会约束力，每个人都是资本强制之下的理性人道具，他们被迫从事着异化的劳动，形成不断异化的社会关系、经济结构与历史演进。这些实践具体并不能进入均衡论的视域之中；而进入其视域中的内容，则是尽显均衡效率、公平正义这种歌舞升平的虚幻气象。

二、旨在维护现状

基于实践可以发现，均衡只是一种基于系统性假设前提下的纯粹抽象和意外，事物的矛盾性决定了系统非均衡的普遍性与常态性。人类社会实践及其历史并不支持因个体至上而选择唯心、形而上学及经验主义的方法论体系。因为仅仅从后者发现不了前者，即在唯心史观和经验主义者的理论范式中没有历史及其发展的存在。因为这一方法论体系在理论研究和实践导向上的功利主义，必然选择个体理性、工具理性，严格依赖个体经验。这种学术传统将经济社会进行人为切割和分化，将历史发展的规律置于不可知论的无知之幕的遮掩之下；以盲人摸象的途径，对事物的内在系统整体性进行无限性切割，偏执地各执有利可图之一隅，并进行自适应性的无限夸张放大，即进行孤立的和极端化的假定与形式逻辑推定。① 唯此才能将其狭隘的利益诉求与极具局限的理论"创见"进行"有逻辑性"地结合起来，以显示其"现代科学性"及"自然永恒性"。

选择并强势推广均衡范式，适宜于对极其狭隘的利益立场的关切，以配合孤立的微观个体极具短期性优化选择的研究，达到"以偏概全"（以个体的效率代替大多数的公平）和维护现状的辩护目标，以此否认人类社会发展中的深刻矛盾与规律性，选择以唯心主义、不可知论作为其堂而皇之的理论的遮羞布。这种研究不能从各主体之间关系的内在性、社会整体长期性上考虑效率与公平问题，只能形成有偏性制度规章和政策建议，并从一些"现代经济科学家"们的言辞中②形成政治游说和权力寻租的重要前提。

---

① "科学是一种关系体系""唯有在关系中才能找到客观性；在被视为彼此孤立的存在中寻求客观性，只能是白费气力"。（昂利·彭加勒. 科学的价值 [M]. 李醒民，译. 北京：商务印书馆，2010：170.）

② 对于经济学的科学主义，显然所受到的热烈欢迎和迎头痛击一样多。无论是最早而且最为彻底的反对者马克思（"解释世界"，而不是"改变世界"，马克思《关于费尔巴哈的提纲》），还是后来的米塞斯（"经济学研究一再被一个错误观念引入歧途"，即"经济学必须依照其他科学的模式"。米塞斯. 经济科学的最终基础 [M]. 北京：商务印书馆，2015：7），以及当前的一些研究者，如汪毅霖（汪毅霖. 经济学能够成为硬科学吗？——方法论视角的研究 [M]. 经济管理出版社，2016.），等等，均不在少数。

三、志在恒产恒心

极尽流行性的"恒产恒心"论，源于私有财产神圣不可侵犯的西方自由世界的兴起。对私有财产的追逐的永恒性凝聚为个人价值追求的"恒心"。显然，人的价值理念屈从于私有之物及私有制度。在这样的根本原则统治之下，任何对私有权利形成干预的行为，都不会被理解为正当正义，均衡论再也不能平衡社会的矛盾对立与失衡的势态，越来越多的人和社会整体必将被驱使到被奴役之路。

历史和实践未曾放弃利用"恒产"驱动"恒心"的制度强制，以给世人带来恐慌和警告。始于 1929 年的资本主义体系的经济大萧条，为政府干预理论的提出提供实践契机。从这一契机开始直到 20 世纪 70 年代初，凯恩斯主义盛行，这一特殊历史阶段并不具有普遍意义。特别是对于资本主义整个历史过程来看，它违背了自由主义的资本逻辑；而对这种新政的挣脱，是资本的本能性驱动。从结果看，这并不是通往所有人被奴役之路，而是通往资本被驯服、惠及所有人的大道。哈耶克所坚持的自由，虽然可能摆脱政府控制，但同时使政府落入资本的挟持之下。资本在政府的放纵之下，实现对普通人的奴役和对社会理性的扭曲。这一切的异化，不过是对恒产滋生私欲私心的逻辑映射。

四、实为意识形态

将认识社会问题的方法上升为规范学术研究的"参照系"，形成学术的规范和入行准则，有其现实性与狭隘性。如果将这种参照系及其不断新生成的理论体系建立在均衡论之上，追求解释世界、拒绝改变现状的狭隘价值观，那么它根本就不代表人民的立场，而只能沦为政治正确导向下的意识形态工具。

同质主体假设前提，片面的极致的逻辑，虚构的均衡论题，完全不顾实践中的矛盾失衡机制与问题，仍然以虚构且狭隘的均衡、效率、稳态为导向强行规范理论研究的理念、方法及观点形成。脱离实践与人民，背离普遍科学性与人的发展的价值性，但仍然占据思想意识形态的正统并维系为主流。这纯属于理论与学术的意识形态化，是社会学科的沦落，与其经济社会发展趋于没落相适应。

因自由竞争而实现效率均衡，这种信仰所追求的均衡稳定，只是"给定条件下的个体或局部的最优化选择"，这是均衡执念下的一种极其狭隘的个体或局部的瞬时平衡或稳定；它是特定群体的利益所在和主观愿望，这意味着对种种矛盾与失衡的深层问题采取忽视、漠视及容忍甚至放纵的对策。这种保守性世界观方法论的根本原则就是坚持"给定制度",依赖既有格局和传统教条,拒绝任何有实质意义的改变,以维持现状的均衡稳态这一终极目标进行狭隘的再平衡,而不是以唯物史观辩证法的新高度去坚持非均衡的指导方针,实现广泛的长期动态性再平衡。由此,所谓的现代与科学,只是适应了矛盾运动中的意识形态的与时俱进而已。

第三章　收入分配逆向转移问题的理论重构

生产—分配的失衡及其交互作用需要重构均衡范式，进行普遍科学性与彻底人民性辩证统一基础上的研究。基于实践，坚持矛盾论，利用非均衡分析方法，将创新理论体系与创新实践辩证统一起来，使人与社会均能取得实质性发展。

第一节　转型期经济学的混战

19 世纪中叶以后，在周期性危机作用下，资本与垄断结盟。西方正统经济学与马克思经济学的战斗，可以以"恶战"来描述。这段战争的历史凭据不需赘述。究竟是什么原因让学术交流变成无所不用其极的攻伐？是根本利益对立！在共产主义仍非现实的当今时世，转型同样存在，这种斗争远未消停，只是在贫困与饥荒被普遍相对过剩安抚和政府干预之下，暂时显示出一定的隐蔽和平和的迹象。

一、作为"现代经济科学"的"中国化"

基于对西方世界私有财富和技术创新的艳羡，很多人倾向于接受夹带于其中的意识形态，甚至片面地理解和全面地套用实时推送而来的标榜为"现代""科学"的范式框架方法及观点。在国内改革开放实践的大推进中，资本与学术自发、自利地结合，生成对均衡经济学的仰慕和传播的群体，均衡经济学强势扩张至国内每个角落。

改革开放以来流行于国内的经济学研究范式框架方法，毫无争议地属于西方主流范式框架方法在中国的照搬。这是基于该经济学的"现代性"和"科学性"，迫使仍处现代化进程的中国与国际"接轨"的"可喜结果"。西方经济学中国化拥有两方面因素为其背书：一是中国的市场化改革，向西方学习理论与经验的实践；二是均衡经济学的"现代"和"科学"的自我定性与羊群效应式全球宣扬与扩张。

均衡经济学树立"严格的市场机制"这一方向性标杆。基于主体的个体理性、过程的经验主义和目标上的功利主义，对现实进行外在性描述和有偏性模拟，构建一个饱含主观选择性的旨在模拟现实世界的模型①，再依据此模型的结构、机制与功能进行抽象逻辑的推演，外加一些便于操控的经验"实证"和权威人士及期刊的联合佐证与背书，以此验证"价值无涉"理论的"纯洁性"，达到对"肮脏的"现实横加指责，并企图让现实以模型为模范而自行"纠偏"的效果。有人对此类做派不无忧虑。②

对于个体主义理性与效率的具体关切，推动市场化改革，释放活力，并将有效市场及其普惠性作为信条。"无论是短期（代际之内）还是长期""都不会导致收入和财富分配不平等的持续加剧和恶化""除非经济中还存在其他偏离严格市场经济的因素"，如垄断市场力量、不完全借贷市场以及持续的随机收入和不平等的再分配政策等。③

然而，问题在于模型不是实践，不可能主导实践，而必然是误导实践。依靠既已设定的市场竞争模型来收获新知，并以此"指导"改革和政策选择，而不是依靠创新实践形成理论创新，显然不是正确的但是"科学"的选择。因为这类模型与真实之间所存在的差异与对立，既是基于模型的假设前提及逻辑方法的主观选择所造成的差异，又是基于时代和实践的差异。同样，很荒谬的"创新"途径是，并不是研究和把握问题的本身和根本，而是要在主观世界中成功地"借鉴""复制"、识别、选择、虚构出适宜其正统均衡理念规范的模型。这种"创新成功"据说不仅有很大的"幸运"与"不幸"之可能④，而且还可

---

① "模型创造者们的潜意识中有很强烈的冲动去忽略那些不能支持他们模型的事实。"（乔纳森·施莱弗. 经济学家的假设 [M]. 邓春玲，韩爽，译. 上海：格致出版社，上海人民出版社，2019：28-29.）这与数据统计和数据使用中的"统计操纵"如出一辙。

② 罗伯茨在其著作的中文版前言中写道："中国应当认清西方经济政策的优缺点，充分认识到那些导致决策错误的经济学理论存在的缺陷。如果中国把自己的命运交到那些在西方接受教育的经济学家手中，结果肯定不会是经济和政治稳定。"（保罗·克雷格·罗伯茨. 自由放任资本主义的失败：写给全世界的新经济学 [M]. 秦伟，译. 北京：生活·新知·读书三联书店，2014：4-5.）（中文版前言）

③ 王弟海. 收入和财富分配不平等：动态视角 [M]. 上海：格致出版社，上海三联书店，上海人民出版社，2009：25.

④ 乔纳森·施莱弗. 经济学家的假设 [M]. 邓春玲，韩爽，译. 上海：格致出版社，上海人民出版社，2019：25-29.

以在根本不了解国内外经济社会的历史实际与具体实践的情况下完成，以至于将日益庞杂却仍然千篇一律的数理模型①奉为图腾，不乏其人其作。

在没有辩证唯物论的指导和旨在人民性的公共选择的支撑下，接受"现代经济科学""正规""完整"训练，能够勇于和善于模型化学者思维，以西方学术正统强势推送给中国的改革与发展对策及建议，要将中国的"制度品质"进行全面系统的"改造"和"提升"。从其论著中可以看到，所共有的政治与政策诉求：其一，经济上，以全面、严密的制度化途径施行私有化；其二，政治上，以西式民主改变中国政治制度，以使中国成为西方模式的模仿者、接轨者、追随者、维护者；其三，文化上，崇尚个人至上和极端利己。据认为，唯此才是中国通往民主自由和富裕安稳之道。② 这种显然并非传"经"送"宝"之举，恰是自缚之茧。因为实践越发明确和生动地向人们呈现：任何一种制度，即使是在灯塔国，同样存在着根深蒂固的矛盾与问题，更不应成为强制他国照搬模仿的教条。

理论总要主动或被动地接受实践及历史的检验。从 20 世纪以来的各国经济增长与发展的进程中可以发现，令均衡理论家们失望的是，西方世界及其市场并没有充满自由竞争、平等交易、市场有效和一般均衡，而且还存在着大国崛起与衰落、资本主义与社会主义的对峙与较量的问题，这些问题并没有证实而是证伪其理论。而令实践失望的是，这些涉及更宽广领域和更长历史时期的问题，在均衡范式正统之下的"现代经济学"的分析中，显然是最不应当选择的工具，并且依然没有适宜实践创新的理论出现。中美贸易战和新冠疫情足以让人们对灯塔国的灯塔模式产生全新的反思。

二、均衡范式对实践的认知偏误

立场不同，观点对立，方法各异，是西方正统理论与马克思理论的根本差别。作为任何一位经济理论工作者，都会有意或无意地选边站队。就此而论，"价值中立"的研究者及其"价值无涉"学术活动都是"此地无银三百两"之举。

在马克思以后的时代，均衡论者依然需要对马克思理论进行攻击并与其划清界限，这都是入伙西方正统、攀升主流的必修课。③ 在其中的批驳道法中，有

---

① 斯科特·佩奇. 模型思维 [M]. 贾拥民，译. 杭州：浙江人民出版社，2019：3-85.
② 陈志武. 财富的逻辑：为什么中国人勤劳而不富有？[M]. 上海：上海三联书店，2018.
③ 约瑟夫·熊彼特. 从马克思到凯恩斯十大经济学家 [C]. 宁嘉风，译. 北京：商务印书馆，2013：9-83.

一种极端不道德的做法，就是首先将马克思理论作庸俗化、教条化、标签化理解（甚至根本没有直接读过或读懂马克思的鸿篇巨制），再以变化了的实际情形对马克思理论文本进行"成功的"批判，以此标榜其"独创性"和"最终胜利"。这种批判首先基于均衡论的"自然主义""永恒""铁律"的信条，作为其学术所能立足的政治正确，其次是基于对时代和实践的外在性、有偏性解释，并以宗派群殴的方式，对抗马克思理论对西方学术正统的挑战。

马克思理论是针对特定阶段实践的批判性研究，不具有跨时代性的实践具体性，不具有文本意义上的永久正确性，但这与其所立足的世界观、方法论的内在统一性是辩证统一的。问题不在于特定文本材料和只言片语，而在于其核心即立场、观点和方法。丢弃核心，手执马克思经典文本进行攻伐，正如战国后期秦国保守派对改革派商鞅个人的复仇一样：在其死后行五马分尸之"刑"，既要以此泄私愤，又妄图维护旧制保既得私利。

理论的科学性在于其与时代性、实践性及人民性的相适宜和相统一。运用马克思主义世界观方法论的内在一致性，不拘泥于只言片语而进行实践性研究，得出时代性的命题和实效性战略决策，是中国在今天取得成功和成就的经验。这种经验的取得，并不是源于马克思的哪一句话的正确性，而是基于全部文本所蕴含、所承载、所能发现的世界观、方法论及其启发，这是认识和改造世界的得力武器、成功法宝。而基于狭隘的政治立场和经济利益，以经验主义为基础，选择苏东社会主义失败作为证明马克思理论"错误"的"证据"，而漠视以中国的革命、改造、建设和改革开放的成功实践作为证明马克思理论的科学，显然这与科学的本质、实证的精神完全相悖。

马克思主义的基础性决定了它需要与人民实践相结合，在认识新问题和解决各种难题中得到应用和创新。拒绝无法辩驳的所谓的"正确的废话"，选择人为操纵之下个体经验进行"证伪"，是将经验主义发挥到极致的状态。这是对马克思理论的一种无奈和无赖之举，是不能对马克思主义把握和利用的尴尬状态的一种攻击、误导。但由于科学理论的阶级属性、特殊性、困难性，决定了它并不能被任何人很好地把握。对现实世界中所出现的具体问题，仅仅以主观经验和利己倾向进行统计、计量、假设检验是不够的，还需要基于制度差异下的范式重构和创新性研究。以此区分问题是必然性或偶发性，普遍性还是局部性的；问题的妥善解决，依然依赖根本制度和物质条件。因此，若没有客观统一的标准对主观性模型构建进行必要的规范和检验，其必然的结果就是，各种模型的表面繁荣与个体利益诉求的无限差异性相匹配和相适应，却与整体经济的无所适从、增长的有限和实质性衰落有其内在必然性。

经济时代的差异，国情制度的不同，为行为设置了众多差异化的经济基础和制度条件，这决定了理论的范式框架方法应当有所不同。这是一个国家的理论自主走向国际化的基础和条件，而绝不是将均衡论推向中国化的特权。因此，将中国的选择向西方正统"收敛"式同化，虽然是西方正统人士的理性，但绝不是中国普通人的理性。唯有基于实践的科学研究所坚持的"睿智的主观性"选择，才要比"任何客观性都更能阐明我们所处的这个真实世界"。①

三、理论的科学与价值统一于人民实践

效率所要体现的不是所有人的共同追求和价值实现。它只是首先助长一些人对金钱选票的仰慕和对低收入群体正当权益的抽取，因为均衡经济学实际上是富人的经济学。同时正如舒尔茨所关注的穷人的发展问题，他所关切的经济学在一定程度上可以称为穷人的经济学，但这种称谓并不充分，因为它缺乏可以实践的基础。

虽然穷人可以在政治上进行均等性的政治投票，但他们往往并没有这样做，因为他们不能在经济上对等，即没有足够或对等的经济选票。政治上的有限均势与制衡，根本不可能成为个体对整体所形成的约束力量。② 虽然分配的适应性改善成为经济增长和效率的必要前提，但是在穷人依然占大多数，并且他们尚不能改变现状的情况下，显然像舒尔茨的穷人经济学一样，注定解决不了根本问题。

马克思主义经济学成为包括穷人在内的普通人的经济学，是因坚守普遍科学性与彻底人民性的立场、观点与方法，能进行更为科学和可靠的问题解释与解决。因此，在过剩问题困扰之下，只要穷人（包括因为发展而依然存在的相对贫困）还占大多数，解决共富与可持续发展的根本需要就强烈存在，马克思主义经济学就有其鲜明的价值。基于马克思主义，中国在世界减贫实践中的作为，以及精准扶贫和全面小康实践，可以超越任何精致模型和经验分析所能引起的遐想与猜忌。

随着中国实践的纵深和西方世界的困难与危机加剧，物质、技术、财富的中西差距不断缩小甚至中国在反超时，均衡范式面临空前的和致命性的问题：该理论如果有效，它因何让中国快速发展，因何让西方世界获得发展在取得空

---

① 朱迪亚·珀尔，达纳·麦肯齐. 为什么：关于因果关系的新科学［M］. 江生，于华，译. 北京：中信出版集团，2019：67.

② "每个人的自由发展是一切人的自由发展的条件"（马克思，恩格斯. 马克思恩格斯文集（第2卷）［M］. 北京：人民出版社，2009：53.）

前成就之后而趋于迟缓、滞后？换言之，作为一种被誉为"现代的""科学的"具有"普世价值"的经济学，为何不能让西方世界继续保持其神话？

由此可判断：其一，基于均衡范式框架方法的理论，并非任何国家取得快速有效发展的充分条件；其二，改革开放所能带来的东西不可能全是龙，而只能是鱼龙混杂，只不过中国创新实践进行了成功"过滤"；其三，中国的发展拥有并保持住了"中国特色"，即并未完全放任资本与市场的自发性，对逆向转移予以抑制。质言之，要创新科学理论提升实践价值，将理论研究的科学性与价值性统一于创新实践，是理解中国奇迹与中国理论的关键。

第二节　收入分配非均衡对均衡论的挑战

分配问题极具敏感性、挑战性。均衡论最终放弃这一关键问题。因为非均衡分配的实践击破了均衡范式的功能与价值的边界。

一、均衡论对分配失衡实践的背离

（一）背离主体差异化势态

社会分工、市场分利、财政分权，社会总体不断分离和重组出各异的独立性行为主体，但是这些主体并非像抽象世界常客鲁滨孙那样处于社会荒漠或孤岛之上，而是以显著的差异性结成各种各样的社会关系。在塔勒布看来，这种差异性就是不同主体之间所存在的非对称性。[①] 差异化行为主体广泛存在于政治、经济、社会等相互关联的实践中。重要的问题在于，他们需要面对人与人、人与社会及人与自然之间的各类顺向与逆向的交换分配关系。[②] 基于实践的基本特征，我们将各主体区为三大类：自然人、非自然人实体及党政各层级。

自然人个体是最早并且也是最具广泛共识性的行为主体。其性格特征除了自然性之外，还具有社会具体性与历史性所赋予的重大差异性。

非自然人实体主要包括除执政党和政府以外的各类组织机构、法人实体，甚至包括基于信息和舆论的影子机构。此类多元化的市场主体，虽然是由几近

---

① 纳西姆·尼古拉斯·塔勒布. 非对称风险［M］. 周洛华，译. 北京：中信出版集团，2019：91-115.

② 格尔哈特·伦斯基. 权力与特权：社会分层的理论［M］. 关信平，等，译. 北京：社会科学文献出版社，2018：33-55.

无差异的自然人依据特定契约或制度而组成，但是既然具有法人实体的资质和权利义务，而且它形成了与自然人及非自然实体之间的社会性差异，便成为最主要的异质主体。例如，垄断厂商的种种策略性行为的再分配效应的影响已经非常深远。①

党政各层级基于特定的经济基础和政治制度而设立。在中国，该类主体具有更多的独立性、公共性和强制约束性。作为政府和执政党，有其特定的党纪国法的强制约束与行为规范，在不同程度上体现公共性和利他性。在西方，契约政府只愿意将自然人的"理性""利己"假设等同于执政党和政府的定性，并将这种公权看作极易被谋求私利的私权所僭越，② 公共性被掏空。

均衡范式的突出特点或缺陷，正是基于将上述三类主体均视为无差别的同质理性人而展开。正是这些"同质理性人"，在面临新冠病毒和奶农倒奶的个体理性上，契约政府的选择就是不作为，造成个体理性之下整体的非理性和低效率；理性个体的自由造成了政府的不自由，最终束缚更多理性个体自由发展的更大可能性空间。进一步分析还可发现，产业结构发展中的失衡，通过长期累积效应，致使社会各阶层特别是中下阶层陷入非常危险的境地，成为经济危机的物质基础和社会格局发生改变的力量之源；均衡论下的契约政府只是资本主导市场驱动这一内在经济的外在性摆设，在失衡与危机中陷于停摆状态。

（二）漠视规模及垄断的虹吸效应

在规模与垄断作用下，强势主体个体理性的决定性就是愈益强化分配失衡关系。规模效应一直是均衡经济学难以正视、解释和解决的再分配问题。在通用的"权威教材"中，对规模效应选择了有偏性描述。从中还能发现，规模效应只是研究了生产领域内的技术效率的高低问题，并未涉及效益上的分配。对规模效应的再分配研究，要考虑定价权分配及定价机制，特别是普遍存在定价权偏向的条件下需要考虑上述问题。

均衡范式支配下的完全竞争模型坚持按要素的"边际报酬"和消费的"边

---

① "现在已经不是小企业同大企业、技术落后的企业同技术先进的企业进行竞争。现在已经是垄断者在扼杀那些不屈服于垄断、不屈服于垄断的压迫和摆布的企业了。"列宁. 列宁全集（第27卷）[M]. 北京：人民出版社，2017：342. 最新的情况不妨参见乔纳森·施莱弗的描述.（乔纳森·施莱弗. 经济学家的假设 [M]. 邓春玲，韩爽，译. 上海：格致出版社，上海人民出版社，2019：133.）

② 戈登·图洛克. 特权和寻租的经济学 [M]. 王永钦，丁菊红，译. 上海：上海人民出版社，2017：77-87. 李路路，李汉林. 中国的单位组织：资源、权力与交换 [M]. 北京：生活书店出版有限公司，2019：1-137.

际效用"原则进行效率与公平兼备的分配,无法解释规模报酬(英文原意是基于规模本身的报酬,而不是基于任何传统单一生产要素的报酬)的起因,不能充分说明"索洛余值"(所谓基于所有要素共同的"全力"所出现的"全要素"生产率)的形成,当然无法解决剩余再分配问题。特别是在不完全竞争条件下,垄断定价打破"按边际生产力"进行"完美"分配原则,分配过程的效率与分配结果的公平又何在?这种打破流行理论范式解释能力的新增实践问题,再次暴露出均衡范式"偏导思维"和边际法则缺乏对实践的系统性和辩证性对待的狭隘性。

厂商垄断程度的大小决定厂商定价权的强弱以及由此带来的收入分配的逆向转移。① 事实上,这种依据垄断能力而进行再分配,并不会仅限于极少数的垄断情形,而是可以存在于任何不对等的交易关系之中。这正是基于主体差异而在各主体之间形成再分配机制的虹吸效应。这种效应的效益与效率问题的核心是,需要确认各交易主体之间的非对等性,以及如何确定对规模效应的再分配机制。然而,这根本就不是一个基于同质主体的均衡论所能探讨的问题,而是需要基于动态非均衡的实践过程,需要新的理论分析工具。

(三)曲解收入分配失衡的实质

旨在个体利益最大化的理性与效率,是将财富的生产与交易作为实现个体利益唯一目标的手段。然而社会整体的存在与发展,却以财富的生产、分配、交换、消费等为内容和矛盾运动驱动。问题的关键在于,是否存在且能真正担负起统筹和协调这一矛盾的主体与制度?

均衡范式不能解释和解决分配在生产、分配及交易中的关键性地位与作用,不能将个体效率公平性与社会整体长期性、效率公平性建立内在关联机制。无视个体短期均衡与整体长期失衡的并存有其制度内生性,基于个体主义的方法论和局部瞬时性均衡,在无法解释和解决实践中的结构失衡难题时,均衡的局部性和短期性并不等同于实践中的非均衡的整体性和长期性。在这尴尬的内在失衡问题上,只有一些非主流著作才敢于说出真相。

从历史和实践来看,"收敛""均衡""可持续"是一种不可能自发实现的状态,但在近代以来的均衡范式中却成为言之凿凿的工具与目标。正如乔纳

---

① 张培刚在 20 世纪 40 年代研究农村工业化的进程与机制时注意到,作为买方和卖方的农民,在与其对手的交易过程中,由于实力的相对弱势,存在典型的不完全竞争性,并由此造成农民相对对等交易条件下的利益减损问题。(张培刚.农业与工业化 [M]. 北京:商务印书馆,2019:124-132.)

森·施莱弗曾慎重提出并且期望的那样：经济学研究不要仅仅讲出已经讲出的种种理论，更重要的是，需要讲出没有讲的内容。① 事实上，没有哪个国家以及一个国家内部各地区保持同步均衡稳定发展，然而这点通常不被理论及其理论家们重视。相反，经济社会指标及其数据基于并服务于均衡论，对根本制度无条件的顺从，对各种信息资料、证据的筛选，是依据制度和利益的需要、观点的需要、论证方法的需要。最后进行"科学的""实证"，丝毫不顾及实践对上述完整的过程的全面、根本性的否定。

（四）无视分配失衡的制度根源

基于均衡范式框架方法的研究，只能导入分配问题的外生性和随机性。它们将不同的人、物及事进行相同性归类（据说是对复杂现实问题进行"简化"），推断或"总结"出其"共性"，以"代表性"个体或个案估测总体，进行抽象逻辑演绎与极尽扭曲的假设前提下的"经验"检验（所谓的"实证"），给出分配问题的外生性或"随机"性"经验诊断"。这种研究套路不能对人类社会实践的具体特殊性进行有针对性深究，而只能一味地坚持仅对现象进行描述性解释，以给出肤浅的抱怨或指责。② 其实践效果只是对抽象个体短期最优化选择给出动态性规划，而不可能真正达到实践中整体与长期层面的"最优"效率性，也不能够通过实践的检验。

从更为广阔的社会历史视野来看，上述基于唯心史观和经验主义的"实证研究""不涉及社会根本经济制度和阶级利益，而属于思维方法和表述技术层面的歧见"③，无法实践其"价值无涉"的中立，而是始终宣扬着有偏性均衡理念，掩盖着失衡或矛盾，这恰恰是代表着既得利益主体的根本利益。④ 均衡论否认事物的差异性及其动态演进，要求理论与实践上的"一视同仁""一刀切"。但致贫因素千差万别，其中各种原因都可能相互交织，加剧贫困并使贫富差距拉大。因此致贫因素与脱贫之道各自不尽相同，贫困的个体、群体并不具有广

① 乔纳森·施莱弗. 经济学家的假设 [M]. 邓春玲，韩爽，译. 上海：格致出版社，上海人民出版社，2019：290.
② 撇开问题的实质而将话题转移到对细枝末节的无休止纠缠之中，使科学主义呈现出意识形态的功能。（琼·罗宾逊. 经济学的异端 [M]. 安佳，译. 北京：商务印书馆，2019：144-145.）
③ 程恩富，等. 马克思主义经济学的五大理论假设 [M]. 北京：人民出版社，2012：23.
④ 理性人"是用激起人们的最卑劣的冲动和情欲，并且以损害人们的其他一切禀赋为代价而使之变本加厉的办法来完成这些事情"。并且，这种选择的目标旨在追求个人而不是社会整体的财富；即使是快速发展并被运用起来的科学技术，也只是服从和服务于这一根本目的的手段。（马克思，恩格斯. 马克思恩格斯文集（第4卷）[M]. 北京：人民出版社，2009：196.）

泛的代表性。对于任何不切实际的理论，都是将实践导向歧途的教条。在实践中，给贫困群体一个不切实际的歧视性"帽子"和不负责任的"药方"，不是贫困当事人的真正期望。因为这根本不是解决问题的途径，而只是为了适应资本逐利最大化的根本需要。

然而，在当今资本和市场交相作用下，个体效率性优先于整体性公平，社会分层与差距拉大，是社会运行负面清单中难以清除的常客。减贫与返贫成为一种顽疾。这就形成一种事实逻辑：从概率上进行相似性上的抽样和估计，从政策上进行大水漫灌，其实质是"数字扶贫"而绝非"实质扶贫"。

理论研究若无法触及根本制度的深层矛盾，也就无法解决理性个体在协同其与整体之间的统一性问题。在解决贫困问题，以及由此上升到分配问题的方法论上，如果不能考虑每一个贫困个体及其问题的具体特性，就不能从其内在层面进行根除。将每一个主体进行差异化分析，并寻求有针对性的治贫方略，这不是什么哲学方法论的创举，而是体现着"解放思想"和"实事求是"的世界观方法论。在这种立场原则和方法论的指导下，"全面小康""精准扶贫"及"高等教育专项"等，均能体现出着力解决发展滞后造成贫困的创新性举措。

二、均衡论不能揭示分配失衡的动态及未来

均衡是一种系统性假设前提下的逻辑推定。实践的非均衡却是基于现实矛盾的普遍性和持续性而全面系统性地如实展开、演进，从来都是现实和常态。两者之间在科学意义上并无相关性。基于均衡论的经济学，定位于经济解释功能，而不是解决实践中矛盾问题的功能定位，决定了该理论范式的实践局限：不能揭示分配失衡的动态与未来。

（一）理性主体的短期决策

社会的不断发展，从实践层面打破均衡论的权威，迫使一些理论率先妥协和改变。[1] 当然，这种改变是在其根本不变前提下而对诸如规则、组织、习俗、心理等细枝末节的"优化"或"改良"，即所谓的经济与制度的自我"演化"[2]。漠视发展本身及发展的历史累积性，基于并维护给定制度基础不变，选择系统

---

[1] 将人和人类社会视为"机器"，该机器体系在"理性""利己"的动力下形成毫无历史感的机械扩张运动。（马克思，恩格斯. 马克思恩格斯全集（第28卷）[M]. 北京：人民出版社，2018：331-337.）

[2] 杰弗里·M. 霍奇逊. 制度经济学的演化：美国制度主义中的能动性、结构和达尔文主义 [M]. 杨虎涛，等，译. 北京：北京大学出版社，2012：437-442.

性假设前提下的"形而上"的机械决定论，直至当下仍然流行于学术界。由此所形成的均衡论经不起实践的检验，而只能在没有时空差异的条件下存在，即将问题研究限定在短期内。"假定其他条件不变"是要排除其他所有影响因素①后所精心"提炼"出的均衡及其条件，原本不具有任何实践基础和实践意义，只是将内生性因素外生化，将理论逻辑中的个体、短期的均衡稳态以指鹿为马的方式指代为整体、长期乃至永恒。因此，上述情形只能限于当前的"短期"分析，而对于"其他条件"都有可能改变和不对等利益分配格局不断发挥作用下的"长期"来说，所谓均衡的推演逻辑已荡然无存。因此，从长期分析的可能成效上看，分配的"均衡"是难以"稳健性"地得出的。均衡观念只是长期存在于教科书中和黑板上②。

均衡论不关注变化和发展的历史，似乎整个人类社会变迁史因为人性不变且效率与公平皆均衡而终结。正所谓经济学已经忘记了历史。而对发展中国家的特殊性的关注，形成发展经济学，但这种结合并没有将该学科融入正统经济学的位次。这是因为，对具体问题的研究，对长期非均衡演进与发展的研究，并不是均衡分析工具的优势领域③；而对于发展中国家、欠发达国家的非均衡问题展开分析的大量理论体系，由此与均衡范式所支撑的利益并非一致，因而被贬出主流甚至不断地被边缘化。因此，对长期发展问题的有效研究并不充分；均衡分析也没有减少对这些特殊的研究进行方向性"引导"与价值观念输出。

（二）旨在"均衡稳态"的现象解释与现状维护

将整体性的系统施行割裂开来进行个体主义的研究，其利益关切和理性选择的狭隘性是最为直接的结果。这种结果虽然关切个体，实质是关切特殊的个体，而放弃了由各个个体所组成的整体及其长期的利益与战略选择问题。特别是按资分配之下的差距自我扩大的机制的形成，即源于产权制度与市场机制的激励约束，具有内生性、整体与长期影响效应，这种问题得不到整体性共识和集体一致行动。

异质主体基于资源所赋予的理性能力，与其对手进行谈判与交易，按照均

---

① 无论这些因素有多重要，但是据称为了"简化问题"、选择数学性质良好的函数和"方便求解"的需要，进行了过度的选择性假设。

② 经济学忽视真实经济世界，将完美均衡论滞留在黑板上。（罗纳德·哈里·科斯. 企业、市场与法律 [M]. 盛洪，陈郁，译校. 上海：格致出版社，上海三联书店，上海人民出版社，2009：3，18.）

③ 张培刚. 农业与工业化 [M]. 北京：商务印书馆，2019：66-84.

衡论的框架范式，这是理性主体基于自身约束条件下的"最优选择"。因此，对于其中的任一个体，都是因其"最优"选择而陷入"其他条件不变"前提下的"均衡稳态"，即不需要也不愿意改变的状态，还可能是一种因为无力改变而陷入的短期性"稳态"，如在特定历史阶段或特定社会阶层固化中所存在的一些人处于"求生不能、求死不得"的名为均衡实为失衡的状态。

在"均衡状态"下，交易活动仅限于交易的当事双方，也仅能够考虑极其有限的双方，至多三方的内在关系也就是只能以两两相互平行的关系推定所有交易主体之间的"均衡"，并且假定其他各局部"均衡"都能够同质性地加总，或以此推断总体的均衡，不存在个体或局部差异性所造成的"规模效应"与虹吸效应的可能性，即无法估量更大范围内的非对等性博弈之下的剩余分配、利益攫取，以及结构失衡的内生性问题。

均衡论的顽固性不仅表现在滞后于时代与实践，而且还在于难以被全新的理论范式所替代。这是因为支撑这种理论的实践很难退出，不能被新的实践迅速和完全替代。在理论研究的具体过程与形式中，著作的最后必然要列举数量相当可观的参考文献。各种著作形成相互支持、支撑或相互印证的关系，相当于越来越多的人结盟并放大其共同体的社会影响势力，问题在于这种影响力并非完全取决于其科学的力量。因为资本驱动之下的社会研究并不具备自然科学在短期内即可能具备的客观性、可靠程度，因此一些研究被称为"理论意义大于实践意义"，却依然被认为是好文章有价值，作者应该得到更高的奖赏，更会吸引更多的研究者加入此流，但是他们从来不承认和接受理论对政策及实践的失言、误导之过，失信于人民。而对于试图打破这种沉闷封闭学术圈的垄断格局的挑战者而言，由于只能得到少数人赞同，也被大多数的强势主体及其理论家群体性攻伐，所以这种文献的被引率是极低的，而被雪藏则是他们共同的命运。从马克思及其著作在西方以及在中国的特定阶段和领域，未尝不遭受如此境遇。

理论的命运与其研究者有偶然联系，但与社会发展中的结构与趋势有必然关系。对理论所持有的态度的实质是对实践的立场。对资本主义与社会主义，对庸俗经济学和马克思主义，这两者孰是孰非，孰对孰错，孰功孰过，不能凭借短时期内的特定国家的一些偶发性的现象或因素，或者通过理论家们的只言片语来判断是非得失，而是需要更长的时期、更多国家的实践进行检验。历史巨变、大国兴衰，绝非随机过程、偶发事件所能决定的，而是自有其内在驱动力与规律。只是均衡论对此无所作为而已。

（三）拒绝制度与战略的选择

同质主体的分权制衡体制，所意欲追逐的是个体利益最大、成本最小的均衡稳态。由于各主体的个体性差距决定着其各不相同的选择，利益与价值离散性是其基本特征或自由的体现，但这种据认为是其天然性优势的"自由"，却在下述方面处于弱势，即无长期共识和集体行动，不能确保战略决策的形成与维持及调整，只是长期处于疲于应付"短期""波动"的无奈之下，即所谓乌合之众难有集体行动之逻辑。

在早期资本自由竞争阶段，生产尚未普遍性相对过剩，甚至还处于绝对短缺的亚当·斯密时期，整个世界的市场还有接近于无限的待开拓侵占空间，所以不存在供给和需求的根本性矛盾，对个体生产的无限扩大和刺激，对资源的有效利用，都是最紧缺的问题。通过制度的更新，政府秩序的供给，市场的开拓，殖民地的建立，来维系这样一种新兴和进取性生产方式。

但是市场需求的容量会因为生产的快速扩张、资本的全球化及其造成的全球性差距的拉大而造成生产相对需求的持久性过剩。这种过剩的动能会迅即传递到资本过剩、人口过剩，结构矛盾尖锐化，风险加快形成，加剧危机周期性爆发等问题。然而，在这种既定制度前提下的研究和改良举措，并不能使人们摆脱上述失衡的困扰。既有制度体制机制将每一个主体"均衡稳定"地限制在各自的孤岛之内，而彼此之间的联系只是一种加剧结构性和整体性失衡的脆弱不堪的市场体制。

将经济学研究对象转战到既有条件下进行资源的有效配置上来，是种应景之作。但是这只是微观个体的理性选择，而没有考虑个体理性与群体、整体理性的差别及内在矛盾的动态演化。而对差距的本质及其演化的规律的把握，是解决经济社会结构的矛盾与失衡的前提条件。但是正统的理论家们会因为选择"价值无涉"的"中立"立场而回避失衡与矛盾，拒绝承认非均衡，反对在制度及理论范式上做出实质性的改变。这意味着体现整体长期理性的战略决策的选择与实践，均成为不可能。

"价值无涉"是不可能的，问题在于这个"价值"是从何种层面考虑。是从个体层面，还是从整体层面；是从短期层面，还是从长期层面，这需要制度支持和战略决断。但是基于个体主义、经验主义的均衡范式，显然对此毫无任何建树的基础和可能。

（四）改革沦落至改良主义骗局

如果理论家群体性地把研究的视野从函数转移到田间地头，就会发现一个悖论：天赋人权，似乎只是在极为均等地赋予每个人每天的时间，但是除此之外就再没有均等的东西了。即便如此，每个人每天将以几小时使用在高效高收益的"创造性"劳动上，以多少时间用在低效率、低收入的苦力劳作上，又以多少时间失业空耗虚度，又以多少时间度过浮华一生？在对这些极具现实性的选择上，个体的理性会告诉他们各自的"最优化"方案根本不是最优。那些看起来似乎是社会学的经济问题，实则沦落为不务实的"意识形态"，拒绝为改变提供实践依据。然而，作为社会整体的代言人政府在放纵"自由"与"平等"的同时，也在放大难以掌控的收入分配差距及其衍生品。

由上可知，基于均衡论，实际效果则表现为维护既有制度，面对不可逾越的生产分配的内在矛盾，选择维系现状或者改良而不是彻底地改造，既是均衡论之下的"本能反应"，也是制度自我强化和固化的基本力量。均衡论对既有制度的维护辩护性质，既束缚了增长与发展的动力与潜力，又阻止了对该制度进行改造的可能。

从一个半世纪以来的历史与实践具体来看，旧的大国先后沉沦，新的大国崛起，各种矛盾与斗争此起彼伏，新旧秩序在战争和谈判下逐步完成交替。甚至包括当今中美之间的大国博弈，不乏两种根本不同的制度之间的优劣较量。若没有主要矛盾驱动和制度的根本性变革，那么对生产与分配矛盾的强制力都无法改变和突破，增长与发展的潜力也难以得到释放，超越与被超越根本不可能发生。例如，美国国内近年来在产业创新与竞争力方面，在收入和财富不平等问题上所存在的日趋极端和保守的态势，不是在减轻矛盾，也不是在证明均衡收敛的迹象。[①] 相反，基于上流社会经验的学术正统的研究，不仅在预测危机的能力上深受质疑，还让人们错误地坚信像 2008 年那样的大危机根本不会再发生。[②] 诸如此类危机的周期性爆发却总是不能被预测和解决，表明专注于解释的经济理论解决不了任何实质性的发展问题。特别需要关注而没有被关注的收入

---

① "美国的经济已经不再服务于大多数美国人了""一些重大的改变却使大多数美国人距离中产阶级的生活越来越远。与此同时，极小部分人却可以名正言顺地将经济收益的绝大部分据为己有"。（约瑟夫·E. 斯蒂格利茨. 重构美国经济规则 [M]. 张昕海，译. 北京：机械工业出版社，2017：2.）

② 乔纳森·施莱弗. 经济学家的假设 [M]. 邓春玲，韩爽，译. 上海：格致出版社，上海人民出版社，2019：247-248.

分配的矛盾与失衡问题，因为既得利益群体对改变的拒绝和对旧制的坚持，迫使所有人必将承担发展停滞这一历史性代价。这是改良而非改造所必然要面对的苦果。

三、均衡论内生分配悖论

理论范式若与实践具体相背，则必然内生悖论。特别在诸如收入分配和社会公平这样的敏感问题上，更是层出不穷。

（一）分配的"内在均衡"论

均衡理念坚持市场内在有效性和理论政府的有效作为，不仅在理论上构建一般均衡和动态一般均衡，而且还被证明存在着各地各国经济增长与发展的"收敛性"。对于基于边际原则的收入分配均衡性研究，正是均衡范式无足轻重的片段。

主流经济学的自由主义传统，建立竞争、均衡、效率这一框架体系，在帕累托效率最优的效率至上原则，使人们易于接受如下错误观念：提高一部分人的收入的前提，只能是一种促进共容性增长的普惠性举措，而绝不能是一种一部分人对另一部分人的汲取性的收入提高，即依靠再分配的方式（特别是劫富济贫的方式），缩小差距的政策是不能容忍的零和、负和博弈。

经济结构失衡，虽然确定无疑地制约经济社会有效需求与和平稳定，但它改变不了正统理论的意识形态功能所引致的荒谬行动：人们往往更愿意幻想社会总是拥有普照之光，正在或者即将平等惠及所有的人；人们还可能习惯于促成维护既有的法律制度的顺向的"共同性"选择，因为他们选择认同那些极具"效率与公平"理念的政策，将能够均等性地促进民生与民享。

然而，实践并不支撑上述观点。据斯蒂格利茨的研究发现，美国自 20 世纪 70 年代以来解除资本管制，金融行业的过度扩张并非因其对社会服务的效率性，而是虽然造成该行业的收入、利润及规模都在快速增长，但不能促使实体经济和工薪阶层收入的好转。[1] 甚至自那时起，社会科学对财富分配和社会阶级问题都已经"丧失了绝大部分兴趣"。[2] 在很多社会普遍存在着鲜活的效率问题，但

---

① 约瑟夫·E. 斯蒂格利茨. 重构美国经济规则 [M]. 张昕海，译. 北京：机械工业出版社，2017：34-72.

② 托马斯·皮凯蒂. 21 世纪资本论 [M]. 巴曙松，等，译. 北京：中信出版社，2014：33.

理论对问题的态度却是"熟视无睹，且无任何良策"。①

在面对风险成本乃至危机的考验时，人们还可能基于概率统计中的或然性解释保险原理，即仅对随机性风险而不是必然性事件进行"保险"。② 显然，保险在制度本身的矛盾面前，并不能发挥任何作用。如果现实还不能兑现均衡理念所许下的美妙承诺，那么理论家们要么以"从长期来看"来回应，要么以指责政府行为不当的方式，寻找市场均衡有效的解释途径。然而，对于造成财富与收入分配的根本制度及其不断创新实践形式的研究，则缺乏有效激励。

问题还在于，在不同主体差异化不可逆的势态之下，将失衡性分配的再平衡的希望寄托在向自由市场的复归③，只是一种痴心妄想或者正是一个骗局。正如不断向前的历史是不可能开倒车一样，既得利益集团对集中起来的财产和获取的权力，在既有根本制度不发生革命性变化的前提下，既不可能返还给他人，也不可能再度分散化、对等化和均等化分配，而是不断地自行强化既已失衡的结构。正如均衡论观点对这一根本问题的本质与规律的漠视和掩盖一样，种种行为和迹象均在有意无意地助长这一近乎难以撼动的历史趋势。这是在改变旧观念，接受新事物、新理论时，所存在的真正困难之所在，④ 也是分配失衡势态的稳定性之所在。

(二) 收入分配差距的随机论

大名鼎鼎的哲人、科学家彭加勒，从自然科学的角度谈到偶然性，就现在而言，由于条件不具备造成对问题的认识不清，而以偶然性来代表。⑤ 显然，以现有的知识和技术，对于财产占有和收入分配的差距的认知与技术来说，已经

---

① 从社会、文明及人的发展的高度鸟瞰，这里的自由和效率不是平等地被赋予所有人；这里的均衡经济学不是所有人所需要的均衡与经济学；所有这一切既不均衡更非必将趋于稳态，而是首先需要对矛盾与失衡的改变。

② 当然，从2007年美国的"次贷危机"中发现，当系统性风险引发严重金融和经济危机时，保险公司本身也会沦为风险源而自身难保！为社会整体进行"保险"保障和托底，显然还需要有新的理论、理念和经济基础、政治制度的基础性支撑。

③ 除了哈耶克对自由竞争的极端珍视以外，还有弗里德曼。在20世纪70年代末出版的著作中，他对自由竞争的妙处极尽美化。在不断发展的时代和实践中缺乏积极意义。（米尔顿·弗里德曼，罗丝·弗里德曼. 自由选择 [M]. 张琦，译. 北京：机械工业出版社，2015：147-148.）

④ 正如凯恩斯所感慨："本书以如此复杂的方式所表达的思想却是很简单的。困难之处并不在于新思想，而在于旧学说。这些旧学说，对于我们这些大多数受其哺育而成长起来的人而论，已经深入到我们头脑中的每一个角落。"这种局面真是一时难以撼动。（约翰·梅纳德·凯恩斯. 就业、利息和货币通论 [M]. 高鸿业，译. 北京：商务印书馆，2004：3-4.）

⑤ 昂利·彭加勒. 科学与方法 [M]. 李醒民，译. 北京：商务印书馆，2010：46-67.

不能用"不确定"或"偶然性"来代表了。然而，均衡范式假设中的完美市场一定不会让研究者失望：它会带来不平等的均衡稳态；而让他们倍感失望的不均衡稳定结果的却是那些对完美市场构成扭曲的外生的变量（因素）以及不确定性。① 事实上，如果把所有的问题都孤立开来，并以世界不可知论作为政府不作为的理由，那么所有的问题从长期和整体上看即成为确定性的问题，却都可以用个体、局部和短期条件下的"不确定性"得以自我安慰般的精神解脱。

然而理论与实践相背离，绝不是"理论不错、实践有过"。从现实生活中来看，富裕阶层和贫困阶层在财产与收入的"分布"上并不具有那么多的所谓的理论与统计学上的"偶然性"。理论研究完全依靠概率统计的均值估计，只是对分配差距的一种官方正式掩盖。从这一事实性结果来看，理论与统计本身的"中立性"本应受到担忧，但事实上成为用以规范实践的"实证"分析的基础和前提。

同质主体假定基于或然性和随机性这两个基础性前提，由此形成收入分配的外生性，是均衡论的逻辑结果，即将偶然性视为不可知性，将内在性表象化为偶然性，并以估计出的均值对差距进行掩盖，既能解决制度本身的深层矛盾给人们带来的不安，也能达到为"无知之幕"、拒绝政府干预的自由放任立论的目标效果。

对收入分配（或收入的"分布"）具体实在性的描述，在通常看来，是市场交易下要素的"价格发现"，是调查统计相关人员将这一事实进行记录在案，做到"记录有实据""数据有案可考""数理关系近乎无误"的"理想境界"。有关收入分配的理论研究，基于此类数据，进行概率统计上的假设与检验，得出大数据中间的样本数据"规律"。不难发现，有关收入分配理论与经验分析的实质，只是对内生性经济行为的外生化描述。收入分配的研究也成为一个现象描述性和不断给出重新解释的"常新"话语。即便不断创新研究方法，但它们与收入分配差距拉大实践过程与机制没有必然的联系，即依靠事后的扭曲性"经验"决定未来的预判和政策选择，是本末倒置之举。

（三）收入分配差距的"贫困效用论"

"贫困效用论"在中国的语意就是"贫困活该论"，即贫困的人群在"愚蠢地""享受着"由贫困带来的"美好"，并且此种状态已经属于均衡状态；正统社会对此除了进行道德指责和经济与权力上的强行驯化之外，再无其他良方。此悖论显然出自非贫困群体（主要是资本实体）的有偏性理念与见解。

---

① 王弟海．收入和财富分配不平等：动态视角［M］．上海：格致出版社，2009：121-122.

在物资极其短缺的时代，特别是在封建（中世纪）时代的自然经济条件之下，只要"人勤"就会"地不懒"；同时，迫于生计，劳动以糊口的农耕并未将社会差距拉大到一些人或机构通过捐赠其剩余产品以解决底层群体不劳而获、旨在追求贫困即能带来效用的程度。此种荒诞不经的"贫困效用论"，其社会经济基础只是自然经济条件下的短缺时代，但可能还会遗留至今而不能消散。① 在流行的经济学教材中，还留着"后弯"的劳动供给曲线，以此警示过高的工资会让工人选择懒惰。舒尔茨在其著作中明确为传统农民的"懒惰"、缺乏"理性能力"的谬论实施"拨乱反正"。②

基于贫困主体的实践具体即可发现贫困本身的历史根源与现实发生机制。作为任何时代分配不均等的直接结果的贫困问题，从来都不单单是贫困主体自身的过错和不幸。③ 然而能够正视这一问题的理论家实践者们，并非皆能保持此高度。这既可以根源于物质极其短缺条件下的生产落后，也可能在产能和产品过剩严重束缚再生产条件下，既得利益群体及其忠心耿耿的思想理论家们对非均衡性再分配制度的珍惜和保护，从根本上拒绝对再分配制度的任何改变。因为分配关联着生产再生产，不幸的群体也同样是社会整体的一部分，甚至是大部分，正是由于贫困的非孤立性和非均衡稳态性，贫困问题的解决决定着贫困主体本身的权利与前途，也决定着生产的长期持续、其他社会群体的权力与利益的实现，以及整个国家的可持续发展与长期稳定繁荣。这是真正的最大的"福利"或所谓的"效用"。

（四）再分配的"道德绑架"论

效率公平通常被主流经济学视为相互矛盾的两方面。效率是经济目标，而且效率评价存在着主体差异性，即微观个体与宏观整体在效率评价上存在根本差异。然而，公平则是群体和整体对经济社会行为的道德伦理评价。显然，在个体至上前提下，强势个体对其效率的选择成为群体乃至整体的选择。在该制

---

① 有关"贫困效用论"的"名言警句"实在不少："赤贫和欲望使人聪明而勤劳"（托马斯·孟）；"除了无知者，每人都知道较低的阶级必须被保持在贫困之中，否则他们将决不会勤劳工作""妇女和儿童的工作是饮茶，一个……的确可以称为过度奢侈的极端行为"（阿瑟·扬）；"劳动者应当为要求高价格而受到谴责，因为当粮食便宜时，他们那令人难以忍受的游手好闲的习惯就受到了约束"（约翰·劳）；"当贫穷劳动者处于游手好闲和闹事的时候，他们在只要不过分歉收的年份都要比在丰年生活得更好"（大卫·休谟）；等等。（西奥多·舒尔茨. 经济增长与农业 [M]. 郭熙保，译. 北京：中国人民大学出版社，2015：58.）
② 西奥多·舒尔茨. 改造传统农业 [M]. 梁小民，译. 北京：商务印书馆，2006：32-46.
③ 刘齐. 贫困不是穷人的错 [M]. 北京：生活·读书·新知三联书店，2015：24-34.

度前提下，人们在对两者进行利弊权衡时，选择效率强于公平，最终效率优先成为"共同性""最优选择"。

由此，似乎声称和论证经济均衡稳态才是经济学唯一要做和能做的事情；而将影响甚至决定经济有序有效运行的分配问题让位于政治和伦理道德的说教，又成为理论家们心照不宣的传统。将对收入再分配的政策看作事关政治和道德的行为，并与政策制定者的人格、风尚相提并论。将个体的效率与共同的公平绝对地对立起来，宁要效率并放弃公平，是解决效率公平矛盾的优先原则。而对于公平的任何维持的努力和投入，均被看作一种不可持续的、有损效率的、滋生懒惰和贪腐等有悖伦理道德的行为。这是理性人对于私利最大化信条和自由竞争等同于均衡效率的一贯式逻辑推断的结果。但是这种反对旨在提升公平性的再分配政策的理由绝非真实可靠。

充满个体理性的效率诉求，并不必然带来整体性效率，也不会自发形成社会公平与正义。个体对效率至上的追求，不过是丛林法则下的弱肉强食者对其所珍视的自由行径的一种极端的嗜好。这是先入为主的价值有偏，而绝非所谓的"价值无涉"。从实践来看，那些体现为道德或不道德之举的各种再分配政策形式，只是对经济内在矛盾进行程度不同的再平衡的必要选择；否则，要么将要承担比分配失衡更大的成本乃至危机，要么继续维系一个缺乏普惠性创新与发展空间不足的脆弱与衰落的经济结构。这已经不是道德层面的主观评价问题，而是涉及经济发展与国民收入及生活改善的基本问题。因此，如果以自由主义者的逻辑反对再分配政策所带来的整体性公平与效率的改进，这种体现为个体理性的逻辑与行动，恰恰违背了整体性的效率与公平。这才是更大范围和程度上的悖德行为：以一己之私损害整体利益及其发展。

从伦理道德上对效率公平问题进行抽象讨论，显然没有找到问题的根本。解决效率与公平问题的关键在于，如何确定个体效率与整体效率辩证统一的实现机制问题。看似可以进行伦理道德层面上的讨论，实则并非极为必要。事实上，既有制度之下的经济条件起基础性作用，经济影响是关键性影响。居民个体的理性选择所涉及的普遍性以及偶发性伦理道德的问题，根源于经济条件的决定性，并随着这一条件的改变而改变。因此，探讨经济根源及其内生性影响机制，要比其衍生物本身紧迫得多。例如，同在 1845 年，马克思在《珀歇论自杀》[①] 中，恩格斯在《英国工人阶级状况》[②] 中，都曾对艰难时世中的下层人的

---

① 马克思，恩格斯 . 马克思恩格斯全集（第 42 卷）[M]. 北京：人民出版社，1979：305.

② 马克思，恩格斯 . 马克思恩格斯文集（第 1 卷）[M]. 北京：人民出版社，2009：361–498.

伦理道德状况的恶化及不当行为进行极其可靠、十分详细的引述或转述。这一研究论证清楚经济基础和分配制度是造成所谓道德问题的根源，解决途径在于彻底打破不合理的经济制度。美国经济学家舒尔茨一改西方世界对农民和农业的传统错误认知，[①] 批评传统理论家忽视传统农业缺乏效率的内在根源，对农民抱有传统偏见并进行道德指责是错误的。但是通过单纯地提高农民群体的道德与能力，而不同时改变经济制度和收入结构，则是不足的。

收入分配逆向转移和分配失衡问题的根本，存在于根本制度。它迫使人们的选择方式与空间，维系着既有收入分配格局与规则，持续复制和加剧差距的扩大。解决问题的途径绝不是依靠伦理道德上的口诛笔伐和简单粗暴的方式进行强制，而是从制度层面发现问题的根本，为标本兼治提供基础和保障。

第三节　收入分配逆向移动机理的研究架构

"高手在民间"体现实践的具体性和实践主体的主体地位性特征，这需要基于问题的根源，发现解决难题的正确径向。立足实践的科学理论体系与人民及其发展的根本利益相一致，是创新理论与创新实践辩证统一的起点、过程及归属。

一、理论重构的科学依据

（一）基于唯物辩证法研究收入分配问题

1. 立足实践重构研究范式

理论范式受制于制度，源于与制度相适应的世界观价值观方法论。经济学研究不仅是对感性的活动的抽象过程，还是具体的理论工作者在既定的社会条件下的实践研究。实践的主体、对象、方式及历史并不相同，这决定了基于差异性而形成理论的差异。资本在其所统治的辖区之内，虽然能够尽显其本色，但绝不是一个自然、永恒、普遍的正当合理的存在；它要面对其竞争对手形成的竞争和挑战。这就是时代演进中过剩与垄断加速制度转变，社会呼唤理论架构重构的到来。

虽然不同理论之间存在程度不同、方式有别的互补性，但并不是直接、自

---

① 西奥多·舒尔茨. 改造传统农业 ［M］. 梁小民，译. 北京：商务印书馆，2006：139-175.

发性的全面兼容和相互补充。均衡论不可能发现弱势或后发国家对发达国家的超越，而非均衡理论则是解释和解决这种超越的根本理论构件。中国的快速崛起，在均衡论看来就是无解之谜。坚持唯物史观、辩证法前提下的非均衡论，则有可能在经济社会发展的历史进程当中发现和解决矛盾，以推动人与物的持续发展。而始终坚持立足实践，追求普遍科学性与彻底人民性相统一，则为根本。

2. 以实践作为检验理论真伪的标准

经验实证与实践检验，是现象和实质的区别。实践检验实际上是接受群众整体长期的历史性检验，是理论的终极检验。广泛和持久的实践是唯一的真理标准检验，不容任何挑衅和诡辩；而经验实证正相反，即经验的随机和随意性，以及时空局限性，不能证实亦不能证伪一个旧命题，不能得出经得起推敲的新命题。因此，经过有偏性假设和甄选的经验可以检验均衡的存在性，但通过实践所能检验的，是非均衡的普遍性和常态性。

流行经济学坚持假设条件不变、约束条件下目标最优（利润最大化、效率最优），就是一种超现实的历史虚无主义，与实践毫不相干。因此，对经济社会历史、现实及实践毫不了解和并无认知的人，在办公室里操作函数等式，也可以给出"最优规划"。然而，国家的根本制度、经济发展程度、发展阶段的差异，国内外时局等，均对经济政策选择具有内在的影响，如果不考虑这些内在性因素，而仅基于约束条件下的分析，是非常局限和狭隘的。

在当今生产过剩的时代困境约束下，生产发展显然不取决于生产本身，而取决于对生产构成束缚的分配制度。将分配问题置于社会整个国民经济全局和生产再生产的动态体系中进行认知和把握，探究生产效率问题，从中可以发现，首先要解决的问题不是生产的效率本身，而是分配的制度与体制机制如何协调再生产与分配的问题。将经济学研究的内容束缚在生产层面的资源优化配置，这一狭隘立场不符合时代特征和人民根本利益，而只是狭隘且不可持续的资本非均衡增长的过程，国内外实践会继续检验这一论断的可靠性。

（二）创新理论与创新实践辩证统一促发展

1. 立足创新实践推进理论创新

实践是时代性、具体复杂性的系统，理论要显示其"更胜一筹"的高度，而不是基于"不可知论"、对实践具体的恶意背离，选择放纵人性私欲和自发行为，以此追求"无知之幕"之下的所谓"自由"与"创新"。争论者总是可以不断地在杂乱无章的真实世界中寻获为自己立论的"新证据"，从而立足于各种无谓的争论之中寻获私利最大化的学术、学理上的慰藉。例如，对于既有任何理论观点的评判与利用甚至改造，仅限于对假设前提或者某些推论的过程及结果进行"就观点评论观点"的做法（实为"头痛医头、脚痛医脚"的机械疗法），是不能够系统地、彻底地解决根本问题的，却极有可能深陷各种无谓争论的漩涡。因为这是一种缺乏真正基于时代、实践及人民主体地位性的理论范式方法论体系，只能属于"泥菩萨过江"的做法，即因其典型的断章取义、以偏概全而保全自身。纵然有许多自称或被称"具有重大创新"甚至"革命性"但实属严重有偏性的理论范式、方法及观点，① 均概莫能外。

理论问题及其争端的源起和解决，其根本并不在理论本身，而是要回归实践寻找突破口。相反，实践的现实具体性，只有让实践作为检验争论的尺度才能平息嘈杂争议。这就从"就论题争论问题"这一意识焦点迈向从实践原点检视问题的世界观和范式框架的高度。要将此观点上升到范式框架方法的层面，甚至从哲学世界观的高度，弄清问题本身及产生问题的根源。这一跨越虽是正确之选，对于社会分工与学科分化的当今却实属不易。但是，正道沧桑的性质，总是可以通过实践进行检验，而无论这其中会有多少噪声。研究者们在比较观点异同的同时，如果也能比较基于不同时代不同制度条件下的范式框架方法的异同，就能得到更深刻、更有价值的发现。②

立足实践具体，反映时代特征和节奏的理论及方法研究，是理论研究具有科学性质的基本条件。而基于超现实主义的同质性假设前提的研究，决定了它的非科学准确性和非实效性。相对于理论的相对性和局限性而言，现实世界和实践是完全而且绝对权威的。理论的正确与否、预测的准确与否，不是来自理论及其提出者如何权威，争论如何雄辩，学术界如何盛极一时；而是来自更多的实践检验和检验结果的反馈机制。其中人的发展得以何种程度的释放与推进才是问题的核心。

2. 通过创新理论的途径解决实践难题

实践中的广泛的非均衡问题，打破了均衡范式框架的有效边界，宣告均衡

---

① 琼·罗宾逊. 经济学的异端 [M]. 安佳，译. 北京：商务印书馆，2019：144-146. 埃里克·拜因霍克. 财富的起源 [M]. 俸绪娴，等，译. 杭州：浙江人民出版社，2019：55-92. 布莱恩·阿瑟. 复杂经济学 [M]. 贾拥民，译. 杭州：浙江人民出版社，2018：27-65.

② 正如乔根·兰德斯在报告中强调，当前西方世界的一个主导性范式，即以"以市场为基础的经济效率""民主政府的自我纠错能力""化石燃料为基础的经济持续增长带来的好处""通过自由贸易和全球化增加的福祉"等为主要特征的信念，主导着理论与政策研究的范式框架方法。应尝试多种思路（范式），避免"将孩子和洗澡水一起倒掉"。（乔根·兰德斯. 2052：未来四十年的中国与世界 [M]. 秦雪征，等，译. 南京：译林出版社，2013：18-19.）

论的破产。因为经济社会发展的空间达到均衡论及其制度体系所能容纳的有限边界以后，其正统的经济理论则趋于保守，成为对既得利益和既有秩序的维护者，依靠旧秩序和教条来钳制进一步的发展。① 问题不在于这种制度的稳定系统的稳定性，而在于新旧制度在不可阻滞的矛盾运动中的势力对比。

基于实践，要以人民为中心，构成典型的非对等性非均衡的生产分配关系，导向共同富裕，而绝不是将其间的关系导向一种均衡稳态幻境之中，以防陷入失衡危机与绝望的境地。基于差异性而进行统筹协调、全面发展的认知论与实践路径呼之欲出。

立足实践，不唯教条和经验数据统计，是实践与理论创新的前提与基础。分配理论的薄弱性和基于此理论的统计指标体系的模糊性，造成统计数据的准确度、扶贫资金的针对性及实效性均不足。特别是由于社会分层的机制存在，个体间的内在差异和社会环境的不确定，造成各主体差异的内在必然性的分层和作为个体的偶然性的分化。这种客观存在，若要以偶然性现象的描述性解释经济社会内在必然性，是基于经验和工具的流行性的实证过程，但并不是坚持实证精神的求实求真务实之道。

解决理论问题时的困难，往往并不是理论认识的智力障碍或困难，而是实践中矛盾的长期纠结而难以突破，从而形成一种制约创新发展的瓶颈或障碍。而对于现实的把握，仅仅以均衡论和经验描述是远远不够的。马克思主义的革命性产生于并试图用于西方资本主义世界。它在西方世界之外，也就是资本主义发展尚不充分的地方得以实践检验，并为创新实践提供根本指导而实现理论创新与实践创新相互推进，成为另一套认知和改造世界的工具。从当今西方世界与中国对比来看，坚持马克思主义的实践意义远远大于均衡论给经验主义者的见解及对策的现实意义。

二、新架构的核心内涵

事物的多样性、多元化，是普遍存在并已被广为接受的事实。社会主体的差异化也是其中一个重要领域。人与事物都普遍存在着差异性，并且这种差异性具有不断扩大的动力机制。② 科学革命的基点在于，不断向实践真实回归，对

---

① 无论将经济学看作一个工具箱还是知识体系（应用或基础），其目的不在于改变人们的偏好（价值评价）；一个民族的价值观和喜好可能被认为是低级的，但是改善这种低级性，已经超出了经济学的范围。（西奥多·舒尔茨. 经济增长与农业 [M]. 郭熙保，译. 北京：中国人民大学出版社，2015：57.）

② 邱耕田. 差异性原理与科学发展 [J]. 中国社会科学，2013（7）：4-21.

研究对象的差异性及其性质与动态进行聚焦、甄别和深化探究，生成新知，取得更好的新的发展。

（一）异质主体理性程度差距构成行为能力不对等

与均衡论相匹配的方法论必然是理性个体的自由、经验及功利。理性主体对其观点坚持的正当性的理由是基于"共同参与、普遍竞争、拒绝例外"的原则所推动的法律制度的普遍性约束。① 这种原则是在针对封建专制集权特权的旧制而提出的立法上的自由平等竞争原则，仅出现于政治运动和思想幻觉之中②，而绝不是普遍且持续地存在于经济活动之中。特别是在社会阶层分化和固化的基础上，市场结构已经不允许自由主义所坚守的那些原则继续存在着发挥作用的阶段。垄断从厂商向国家及国际扩散和渗透，人与人之间的关系早已不再由市场至高无上的极致理想化的状态③调节，而是现实性地存在于各主体之间的根本差距。

各理性主体之间的差距，不能依然仅限于人的动物性差距，也不是旧时代的宗教、政治及伦理道德上的差距，而是"给定制度"和"假设前提"下的资本和社会权力占有上的经济与权力上的能力差距。同时这种差距不仅存在于自然人之间，还存在于非自然人的法人、组织、机构及其与自然人之间。各主体之间经济不平等以及由此引发的政治不平等，使他们在制度的制定、选择、修改上，都不可能做到真正的政治的经济的平等与对等。经济差距和社会四分五裂，成为越来越大的鸿沟，不可弥合或缩小。人的主体性被社会制度这一客体所持续挤压、扭曲。由这些现实矛盾制造的自由选择之路上的愈益增高的门槛，让政治上的平等参与规则的制定和选择，都成为难以逾越的限制条件。自由与平等只是在特定条件和特定阶层内部下留存的历史遗迹和特权，并非所有人的权利；在异质主体之间，其差异性及差距反而被进一步放大。

均衡论不应仍然局限于自然人的理性、局部均衡和有限范围内的效率，而是既要包括确保达成此种"小"目标的条件、机制，还要包括如何面对各类主体之间的差异、差距、矛盾，如何应对长期和整体视域下的社会理性大目标的构建与实现。要实现这种跨越，任何细枝末节的修补都是无济于事的；而是需

① 米歇尔·福柯. 什么是批判：福柯文选 II［M］. 汪安民，编译. 北京：北京大学出版社，2016：242，276-277.
② J. R. 波尔. 美国平等的历程［M］. 张聚国，译. 北京：商务印书馆，2007：391-402.
③ 米歇尔·福柯. 什么是批判：福柯文选 II［M］. 汪安民，编译. 北京：北京大学出版社，2016：253-257.

要从根本上突破理性主体同质性假定的局限，选择异质主体作为研究的起点，助力理论范式框架体系的重构。

（二）异质主体非对等关系的内在逻辑

基于均衡理论范式，理论家们的政策选择以及绩效评估，总是与社会发展应有的方向不能"拟合"，而是背道而驰，表现在贫富差距不断扩大而不是缩小，环境退化和生态危机问题的应对缺乏广泛和实质性的行动。这些问题能很好地说明问题之所在：差异化主体对整体和长期的理解、利益取向及具体举措是不同的，强势的一方更愿意为一己之私而向他人和未来转嫁私人成本，并对这种不义之举进行永久漂白，而弱势主体无以反抗和制止。由此所遗留的问题和困难总是存在的，只是需要重新审视认知问题、解决问题的套路及其实效性。

时代发展和实践质变，给科学研究范式框架的变革提供全新的逻辑起点、立场视角、目标使命，这也决定研究方法的选择、理论的限度和学说的生命力深刻影响实践的方向，带来效率公平不同范围与程度上的改善。

理性主体不断差异化为异质主体，既不能完全囿于人的生理与心理等层面的自然属性，也不是作为行为主体的对象即资源的自然属性，而是基于资源[1]对行为主体而言所构成的权利关系安排。[2] 换言之，这一具有"资源赋能"的经济机制和功能，促使资源主体的自由选择不仅仅源于所谓的天赋，而更为重要的是由行为主体的真实的资源掌控水平及其内在转化所决定的社会权力[3]。正如霍布斯很早所强调的，能够让人取得某种未来具体利益的现有手段，即表现为权势、身价、地位、尊重及资格等，[4] 均可以视为统称意义上的资源。

基于上述理解，是要从"竞争—均衡—效率"即均衡分析框架（图 3-1），继续坚持以资为本的金融垄断、技术创新、新产品创造、实现个体理性，承受社会理性缺失之下的非充分就业、生产与分配失衡、低效与不可持续等失衡问

---

[1] 我们所称谓的"资源"概念，是综合张屹山教授（2013）关于"资源"界定，也参考诸如斯图而特·班纳（2017）以及格尔哈特·伦斯基（2018）等对财产、权力及特权的互动、变迁的历史性考察，我们进一步认为，对于人类社会中的行为主体而言，资源具有用途性，从动态的经济社会过程中可以理解到，资源的动态和资本性特征普遍发挥着关键性作用，即它能够形成和代表某种社会能力或权力。

[2] 作为自然界众多金属的一种，黄金本身并无任何特殊之处；只是它在被人类社会赋予特定的经济社会含义之后，金子对其所有者而言具有无穷的"魔力"，甚至充满野蛮性或强制力。（马克思，恩格斯. 马克思恩格斯全集（第44卷）[M]. 北京：人民出版社，2001：155.）

[3] 在任何人掌握着能够转化为货币的私产物的时代，作为货币，其"社会权力就成为私人的私有权力"。（马克思，恩格斯. 马克思恩格斯全集（第44卷）[M]. 北京：人民出版社，2001：156.）

[4] 霍布斯. 利维坦 [M]. 黎思复，黎廷弼，译. 北京：商务印书馆，1985：62-72.

题的限制，还是对理性主体异质性的承认和选择，基于"资源—能力—权利"即非均衡分析框架，旨在追求由个体理性驱动下的社会理性与长期可持续的全面发展？这是适应两个时代要求①，形成两种框架体系的两种重大抉择。

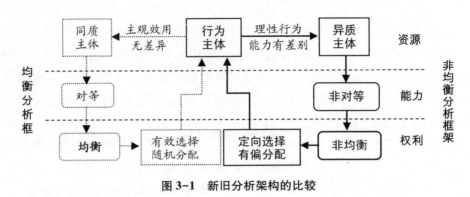

图 3-1　新旧分析架构的比较

（三）异质主体非均衡论架构的实质

人的主体及其发展高于资本的强制，将异化回归正常化，是新架构的精神实质。

从资源禀赋到理性行为能力再到权利分配，这三个依次递进展开的环节形成内在的交互促动、自我强化的累积机制。这种制度体系随着发展的程度和范围的不断扩大而相应地被放大。这种势态能使主体之间的异质性凸显出来（图3-1实线箭头所示循环圈）。异质主体在谈判和交易时存在资源、理性、权利方面的落差，即他们之间的博弈存在非对等性、非均衡性。由此，他们对效率的衡量也会受制于各异的权利诉求，特别在理性能力和效率评价中，个体、局部及整体三个层面存在复杂而非线性加总的关系，个体理性已经不能代表和代替集体及社会理性。因为这里存在着因忽视结构及其内在联系机制而造成的"合成谬误"。因此，只有立足实践的研究，才有助于发现和探究更多主体更为宽广领域的效率公平问题。

事实上，基于既有资源占有和由此所决定的分配、再分配关系，即"依靠

---

① 从社会不断发展进步的观点来看，这两个时代分别是：由传统工业化"以资为本"、人被物所统治之下的同质主体所造成的过剩时代，体现为规模报酬递减的历史局限性；由后工业化中"以人为本"的异质主体所欲追求的平衡时代，体现为规模报酬递增的制度优势与进步性。这表明随着生产力不断发展所对生产方式变革的内在驱动与需求，也不断凸显着人的主体地位性和人类社会发展及制度演进的基本趋势。

和通过对物的支配来进行对人的支配",① 探讨微观个体的理性选择并不能够诱致和保证经济自发收敛于平等与效率兼备的社会理性状态这一问题。非正统理论关于持续不平等的研究也有一些。② 但是我们更愿意将这一社会实践过程纳入基于实践的辩证分析架构,研究异质主体优化选择的条件与过程,探讨经济社会非均衡演进机制。由于该架构基于个体异质性,实践从"自然人"到"客体物"再回归到"社会人"的完整过程,③ 还原经济社会系统整体性和非均衡演进机制。它不仅便于我们研究从分权到分利再到分化的内生机制,也有助于展开有关个体理性与整体理性的统筹协调的实践、微观机制与宏观调控的有序统一,以及理论实践的相互支撑以促使其有序、有效发展。

概言之,人与社会的主观思维意识与整个客观世界的矛盾不能持续错位,这内在地要对整个理论思想进行必要且适宜的约束。④ 矛盾的普遍存在性,决定科学的研究要基于矛盾论非均衡范式。对于坚持均衡范式框架方法体系的西方学术研究者群体而言,选择基于唯物史观的矛盾论辩证法中的任何一个局部,都是不可思议的危险之举;选择均衡论和西方学术的正统,就需要与马克思所构建的世界观方法论完全决裂,并且必将形成财富与价值的对立。因为如果将西方学术正统的立意定位为富人经济学,马克思理论完全可以定位于与之相对的穷人经济学;解决穷人的发展问题,显然依靠均衡论之下的市场有效、政府及社会无为的原则是没有任何可能的。唯一的可选择方向就是,基于实践对矛盾进行长期动态非均衡分析,辩证地利用矛盾与规律,那么研究人的经济学就不能被拜物教和拜金主义所主导,而要注重对人的主体性、革命创新性的关切和把握。这就必然要转向对过剩、垄断及有效需求不足的关切与化解,进而体现和实现人的主体性、差异性以及人的全面发展,而绝不是沿袭资本对人的统治及人的发展受限这种制度强制性作用。事实上,政治经济学上的这一基本思想的最早阐述者西斯蒙第,其眼光比亚当·斯密和大卫·李嘉图更富于历史深

① 马克思,恩格斯.马克思恩格斯文集(第9卷)[M].北京:人民出版社,2009:193-194.
② 国外研究如:M. Dilipand, R. Debraj. Persistent Inequality. Review of Economic Studies (2003) 70:369-393. 国内研究如:张屹山,等.资源、权力与经济利益分配通论[M].北京:社会科学文献出版社,2013:14-35.
③ 资本将人与人、人与自然的关系扭曲和异化,但这不是永恒稳态。"通过人并且为了人而对人的本质的真正占有""是人向自身、向社会的人的复归""它是人和自然之间、人和人之间的矛盾的真正解决"。(马克思,恩格斯.马克思恩格斯全集(第42卷)[M].北京:人民出版社,1979:120.)
④ 马克思,恩格斯.马克思恩格斯全集(第26卷)[M].北京:人民出版社,2014:638.

遂性。① 只是当时的矛盾与失衡的实践迫使原初的认知庸俗化、意识形态化，所以加剧了人、社会及自然的重重异化。

三、新架构的方法论体系

基于唯物史观、辩证法，对经济社会实践进行非均衡性分析，提出旨在彻底解决问题的明确见解，是将个体理性与社会理性辩证统一的选择，是中国经济具体实践的需要，是中国构建理论体系的重要选择。

（一）辩证唯物论支撑下的非均衡动态研究

均衡范式基于过去的经验论，旨在维持既得利益和既有状态，拒绝改变。基于矛盾论，选择将来时，立足实践，旨在顺应发展，打破传统，实为对辩证法的坚持和利用。② 一向喜欢借用自然界现象类比人类社会某种现象的"自然铁律"并彰显经济学的"现代科学性"③ 的均衡经济学家不妨考虑这样一个现象：野生状态下的动物的食物通常不完全够吃，因此它们除了休息就是觅食；然而一旦这些动物所处状况突然改变（无论是由于自然界还是人类造成这种变化），即它们所受天敌锐减而食物过剩，那么它们的主要问题就不在于疲于奔命地觅食、掠食、攻击，而是要面对过剩营养、肥胖及惰性等问题。就人类而言，财富的内涵、形式及总量并非固定不变，而是需要依据这些变化进行关系调整。

均衡之意在于守旧，不仅革命的理论（如马克思理论）不被西方正统所许可，而是将其贴上激进的标签和边缘化，即使是可能引发科学革命的理论范式

---

① 西斯蒙第. 政治经济学新原理 [M]. 何钦，译. 北京：商务印书馆，1964：475-477.

② "要精确地描绘宇宙、宇宙的发展和人类的发展，以及这种发展在人们头脑中的反映，就只有用辩证的方法，只有不断地注意生成和消逝之间、前进的变化和后退的变化之间的普遍相互作用才能做到。"（马克思，恩格斯. 马克思恩格斯文集（第3卷）[M]. 北京：人民出版社，2009：541-542.）

③ 从"现代""科学"的经济学所推崇的范式方法来看，作为研究人的社会行为的经济学，其西方正统的定位决定了此类研究要倚重于西方世界兴起时所形成的自然主义的世界观、方法论及科学主义逻辑。（彭加勒. 科学与假设 [M]. 叶蕴理，译. 北京：商务印书馆，1957：100-171. 卡尔·波普尔. 科学发现的逻辑 [M]. 查汝强，等，译. 杭州：中国美术学院出版社，2018：20-32. 米尔顿·弗里德曼. 实证经济学论文集 [C]. 柏克，译. 北京：商务印书馆，2014：3-48. 安德鲁·马斯-克莱尔，等. 微观经济理论 [M]. 北京：中国人民大学出版社，2014：3-12. 戴维·罗默. 高级宏观经济学 [M]. 王根蓓，译. 上海：上海财经大学出版社，2009：10.）

革命①，也都不能被理论家们充分看好。② 旨在为不断变化发展的时代与世界范围内寻找变革的依据的理论研究与实践探索、体现时代与社会理性的行动，却被均衡论者看作激进或异类而被排斥，他们的这种群体性举动正是基于并符合正统理论家们的理性。

作为研究人和人类社会的哲学社会科学，其研究的立场和视野不应当如此狭隘和僵化。理论与应用的研究，应当体现唯物辩证方法。③ 这是立足实践问题的整体系统性、动态复杂性、历史曲折性、长期发展性，以及人的主观能动性等条件，能够并且必然对研究者认识和研究问题时发挥着根本性约束作用的具体实际。

然而坚持历史唯物主义与辩证唯物主义的科学方法，④ 立足历史与实践、人民根本利益，坚持问题导向，坚持个体与整体、短期与长期相统一的系统论和辩证的方法，在"现代经济学"看来，却成为一种讳莫如深的笑料。然而，只有基于上述方法论，才能深入探究收入分配失衡问题的本质与规律，从中可以发现，公平问题源于效率本身，并且对效率构成越来越严重的威胁。因此从两者的矛盾运动的关系上看，只有对分配公平问题的准确把握，才能对效率更好地促进与保障。

辩证法强调定量与定性质量互变的关系，则是承认差异与对立。作为科学研究工具的方法体系，会因为研究的对象及目的的差异而存在差异化的选择。多元方法论是一种新近的有积极意义的构想，其科学可靠性在于充分认识、利用并超越辩证法，发现并强调总体性辩证法、具体的辩证法，以图将众多方法辩证统一于实践与历史的具体之中；而不是刻意地将具体的实践抽象成不能落地的绝对化和神圣化的状态。⑤

基于马克思主义的批判继承，实为辩证改造之法，我们简称为辩证方法。

---

① 托马斯·库恩. 科学革命的结构（第四版）[M]. 金吾伦，译. 北京：北京大学出版社，2012：44-55.
② A. F. 查尔默斯. 科学究竟是什么？[M]. 鲁旭东，译. 北京：商务印书馆，2018：143-151.
③ 列宁在总结马克思恩格斯的方法论时强调："运用唯物主义辩证法从根本上来修改整个政治经济学。"（列宁. 列宁全集（第24卷）[M]. 北京：人民出版社，2017：279.）
④ 权衡，等. 中国收入分配改革40年：经验、理论与展望[M]. 上海：上海交通大学出版社，2018：45.
⑤ 张之沧，张尚. 多元方法论：对传统方法论的批判与解构[M]. 北京：人民出版社，2012：349-358，379-426.

在自由中滑入垄断，在均衡中走向失衡，在平等中产生不平等。事物的矛盾性和非均衡性演进，表明其辩证性、规律性与发展性。在面对这一内在演进趋势的科学态度上，选择旨在维护现状还是选择批判和革新，是两种不同的价值取向，并引致不同的结果。显然，在生产技术上的"创造性破坏"，并没有给流行的经济学范式以全新的影响和启迪。基于对流行范式的因循而不能进行理论范式的"创造性破坏"，而只以"黑天鹅"事件、"异象"或"突变"等外在性因素进行解释。唯有还原本质与规律，遵循规律，才是人与社会、自然和谐发展的正道。

任何科学的理论都不应当被作为教条。科学的理论研究，不能不反映社会生活条件的异常剧烈的变化。[①] 对既有成果的继承方式，就是以辩证法对其进行改造。社会发展的连续性与变革性的对立统一性要求研究的批判性继承。对于收入分配的逆向转移问题的研究，同样如此。就是考虑到既有成果的"既有"性质，表现为异域外来性、时代差异性和视角特定选择性；更要在此基础上重新审视新时代背景下的国内制度差异性、创新实践的发展性及国外环境条件的变动性。因为这些新的条件都不断考验着既有理论成果的真伪与时效性。批判与继承对于立足理论的创新性和实践而言，是非常必要的。特别是既有统计指标及其数据，既要考虑其不足之处，还不得不在利用这些数据时仔细斟酌，毕竟这些成果的获取还是比较昂贵的；而在没有更好的指标数据予以替代时，它们竟然显得弥足珍贵！一旦有新的理论与实践创新，就可以且必须进行重构与优化。

（二）逻辑、历史及实践相统一的普遍科学性研究

理论逻辑与历史及实践的辩证统一，其是否必要且可能，取决于决策者是否具备与之相适应的实践基础与制度保障。

流行经济学选择忘记历史，以"现代"和"科学"工具形式，试图向人们贡献其永恒普适的"纯理论"。历史层次感的丢失[②]，实践具体的抹杀，为那些雄居社会正统地位的唯心论者们提供了一个能够"融会贯通"的可资参照的范

---

① 列宁. 列宁全集（第20卷）[M]. 北京：人民出版社，2017：87.
② 杰弗里·M. 霍奇逊. 经济学是如何忘记历史的：社会科学中的历史特性问题 [M]. 高伟等，译. 北京：中国人民大学出版社，2008：24—27.

式框架平台。此类研究"原意是要研究价格及成本，但是总易于流于呆板的会计计算或肤浅的技术推理""只求小心努力以达到理论的纯一性，而不惜牺牲其假定的现实性"，并且造成这样的普遍性后果，即"尽管理论与历史应该结合的呼声很高，但是事实上距离尚远，而且并无缩小的征象"，理论和历史及现实的差距愈来愈远。[①] 此种经济学正统，与其他社科学科的丰富、务实相比，恰是如此的玄幻和肤浅。[②] 这种理论体系自然不可能通过实践的检验。它也只能是凌驾于现实的华而不实的思想意识的杰作。这是理论与经验不相匹配的根源所在。

当然，如果仅限于"解释世界"和维护现有制度与格局，并且占多数的不同解释方法既能够"相安无事"又能友好地相互"印证"，那么这些逻辑也能成为"主流"，尽管它根本就不是以"改变世界"为目标[③]，不需要，更不能通过真实世界的实践及历史演进的检验，只是在教科书、黑板及一些人的意念之中精致地存在着。这一学科的学生们的学习只能"好像看着舞台上魔术师在表演"，而更大的麻烦是这项教研工作将"真正的工作"放在研究工作的"视线之外"，其原因被认为是经济学教科书模糊了书中的模型与现实经济世界之间的界限。[④] 然而，这并不构成问题的关键，因为那些可能成为"改造者"的群体的权力与能力，早已被限制在可防可控的程度。[⑤] 他们无法实现理论与制度的重构。

从实际情形看，撇开分配问题，将研究的问题集中在抽象的生产、交换的微观均衡、个体效率上，缺乏历史和现实的实践基础，所得出的结果不是实践的均衡与稳态，而只是生意人因为私利最大化（或损失最小化）而不愿意改变现状的学术话语表达。因此，理论的逻辑性与社会历史性的一致性就成了根本问题，它们得不到改变世界时所需要的对理论的真伪检验的机会。一些由"实

---

① 张培刚. 农业与工业化 [M]. 北京：商务印书馆，2019：80-82.
② 哲学社会科学的研究的可逆性、可检验性差，学术研究并不存在事实上的"风险共担"问题，取而代之的却是"同行评价"和期刊背书。该评价体制存在问题，例如，如果只有一个人在说"疯话"，那么就会被认为是真疯；如果该人组织一个 20 人的圈子，成立一个学会，相互附和着说"疯话"，那么他就可以凭借这些"同行评议"在大学开设一个系了。问题就是，即使一些学者十分熟悉"经济学"（主要是函数），并未能把握现实生活中的经济运行规律。（纳西姆·尼古拉斯·塔勒布. 非对称风险 [M]. 周洛华，译. 北京：中信出版集团，2019：186-187.）
③ 马克思，恩格斯. 马克思恩格斯文集（第一卷）[M]. 北京：人民出版社，2009：502.
④ 乔纳森·施莱弗. 经济学家的假设 [M]. 邓春玲，韩爽，译. 上海：格致出版社，上海人民出版社，2019：27.
⑤ 约瑟夫·E. 斯蒂格利茨. 重构美国经济规则 [M]. 张昕海，译. 北京：机械工业出版社，2017：73-97.

整优化后者以适应前者的晚近需求。从科学发展史来看，研究范式框架的"革命"属于"质变"，也更具有时代和实践意义。①

（一）基本描述

理论研究确需简化现实，而根本问题在于简化现实的目的与效能。理论架构的建构和方法选择，基于时代性、实践性和人民性方能彰显科学性和实效性；否则，所建立的框架方法体系只能很快沦落为抽象性、狭隘性、表象性甚至反动性的历史垃圾。

如果处于以资为本的根本制度体系（其实质是要以"恒产"形塑所有人对其自身的"理性"保持"恒心"），那么政府与市场的分工、合作基准就不能发挥以人民为中心的准则，而是依靠资本的逻辑，迫使经济社会的运行主要受制于资本循环内圈。资本这一"恒产"驱使和保障私产增殖这一"恒心"，使人从属于资本增殖的需要，使人民及其发展受制于私有财产、资本制度，即不能将发展扩展到人的发展这一宏大循环外圈。

如果通过暴力革命的方式，最终选择以人民为中心的根本制度体系，从根本制度上保证人民从剥削制度的统治之下独立出来。这种新的发展目的和模式旨在人与人本身的发展，又要以物质生产能力的发展为基础。它与以资为本的根本不同之处在于，其兼容并包性和独立性，坚持将发展定位于人的主体性，即以物质生产的有效提高为基础，并超越物质生产对人的发展束缚，而达到对人的发展的有目的和保障性的促进。这是对过剩时代过剩制约生产与发展的制度突破。

经济社会的开放性和以利益为纽带的内在关联性，迫使纯粹的特定制度不能独立地存在，而是因为经济实践中的多元复杂性而呈现制度及政策的差异性、杂交性。正像市场之中有计划、计划之中有市场一样，资本主义与社会主义的相生相克并不是一种抽象，而是正存在于同一个地球村。只是在特定的国家和经济体之内，才存在着不同的势力对比，或者占主体（统治）地位的成份有所不同。两种力量的对立统一，一方面体现了两种根本不同循环加速圈，似乎是两座独立的星系；另一方面，从整体性看，也存在着自行调整调适的可能。只

---

① 托马斯·库恩. 科学革命的结构（第四版）［M］. 金吾伦，译. 北京：北京大学出版社，2012：79-93.

是两种体系的调整、调适的力度及成效存有天壤之别。但是这两种体系正混合于现实的世界。

（二）构图展示

新架构的逻辑构图如图 3-2 所示。

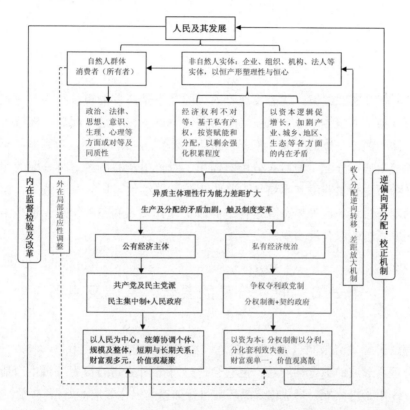

图 3-2 两套经济基础、政治制度、体制运行、绩效反馈的周期运行线路图

注：在图示中，内循环加速圈是一个物强制人，即以资为本、物不断驱使人的自发式内循环体系；而外循环加速圈，则是以人的主体性为价值导向、以物为手段的自主性开放式实践创新体系，即以人民为中心的发展，体现人对物及制度的驾驭和调控。

第四章　收入分配逆向转移的经济基础

从时代和实践出发，就能发现收入分配并不是简单的市场行为与过程，而是经济社会活动整体中一个承上启下的关键节点。它既是分配那些被流行经济学所关注的四位一体的收入（工资、利息、地租、利润），还是对影响甚至决定分配的权力进行分配，即对再分配有需求、对再生产有制约。再分配的非均衡性是一种历史与实践的基本特征，是收入分配持续性逆向转移、造成长期累积效应的动态过程。这种势态既是特定群体实现其私人利益的结果，更是由其支配的国家意志的综合性实现。

第一节　收入分配的要素、基础及原则

俚语讲"贫穷限制想象"，事实是"贫穷限制选择"。贫困是由收入分配差距不合理所形成的综合性问题，但它会通过对贫困主体的行为及再生产能力的影响，作用于再分配，形成因果循环与自行加速的强化效应。所谓"马太效应"便有此意。对分配问题的本质与规律的探讨，需要从分配的基础即生产和分配与再生产辩证关系着手。

一、收入分配的基本要素

（一）收入分配的主体

1. 自然人个体

生产与分配活动的社会和历史性，决定了活动主体及活动本身的具体性、差异性。农民、工人、农民工、知识分子、学生、公务员、军人、警察、自由职业者，等等，这些极具特殊性的自然人所具备的资源、知识、技能，以及由

其决定的所从事的职业和收入分配等存在着特定的差异性。均衡论无视各个自然人的差异性，并将这些人统一称为"理性人"。这种对分配主体的同质性假定，自然地无从研究其收入分配差距的内生性。承认并深究差异性及其动态，才是理论创新发展的新起点。

2. 非自然人实体

社会分工之下的专业化与生产集中，为超越实体经济的资本提供规模和杠杆，表现为产业上的分与合，共同带来服务性组织、机构及法人实体。此类实体由自然人依据特定制度规则而设立，旨在实现特定目标，因为它们存在着超越自然人的生命与影响力，具有能够生成再分配效应的规模与杠杆等实力。

3. 执政党和政府

均衡范式中的政府堪称理论政府，其实质是契约政府，被理性人假设所同化。理论政府忽视了现实中政府的社会具体性，更没有区别中国政治制度框架之下的执政党和政府与西方理论或实践中的党政在本质上的差异；相反，却是基于对西方流行经济学的参照地位及其话语权，来"检视"和"纠正"中国实践中的党政架构和政策选择。显然，这种模仿和滥用，实有"削足适履"之弊。也就是只将党政限定为"理性人"掌控之下的公共机构，其行为具有集权、腐败、低效、侵蚀公平与自由等标签化的"弊端"。因此从根本上限制政府、放纵资本与放任市场的自发行为，以此带来私有财富增长上的"效率"，保留以资为本的合理性①。对于中国的党政制度与实践而言，则完全不同。党和政府不仅要通过"涓滴效应"② 进入低收入群体，还要直接通过公有经济、共同富裕取向的制度设计，保障实现"合理化"的收入分配关系与态势。

4. 国外部门

生产力的发展有助于人们获得解放。经济社会活动向各个维度开放和拓展，正是将人们所受的束缚松绑。对外开放，参与各地、各国经济社会活动，是生产交换社会化、交流借鉴国际化的必然选项，而国际分工协作为国际贸易和交流提供物质技术基础和经济利益激励。在开放世界体系中，资本与市场将各地

---

① "李嘉图把资本主义生产方式看作最有利于生产、最有利于创造财富的生产方式……他希望为生产而生产。"（马克思，恩格斯. 马克思恩格斯全集（第34卷）[M]. 北京：人民出版社，2008：127.）

② 持该观点的理论家们并不占少数，他们认为经济增长中最大受益者也就是富人阶层，能够为穷人制造更多、更靠谱的财富。但是这种机制的问题在于，其发挥作用的过程充满着诸如社会力量之间的"杂乱无章""偶然性"及"狂野互动"等不可测、不可控的盲目性。（瑞安·埃文特. 人类的财富：什么影响了我们的工作、权力和地位 [M]. 毕崇毅，译. 北京：机械工业出版社，2017：200.）

各国的开放程度拉得尽可能大，各主体的差距也随之拉大。资本国际化的主体跨国集团正是这种势态的直接操盘手或微观主体。

(二) 收入分配的客体或对象

依靠名义（货币）收入来代表发展和富裕程度是有偏的。如果能够以资源结构优化的效果体现发展或幸福的程度，或者以所遭遇到的成本代价或不幸的程度减少来表达发展的成就，则更能体现普遍科学性与人民主体性相统一的内在要求。

1. 作为使用价值的物质资料

消费与生产的辩证统一性在于有效生产和有效分配。劳动创造财富，并依靠所创造的财富进行不断的再生产。作为使用价值的物质资源的分配，其中一部分转化为最终消费，并有助于形成新的需求和扩大再生产的前提。生产与消费的对象即物质资料，表现世人所不懈追求的东西，其首要的功能在于使用价值。

作为具体形态的资源本身来说，它成为所有者和使用者素质能力得以有效提升的实物基础，使人们从事各种活动时的能力与效能增强，以及获得更多或更大的认知与行为能力及其发展所需要的物质与技术条件。特别是在人类社会还处于生产与供给极为短缺的自然经济占主导的时代，物质资源对于人的基本生存需要而言是最为紧迫的问题。这正是亚当·斯密在《国富论》中着重关注的物质财富。它们体现为人与自然的特定物质交换关系。在这种交换关系占主体地位的时代条件下，分配问题的下限更多地取决于下层劳动者作为自然人对必要物品的刚性需要，而上限取决于上层统治者基于生产力所能达到的高度的弹性剥夺，这种弹性取决于矛盾各方的矛盾发展程度和斗争的激励程度。但是保持下限与上限之间的适度差距，既是占统治地位的主体所力争维护的分配格局，也是唯有通过暴力革命才可能改变不断扩大的社会鸿沟。这是阿马蒂亚·森所主张的减少贫困，以增强穷人行为自由的逻辑所体现的物对人的行为能力的促进关系。[①] 依此逻辑可以看到，如食物可以让拥有它的人免受饥饿的困扰，衣物使其使用者避免受冻，必要的收入用以教育投入，可以增加受教育者的就业机会、融资和收入的水平与质量，甚至还可能通过支付获得信息与权限的优先权，等等。相反，很多人在物资缺乏和机会及权利不均等的实际状况长期得

---

① 阿马蒂亚·森. 贫困与饥荒 [M]. 王宇，王文玉，译. 北京：商务印书馆，2001：5-15，60-69.

不到应有的解决，这都能构成资源赋能的反面证据。① 当然，这种关系严格地基于物的自然因素（使用价值）而构成资源主体的特定的自由选择的能力，其局限性因物、因人、因时代而有所差异。

2. 作为价值分配的货币及权力

对收入分配的研究，若仅限于孤立地关注形成消费的自然要素收入，而不将收入以及决定收入的生产、分配及相应的制度体制机制所形成的权力关系一起来进行系统研究，则根本不可能发现收入分配的表里及其变化的内在规律性。

实践表明，随着物质财富生产能力不断增强，短缺逐步被过剩替代，作为财富的自然属性即物资功能，也必然会被新的功能所掩盖，即执行再分配功能，但是它不是依靠财富本身相对过去而言的绝对数量的增长所体现出来的静态的发展成就，而是通过同时代各竞争主体之间的相对差距或财富占总财富的份额来分配优先权、定价权及其他社会性控制权力。

由功能型分配向权力型分配转化，是财富增长的普惠性带来的结果，也是这种新的生产结构改变分配结构的迫切要求。剩余产品的出现和交易持续扩大的需要，促进创新性流通媒介的形成并不断扩张该工具的社会权力。随着交易标的的品类、数量及频次的难以有效估量，作为交换环节的前提即分配，绝不会仅限于某些特定物品，必然要逐步从实物形式向货币形式、从道德规范到组织机构及制度供给的特殊权力强制方式转移。具体表现为三个层面：一是货币权力。对于信用货币时代而言，作为交换的通行媒介，铸币权赋予铸币者以"铸币税"，持币者获得对其他物品的索取权。由持币者对物质资料的索取权，进而到对分配再分配的掌控权力的上升。二是市场垄断势力。垄断者基于各种创新性策略性行为而掌握定价权、优先选择权，持续性谋求超额权益。三是基于强势的经济地位而发起、制定交易规则、干预或影响公共政策决策、寻租及直接参政，等等。

由上可知，货币及权力只是社会分配行为在特定历史条件下的权力工具，并且其具体的形式也会根据具体情况而有适应性变化，但绝不是从来就有、永恒不变的神圣法器。对这种工具或手段的分配本身并不是最终的目的，特别是随着技术及生产力的不断发展，人们所获得的货币数量（无论是名义还是实际

---

① 阿比吉特·班纳吉，埃斯特·迪弗洛. 贫穷的本质：我们为什么摆脱不了贫穷 [M]. 景芳，译. 北京：中信出版社，2013：1-15，227-231.

收入）都得以显著增加。① 但多数研究者都有意无意地忽略了一个根本性的问题，即既有分配形式和数量上的多端变化，并未改变分配和再分配的法则和分配格局；同时，依据权力参与对经济剩余的瓜分，才是具有根本性影响的真正的最终目的，而对必要产品的分配进行妥协性调整，已经是微不足道且无关根本的。这是过剩与垄断时代分配法则的"变"与"不变"。

（三）收入分配的经济功能

1. 为再生产提供物质与制度前提

分配源于生产，但是它能够强有力地影响再生产。有关生产与分配的辩证关系，需要从以下四个维度来看。

从宏观层面的根本制度来看，对生产资料的排他性权力（生产资料所有权），形成权益分配和再分配的权利，这是通过法律制度、国家机器、意识形态所力争确保的途径，对生产资料的原始分配及以此为基础的再分配进行强制性规定、维护及辩护。

从微观层面的体制机制看，生产的方式、内容、数量决定着分配的方式、内容和数量。因此，在特定制度、国家政权、意识形态未发生根本性变化的"和平稳定"期限内，生产对分配的决定性和分配秩序的"铁律"，都是不容置疑的，社会分层、阶层固化、两极分化，人与人、人与自然关系异化，都是在这个既定制度范围内人们所必须面对的挑战。

从历史演进规律看，分配虽然源于生产，受制于生产，但是它对生产本身也有不能忽视的内在影响力：分配和再分配的效率性与公平性与否，对再生产形成强有力的约束，甚至驱动着人们去变革根本制度、国家机器、意识形态等，来改善生产方式的效率公平性。例如，中国封建王朝更替的周期率特征，近代以来的西方大国兴衰变迁史，资本主义经济周期爆发史，均能体现出生产与分配中的内在矛盾性所决定的政权与政治的周期性，以及经济社会繁荣与衰落的交替性。

从生产、分配活动和推动制度变革的行为主体看，他们是历史的创造者和推动者，但各司其职的权限与其相应的权益并不相同。他们的主体地位性虽然在过往的时期均为物所统治，成为短缺时代社会强制性分工和不平等分配制度下的奴隶或仆从，但是这并无任何权力确保其永恒不变的性质。因为人类社会发展，不可能按照均衡范式下的线性逻辑，或者基于先验主义的"人性自私"

_____

① 托马斯·皮凯蒂. 21 世纪资本论［M］. 巴曙松，等，译. 北京：中信出版社，2014：10-11.

的"永恒性"断言社会缺失质变的基础及可能性。从根本上看，人对物的依赖正是与物质资料尚且短缺的时代相适应的。这是由于生产力的落后造成物质资料的稀缺，诱致并决定在与物的关系之中，人的主体性的丧失。然而，当人们创造的物及生产力能够达到必须以释放自然和社会对人的束缚才能取得进一步发展的新阶段时，由分配支撑的人的主体性必然需要得到更加突出的彰显和保证：因为这种质变将成为一种"有利可图"且"不得不选择"的全新方案。当然，在极具"彼岸"性质的物质丰富与人民共富的时代条件下，这种分配选择会更利于人的主体地位的发挥和实现，也才能更好地促进和保障生产与分配的效率性。

总之，从生产及分配的内在辩证关系来看，研究分配非均衡的内在性，是动态把握生产分配本质与规律、寻求解决问题的必然取向，是进行分配制度改革与优化的前提和基础。

2. 激励过剩生产

生产的进步也可体现为所谓的"创造性破坏"，就是资本逐利机制诱使利益相关主体不断地寻求以新的技术、生产、分配结构替代传统或即将"被传统"的生产与分配结构，而不能体现为将这两种结构进行有机融合、协调互动、共同发展、全面发展。市场驱动之下的逐利资本不断扩张其对传统经济社会结构的冲击力；坚持个体利益最大化而不考虑整体效率的增减及必要的统筹协调；追求个体效率，而忽视经济与社会、人与自然整体的公平与可持续。

市场的平衡机制在于矛盾中寻求对矛盾的暂时性的个体性的再平衡。这种平衡只是瞬时完成，它必须依靠带来新的更大的失衡与矛盾才能为自己寻找新的出路，即通过带来新矛盾激励之下的投机性对冲性套利，实现这种制度体制的持续和强化。因此，自发性市场体制不在于解决矛盾，而是通过新的更大的矛盾来引领推动更新与进步。这意味着矛盾是盈利的前提，又是盈利的结果，它会内生性驱动越来越大的波动和动荡。这种波动则是通过生产与分配中的差距拉大和市场中的过剩供给来体现与实现的。

这是一种缺乏以宏观长期的战略性平衡为目的，而是以资为本的社会调节运行机制。因为它是以盈利为目的的调节机制，营利性是波动与失衡存在的条件又是其结果，这种恶性循环不断加速动荡和动荡的烈度和广度。将危险变成营生，将社会灾难变成个体收益，这种机制也是一种利欲熏心的诱骗。

从总体上看，正是这种失衡机制所带来的张力，能够驱动对冲机制发挥强制再平衡的效能。但问题在于，将个体之间的差异、差距转化为矛盾的激化，主体之间的异质性愈加突出，每一个行为主体无论是所有者还是被雇用者，都被驱从于既有制度的安排，而不是各自追求对制度的改变以制度来适应社会整体的需要。在资本和市场共同作用下，所有的人和事都有被拉进这种漩涡而不可自拔的张力，也就是过剩生产出更多的过剩，以垄断、危机、战争等方式消耗其中的过剩，使历史演进发生长期性迟滞。

3. 加剧供需失衡矛盾

在商品经济的激励之下所形成的过剩时代，通过大量生产和过度消费的方式，为生产和缓解贫穷提供物质基础和刺激，但这一阶段的再生产矛盾，已经不再是生产制约型，而是有效需求决定型。当社会的资本通过规模和杠杆等社会权力谋取所欲求的丰厚利润时，依靠传统的"生产创造需求"、富人"涓滴"穷人方式减少贫困，已经难以充分发挥其作用。

社会发展中的供求矛盾所呈现出来的非均衡性源于相互独立的个体理性。这种理性将生产与分配始终调适在大致相当的个体微观均衡稳态之中，只是基于假设前提而进行的均衡论题虚构，不具有实践具体的真实性。

从短缺时代逆转为过剩时代，不可能是历史的终结点；它不过是资本主义的兴起和整个的上升阶段（按马克思的判断，不过 100 年①）。在过剩的阶段，分配结构的失衡对再生产结构产生决定性制约，即分配失衡加剧既已失衡的再生产，从而加剧两者之间的对立性，这是商品经济内在矛盾尖锐化的外在表现。从这种双重失衡的互动机制来看，需求的扩大能够对失衡性分配的再分配进行调节，也就成为经济社会共同体所面临的一项紧迫且必需的任务。从理论与实践中均能发现，短期性宏观经济政策，重心在于需求管理，刺激需求是根本性着力点。换言之，需求的大小及能否可持续，决定着经济增长的快慢和强弱。在普遍相对过剩的时代条件下，通过对收入的再分配，实现对消费、投资的持续激励，甚至超越所谓的劳动生产率、全要素生产率，这是对分配结构的冲击，却不一定就是社会整体长期公平与效率的必然毁灭，可能正是一种制度与思想上的实质性变化。

二、收入分配的经济基础

（一）生产的物质基础性

分配显然不是一切社会的经济活动的决定因素或起点，但它是特定社会阶段下的决定性前提。在当今的过剩与垄断时代，分配决定着生产。将生产与分

---

① 马克思，恩格斯. 马克思恩格斯文集（第 2 卷）［M］. 北京：人民出版社，2009：36.

配相结合起来做辩证研究，而不是分割开来孤立地分析，是理论研究工作应有的操守。[①]

基于唯物史观的研究，总是将社会行为纳入支撑这些活动的物质资料生产这一基本起点来进行。自从社会生产实现分工协作以来，人们所生产的产品就要进行某种形式的分配。一个是对必要产品的功能性分配，即构成主要的收入分配；另一个是对剩余产品的分配，即构成财产的占有、涉及有效及可持续发展的分配。随着生产力的发展和分配对象的扩大，再分配的可能性与必要性也愈益突出。

从社会化生产的宏观角度来看，生产、分配、投资消费三个阶段所针对的对象，在流量上是一个恒等关系。也就是说，生产的方式、内容、数量及质量，从根本性上决定着分配。生产的结果要在分配中形成"工分券"，以此承载着财富的社会分配职能，成为联结生产与投资消费，以实现社会再生产目标的关键环节。此即所谓的"用商品生产商品"和"供给创造需求"。但这种抽象且绝对化的状态并不存在于现实当中，更不可能永久性地作为政策选择的主要依据。

（二）分配的制度决定性

分配问题的重要性在于，它依附于既得利益群体的主导性，并不断建构用以保障此类群体的财产与收入增长的制度体系。因此，根本的问题不在于分配的对象是短缺时代的具体的物品，还是普遍相对过剩时代生成再分配关系的垄断性权力。值得提及的是，我们所认定的垄断（不同于西方主流经济学范式下的狭义垄断），其实质性内涵在于垄断分配和再分配的权力，即基于对物的独占而不断生成新的独占形式或利益攫取途径，体现为有偏性再分配的制度刚性。

对于那些拥有技术垄断和定价权的强势厂商而言，根本无法杜绝收入、财富和权力进一步集中，从而以更强势的社会权力拒绝发展成果的共享，造成经济社会发展的迟滞。[②] 将产品和创新带来的一切便利，通过排他性私有产权而转化为厂商的收益和顾客的支付成本。这种交易的全面彻底性，固然可以最大可能地释放交易额的潜在空间，但是将其转为公共物品，则极其稀缺。这对于处于中低收入阶层的群体而言，货币收入与支出的流量的确相对很大，但是两者之间的差额即居民的净储蓄相对稀薄，巨额负债成为普通居民生活的必需品。

---

①　马克思，恩格斯. 马克思恩格斯全集（第12卷）［M］. 北京：人民出版社，1962：745-747.

②　约瑟夫·E. 斯蒂格利茨. 重构美国经济规则［M］. 张昕海，译. 北京：机械工业出版社，2017：22-23.

自 2007 年起爆发的由私人负债引发、上升到企业及主权的债务危机，极其深刻和生动地表明这一点：财富创造受制于需求，而分配制约需求。因此，最终的利害关系落到生产与分配之间的失衡关系上来。

分工与市场适应人们的需要的变化发展性，激励着财富形式的多元化和分配客体的多样性。在这种社会实践过程中，各部门各产业的竞争，影响着分配和进一步的部门、产业的发展。而竞争协调关系将形成一个由多主体多部门之间不断展开协作、交换的社会有机体，并且内在地要求社会整体进行必要而且关键的统筹协调。越是生产方式的复杂化，主体个性化诉求的不断强化，整个社会活动越是处于更加突出的矛盾之中，这将越需要不断的动态调整，以达到各部门、产业、主体的相互衔接、有序运转的良性循环，确保整体和长期的效率公平性及可持续性。生产与分配的有效有序性，分配的决定性，内生于整个经济社会活动之中，发挥基础性决定作用。

显然，马克思所论述的资本主义剥削关系，是在既有生产力不足以达到未来共产主义所需要的生产力水平。只有在未来高度发达的生产力水平上，生产资料的公有制普遍建立，才不会存在基于经济特权而对他人形成广泛的制度强制与社会异化。因为在那种生产条件之下，只有劳动创造财富，劳动者参与分享产品。反之，在生产力仍然处于尚且仍然适宜于资本主义生产关系的时期，生产资料的私有制决定着雇佣劳动和剥削关系。因为在这种现实的生产方式前提下，除了劳动，还有其他非公有性生产要素，均构成再生产条件，从而卷入分配过程。任何具体的个体经验可能在短期内摆脱制约，但并不具有规律性存在。实质上，经验主义者仅依靠抓住的片面，对规律性存在进行"证伪"，这在科学和实践面前都是徒劳的。只有生产发展的程度和制度的强制才具有客观必然性。

（三）生产与分配的矛盾运动性

立足社会整体长期发展的高度，可以发现生产与分配辩证统一于整个社会实践的矛盾运动中，构成发展与变革的驱动力系统。对于各主体理性选择进行社会整体性和长期条件下的再选择，即成为一项体现整体理性的必要选择。这种选择的依据，显然不是基于自私人性或者利他的道德感，而是需要基于有效的经济支撑和与之相适应的制度保障，体现为物质能力与政治意愿的必要统一性。换言之，基于公有经济的政府行为和公共选择，如基于社会整体和长期战略目标考量的再分配，能够具有相对更明显的独立性、可靠性和长期可持续性。这是私有制占统治地位条件下的任何政府所不可能具备的、借以实现社会理性的经济基础。

　　若不将分配上升到社会权利这个高度，就会因为分配对象、生产技术的差异等外在因素的变幻多端而丧失对分配本质进行把握的机会。研究收入的分配（收入分配），不能离开对财产占有的分配关系。财产占有的变化一定会在事后的分配上产生内在的影响。只有这样，才能把财产和收入两个分配结合在一起，也才不会落入就分配论分配、就收入论收入的孤立主义执念之中。

　　基于财产占有与收入分配的辩证统一性，研究收入分配的实践具体，就是从财产占有关系上升到生产条件和所有制的关系。这一实质性跃升是社会生产力发展带来的供给相对过剩和需求制约供给的结果，具体表现在，过去的生产条件转型为现在的进一步获取收入和财产的物质条件。因为过去是不可剥夺的生存权问题，现在是丰裕社会条件下的发展权问题。社会发展必然带来生产关系的调整，这与人的全面发展不谋而合。

　　但是，财产占有和收入分配的不均等，造成分配和生产等各方面的矛盾和失衡。社会的发展是要补缺失衡中的各种短板。补短板的过程有两种基本形式，一种是取长补短，另一种是共同发展中的补短板。但是真正的问题在于，人们并没有意识到补短板本身就是一个发展的过程，是一个共赢共利的过程，而绝不是短缺状态下的取长补短：零和博弈甚至负和博弈。

三、分配原则的两种类型

（一）均等性分配

　　经济运行存在普遍且持续的非均衡势态。分配的方式虽然可以因为分类指标不同，即有不同的分类，但有关分配的指标体系中，最为关键的指标必然包含有均等性分配和非均等性分配。对于均等性指标的衡量，虽然不可能完全以精准的经验数据进行量化和定性，但是基于实践具体的把握，并非不可能企及。

　　均等性分配，即依据人口数量进行相对平均的分配，以杜绝分配中过大的差异和差距。与此种分配相适应的生产条件是原始社会时期的物质资料不足以满足人的生存所必需，以及在共产主义条件下的物资资源丰富到可以按需分配的水平，以此促进人的自由全面发展。

（二）非均等性分配

　　当生产发展的程度介于原始社会与共产主义之间的阶级社会时，与之相适应的分配方式就是非均等性分配，即依照一定的物质基础和基于此基础而建构的制度前提，进行差别化、差距性分配。在根本条件不变的情况下，此种分配方式的延续能够自发性地自我维系与固化，从而造成非均等性的程度不断加剧，形成累积性效应。从较长的历史时期来看，并考虑历史周期率，那么阻断累积性趋于极端的机制在于政治和经济的周期性波动，自发性和沉重地打乱收入分配格局的永续传递机制。对于具体的个体或家族具有了一定的不确定性，但是对于整个社会的制度与格局而言，是确定的和稳定的。

四、收入分配的政策取向

（一）顺向分配

通常而论，在分配和再分配中，按照社会经济制度的性质，对生产中形成的财富进行有序分配，从而实现再生产的进行，达到与社会根本制度相向而行的成效，即顺向分配。无论是基于市场效率的初次分配，还是基于法律制度的再分配，以及基于社会层面的"第三次分配"，均基于并维系既有根本制度，促使既有生产分配格局在一定条件下的相对稳定性。因此，初次分配的顺向性，在既有制度在实践过程中的功能的发挥和目标的实践，容易被理解和支持，因此也相对容易实施；而对于再分配，虽然它本身就是对初次分配的"校正"，起着特定目的支配下的调整调控作用，以保证和促进分配功能与目标的实现，但是异质主体之间的差异性及行为能力的差距，决定着再分配的实施力度及效能；对于主要依赖社会主体自主选择的第三次分配，其能效对社会性尤其是人的主体性的依赖更为突出。

（二）逆向转移

分配行为并不是只具有短期效应的经济活动。当所分配的财富具有累积性再分配效应时，这种累积效应就体现出由分配所能带来不同分配主体之间的差距不断拉大的制度性强制机制，即分配的逆向转移。具体而言，当分配和再分配不再局限于功能性，而是不断造成更大的整体与长期效率公平侵害的时候，这种再分配不仅改变了其维系根本制度不变的特征，而且构成危害根本制度本身的引致失衡的因素。它已构成与社会良序发展相反的径向，属于逆向分配。

面对不同主体的理性与整体理性的不一致性，席勒（2008）在其著作中向读者详尽介绍推高金融产品价格的种种"非理性繁荣"的不同主体理性行为及其相互作用之下的"放大效应"。[1] 这是不同主体之间"借力用力"的典型：依

---

① 罗伯特·J. 希勒. 非理性繁荣 [M]. 李心丹, 等, 译. 北京: 中国人民大学出版社, 2008: 64-89.

据规模和杠杆所形成的整体非理性、非均衡。斯蒂格利茨（2013）进一步探讨行为主体差异与不平等的互驱机制，指出行为主体之间的不平等在现行制度体制的内在驱动下，已经具有不断累积和难以遏制的势态，社会的分化不断加剧。① 而在国内快速发展中，差距的不断扩大虽然表现在很多方面，但城乡及地区的差距扩大同样极为典型。这种表现为分配差距拉大的动态机制存在于分配的逆向转移的全过程之中。

（三）逆偏向再分配

逆向转移本身属于有悖于社会整体长期理性的有偏之选。生产与分配的矛盾失衡态势，为新的变革提供机遇和条件。逆偏向分配与逆向转移相对，即通过机构的特殊设置，制度的特意设计，从整体和长期战略高度审视效率与公平的协同性，对分配和再分配中所导致的差距拉大、效率损失及公平障碍等非均衡问题进行反向操作，以对顺向分配制度及其功能进行必要校正和弥补。从功能和战略的定位上看，它是对经济社会非均衡性的一种整体长期性再平衡的自动纠错体系的构建。

因此，逆偏向再分配，即旨在应对由于逆向转移而造成的失衡之势的一种应对之选。由于它可能预计到危机和成本，从而进行预先的干预，这是制度体系自我纠偏的一种选择。例如，在封建时代，无论是土地越发集中，还是皇权的过于集中或者旁落而被过度集中滥用，都会引起朝野上下的震动和动荡，因此要着手于对土地过速和过度集中的应对，解决旁落皇权的回归和分权监督。相反，如果不能对这两权的集中进行有效的缓解，改朝换代很快来临。土地私有制，成为集权与分权、改朝换代的动力机制，是驱动中国古代政治层面的周期率的基本机制。② 对于资本主义私有制度而言，生产失衡与分配失衡以及其间的交互恶化作用，带来周期性结构性危机，甚至引发更深层次的经济、政治、社会，以及全球性失衡与危机。从逻辑与历史来看，正是这种矛盾及其失衡势态，强迫既有制度体系进行程度不同、方式各异的再平衡，以对抗逆向转移的负面冲击，增强顺向分配的正向影响力。对于新发展阶段的中国来说，选择以人民为中心、全体人民共同富裕、缩小差距等举措均具有逆偏向再分配的实质性特征与发展效能。

---

① J. E. 斯蒂格利茨. 不平等的代价［M］. 张子源，译. 北京：机械工业出版社，2013：27-45，49-73.

② 陈锡文. 读懂中国农业农村农民［M］. 北京：外文出版社，2018：74-75.

第二节　收入分配形式的纵深演进

一、显性收入分配形式的纵深演进

基于市场体系的"价格发现"功能，各类要素或资源的定价即形成收入的分配，依据"边际生产力"而被"均衡"且"效率性"地确定。由于行为主体、行业、区域、领域等的不断变化发展，这种价格决定并非保持均衡稳态，而是随着收入分配具体形式的纵深而加速失衡。

（一）个人购买商业保险

对私有产权收益性的制度性保证，还需要面对如何化解风险的问题。市场的原则就是哪里有需求，并且无论这种需求具有如何的新颖性，都会有其相应的供给予以满足。基于顾客对所面临各个风险进行保险的需求，各种类型和功能的保险产品成为广泛且充满个性化的供给。巨额财产在扣减极其有限的保费后的余额就成为一项拥有持续收益的安全可靠的财产。但那些对保险缺乏有效需求的主体，不仅使该保险机制几乎无用武之地，而且根本就没有这个可以带来源源不断的权益增加的资本。

由此，保险机制所要保障的东西，不仅是财产本身的安全，也是确保按要素参与分配制度的高安全性，即收入分配制度本身也得以维系和保险。但为投保此制度险种而被迫支付的保费，却是整个社会的系统稳定性需要承担收入分配的差距拉大甚至失衡所引致的社会成本。就此看来，这种成本的承担者，则以普通中下层群体为主，因为他们是人数上的大多数。该种保险的设置是以另一种风险的加剧为代价的。正如收入分配的本质一样：一方收入的获得，就是另一方的支付或成本。因此，将收入只看作孤立和静态的"均衡""稳态"收入，却是狭隘和封闭的短视之见。

（二）私人购买优质教育

教育对技术进步、生产发展发挥愈益重要甚至关键性作用，而这一能效依赖相对更高质量的教育。然而通常而论，教育的准公共物品的特征，让人们易于接受这样的观点：教育可能有助于增加就业能力和机会，促进产品创新和社会进步，是社会阶层流动的唯一有效通道，解决收入差距问题和社会鸿沟；对人力资源进行投资，是作为社会整体处于产业结构升级改造大背景下，激励先进工业化对传统农业改造升级过程，对传统生产者思想、劳动方式及技能的转型升级。对人力资本投资，主要的途径就是教育，主要的推动力在于政府，还要依靠民间共同参与。人力资本投资基于两种功能性考量：一是解决就业质量和生产方式转型问题；二是解决劳资双方差距不断拉大问题。但是，通过教育产业化的途径，实现优化社会结构目标，已经是极其牵强附会的教条。因为在资本主导之下的生产分配方式驱动下，前一目标才是最为主要的。

由于上述愿望的实质是试图以具体的自然人的生理和心智能力来对抗人类社会内在规律的强制与限制，因此任何极端和反常情形都是可能出现的。对于社会发展的客观趋势而言，这些情形除了给人以遐想和精神慰藉之外，无法改变社会整体及其历史趋向。因此，在根本制度不变的前提下，对教育的收入分配功能寄予厚望，是不切实际的。其根本原因在于，教育的普及性，不是用于提高中低收入群体的专属权益，却可以成为私人购买更为优质的教育资源甚至特权，以作为放大收入差距的另一创新形式。私立学校教育的特色之一在于，通过家长付费与家庭家族共享权益的这种不对等方式，维系社会基本的收入分配规则和放大社会群体的差距。

（三）垄断实体攫取垄断租

正常利润不能满足垄断实体的正常欲求。垄断厂商基于对要素或权力的排他性独占而行使其市场特权，如在市场势力和信息掌控上的优势地位，打破市场主体之间的均势格局，突破人与自然的合理边界，打破人与人之间的对等关系，实施财富和收入的再分配，即抽取社会剩余或实现其垄断租。例如，垄断厂商对于自然资源的过度和失当利用，对于工人群体的剥削，进而向整个市场或居民收取垄断租，而不是基于财富的生产而获取正常利润。由于租金的上涨而不断提升物价，这种再分配效应拉大财富占有和收入分配的差距。这里的情形不仅可以发生在实体经济的虚拟化过程中，也会发生在房地产行业中。① 这就是普通厂商借助资本规模和金融杠杆而形成垄断性社会权力，通过对股市房市的价格行情的操纵，实现财富与收入的再分配效应向垄断实体跃升。"（美国）顶端的1%人群的收入增加，相当一部分产生于金融部门所集聚的巨大和不当利

---

① 约瑟夫·E. 斯蒂格利茨 . 重构美国经济规则［M］. 张昕海，译. 北京：机械工业出版社，2017：14-17.

润及资金，很大程度上来源于浪费和剥削。"①

（四）公权被"租借"或"围猎"

按要素分配的传统形式的现代化变种，就是将执行社会权力的资源进行最有利可图的形式转换，以实现社会权力的扩大化。② 无论是资本集中和垄断，还是寡头串谋，以及集结成特殊利益集团，参与政治游说，干预公共政策选择，③ 推动政府对顶端富裕人群的减税政策和减少旨在缓解社会不平等的公共支出，④ 这些举措实现了资源集中前提下的规模效应、杠杆效应及虹吸效应，即资源与权力的集中，公权的私用，最终的目标是对财富的占有和收入的再分配形成直接掌控的社会权力关系。特别是通过金融手段、数字技术及其算法，更易于优先达成私利最大化目标。

货币政策和财政政策的选择，是以经济干预的名义进行的。在解决物价和证券市场的过度波动，以及解决就业和贸易争端等问题上，对货币财政政策工具箱进行选择性搭配和使用。既然政策的选择对经济运行具有特定的方向性作用，那么这种借助公共政策的选择这一"公权"，是否能被加以"私用"呢？显然肯定的回答是必然的。无须重提生产资料私人占有的合法化、按要素分配的体制化等这些公权私用的基本规定，即使是在程序性政策选择中，政治架构上的"分权制衡"体系也只是对党派擅权的一种制度性预防。但是对于众多个体而言，他们并不以"三权"为限，而是以个体利益为出发点，寻求各独立主体相互竞争与妥协之下的私人利益最大化。那么限制他们的行为的边界，只在于其私有财产的社会占比，而不再拘泥于任何党派、群体及国度。因为通过控制选举和"用脚投票"的方式，对政府的选择和对政策选择的再选择，均不失为一种形成和影响收入分配的重要途径。事实上，我们可以从美国两位著名的经济学家近年来的通俗读物中看到这一精彩的描述。⑤

① 约瑟夫·E. 斯蒂格利茨. 重构美国经济规则 [M]. 张昕海，译. 北京：机械工业出版社，2017：43.
② "以货财害子孙，不必操戈入室。以学术杀后世，有如按剑伏兵。"（幸德秋水. 社会主义神髓 [M]. 马采，译. 商务印书馆，1963：7.）
③ 托马斯·戴伊，等. 民主的反讽：美国精英政治是如何运作的（第15版）[M]. 林朝晖，译. 北京：新华出版社，2016：201-226.
④ 约瑟夫·E. 斯蒂格利茨. 重构美国经济规则 [M]. 张昕海，译. 北京：机械工业出版社，2017：60-61.
⑤ 这些新著包括斯蒂格利茨：《不平等的代价》《自由市场的坠落》《巨大的鸿沟》《重构美国经济规则》等；克鲁格曼：《一个自由主义者的良知》。

从实践层面来看，对于寻租而形成的逆向再分配问题的制度应对，资本的天生平等派坚持源头上公权的"民选"性质和过程的"分权制衡"机制，以防公权的专权化，真正充分利用此种规则的实践主体并非达至所有阶层，而只是根本属于对此制度设计有普遍和持久需求的社会上层强势群体。他们有实力有必要做出如此选择。当然，对于国内的寻租，诸如权钱交易，官员被围猎，亦有相同的逻辑（资本逻辑）在发挥作用。与西方的不同之处在于，党和国家的性质与宗旨使命。因此，两种制度下的国家与人民有不同的政策选择和不同的未来发展空间。

二、隐性收入分配的形式创新

（一）财产权利的家庭或家族内部转移

既有制度之下的分配的强制性，是社会分层、阶层固化、差距不断拉大的驱动力。表现在实际操守中，富余家庭或家族内部成员对财产收入的转移更为规模化、常态化和隐蔽化，因为是家庭家族内部的行为，不具有"市场交易"的经济学性质，不能也不易于被官方正式统计与公开。但是它与经济学所指的收入分配具有相同实质效果，是不被统计计量核算的部分。具体而言，对于富余家庭家族内部成员而言，无论是未成年人、在学以及其他未参与社会工作的所有成员来说，其家庭或家族的财产和收入，都在实质上可以并且必然成为他们可直接使用的资源与权利。这种资源在用途上，与社会其他成员依靠各自财产占有和收入分配获得的资源的用途毫无区别。然而两者的资源获取途径，经济学、统计学上的收入分配意义，所掌控的规模，以及现实影响程度，却截然不同。正是这些不被考虑、不加公开和统计的家庭家族内部成员对财产和收入的承接与继承关系，在经济、统计及意识形态层面，掩盖了造成社会贫富代际传递的基本事实和重要机制，助长了收入分配内生性机制的发挥。当自由竞争为垄断所侵蚀，机会越来越多地被大家族、特殊利益集团所垄断时，年轻人的前景却要仰仗父母的收入或教育程度，即所谓的社会进入一个"拼爹"的团伙竞争的新规则时代。① 内卷还是躺平，成为一个拷问分配法则正当合理与否的最新标识符。当然，鲜少有人会认为这只是一个统计工作和经济学研究的意外失误。

---

① 约瑟夫·E. 斯蒂格利茨. 重构美国经济规则 [M]. 张昕海，译. 北京：机械工业出版社，2017：18.

收入分配虽然通常表现为市场交易的阶段性结果，但还表现为市场持续运行和有序的关键条件。然而，收入分配的研究不能被纳入均衡经济学的内生变量，即不能进行长期动态和系统的内生性研究。这体现出收入分配制度的社会强制性，收入分配绝不是像被舆论和意识形态化了的正统经济学所谓的外在的随机、随意性且无关大体的"分布"。

(二) 成本的逆向分摊

通常而言的收入分配是广义上的收入分配的一个方面，即权益分配。它是生产者、消费者及各类组织机构法人实体依据所占有的要素、所参与的活动而获得报酬。这种正面激励的基础是生产关系和社会权力结构的强制性安排。

然而与正面相对的就是负面，即成本分摊。作为对权力的行使，不仅要分配权益，还要分摊成本。这种涉及抵消正向收入分配效应的成本分摊问题虽然常见，但并未被充分考虑。这一负向约束性分配，对正向激励性分配的对冲作用，对于成本（代价）的非均等性分摊的影响也不容忽视。在通常研究收入分配问题时，却不将这种成本（代价）分摊问题加以考虑，可见分配问题的研究就是有重大缺陷的。并且，与收入分配的"按要素分配原则"相似但有很大不同的是，成本分摊的原则是什么呢？事实上不难看出，作为分配的另一种方式，成本（代价）的分摊规则的确定，依然需要基于资本力量和市场逻辑。逐利资本对利益的无尽欲求，市场交易主体的趋利避害，均将成本分摊规则确定为基于社会选择权力的差距进行非对等性强制。事实上，即使将这些成本均等分摊到每一个人，如气候、生态成本，但是由于财产占有与收入分配既已形成的差距，也不会造成完全均等化的"伤害"。不同主体在面临所分摊的成本面前，其损失程度与其财产、收入相比，同样并不均等。低收入群体的"脆弱性"就是这一种情形。他们所缺少的不仅仅是财产和收入，还有抵抗风险成本的能力，即他们没有改变其自身"脆弱性"的社会权力，[①] 从根本上看，他们不具备从一些束缚其自由选择的物质和制度中摆脱出来的条件及能力，因此需要承担更大的成本分摊压力。

三、驱动收入分配形式深化的物质基础

基于实践的研究可以发现，收入分配的对象有两个角度：一是具体财物

---

① "脆弱的东西对波动性和其他压力源有着非对称性的反应，会从中受害而非受益。"（纳西姆·尼古拉斯·塔勒布. 非对称风险［M］. 周洛华，译. 北京：中信出版集团，2019：180.）

（使用价值）的分配，二是基于前一角度的价值分配。这分别对应两个历史阶段和"两论"：资本主义上升时期的财富快速增长阶段的《国富论》，以及分配高度失衡阶段的《资本论》。

（一）短缺时代供给决定型分配关系

由《国富论》所确立的基于自由市场的竞争机制的收入分配学说，发现通过分工与交易，资本促进不断扩张的市场体系，形成商品与要素价格的自发决定机制，以刺激工业化与现代化的持续推进。个体理性及财富的增长等同于国民总财富的增长。这个时代因为市场需求相对供给而言近乎无限，因此财富创造和价值实现尚不构成尖锐的矛盾，追求并推动经济增长，是化解各个理性主体之间矛盾的主要途径。

均衡的基本含义即"在其他条件不变"的前提下，各相关主体达到了"各得其所"的相对稳定不变的"完美状态"。这种基于系统性假设前提而进行的逻辑推导，并不具有与历史和实践相统一的可能性。因此，问题是现实世界不存在完美竞争以至于出现均衡和稳态，交易各方因此而并不存在"各得其所"、不愿意改变现状的稳定状态。事实上，财产占有所派生出来的收入分配差距的持续拉大，社会两极分化的现实问题，无不表明均衡稳态只是存在于教科书黑板之上，而不会出现在自由放任的市场竞争与交易中。相反，在对自由竞争市场（丛林法则）上达成某种局部性和暂时性妥协和契约，以便于对失衡进行某种规制与限定，确有实现某些目标的可能，如凯恩斯主义基于有效需求不足论之下的总需求管理理论诉诸财政与货币政策的特定功能与职责，但从人的主体性、解决普遍相对过剩及反垄断的长效性看，契约政府无能为力。

（二）过剩时代需求制约型分配关系

由于生产力的发展和剩余产品的逐步增长，基于对剩余的分配的界定与维护的需要，国家机器相应建立，通过制度强制，将基于所有权而对剩余进行分配的制度得以确立。而当这种顺应私有产权对狭隘的私人利益的强制性需求带来了社会再生产出现障碍时，不可持续遂成为制度性顽疾。在这一制度性约束下，私有产权对剩余的索取权造成分配失衡，进而造成社会的整体性效率公平问题，形成不可调和的矛盾。政局动荡和经济危机冲击着人们对分配与再分配制度的态度，甚至思考进行根本性制度变革，以进一步解放和发展生产力、释放经济社会及人的活力。

对于以资本为本、逐利资本主导理性个体理性选择、造成整体非理性（结构失衡中的过剩问题）的根本性困扰，市场无效率性根本无法唤醒早已装睡不醒的均衡论正统。这种理论体系反对契约政府行为低效率、引发不公平，而根本原因却被恶意掩盖：任何公共选择均可能被执着于个体理性与效率的强势主体的私利与特权的强势侵蚀。

以资为本的生产与发展条件下的财富观，以市场与资本可估值的财物的生产作为途径，形成形式多样的"财富"，但这种财富形式并非人类所需要的财富的全部。财产权利上的"富有"与其他领域的贫乏并存，这是随着社会发展和文明程度提高而作为现实不合理性的存在。某些人被形容为"除了金钱，什么也没有"就有此内涵。文明与发展，特别是基于人的主体性的发展，必然要远远超越以金钱权力所代表和购置的财富的数量与质感。① 唯有这种超越，才是将人权从物权的强制中解脱出来，转变成财富的主体而非客体，从而为财富定性，为财富的多元化生产和使用提供真实的自由空间。当下的实践具体是，生产能力对分配失衡制约下的消费能力的过剩，是过剩时代结构失衡的制度强制的结果。财富与贫困问题的解决在于制度层面的顶层设计。

对于进入高质量发展的新时代的新兴经济体的中国而言，创新发展理念，改变传统财富观，形成新的分配形式与方式，是发展的内在要求，也是发展成就的新表达。将以逐利资本的效率至上的物质权力财富观上升到以人民为中心的统筹协调全面发展观，以及旨在全球范围可持续发展的人类命运共同体的理念构想，体现出新发展观和新的分配形式对统筹协调关系的制度设计呼之欲出。

（三）后工业化时代权力决定性分配关系

收入分配的差距并不是唯一能够体现分配差距的指标，但它的确是一个突出的显性典型性指标。居民之间分配差距绝非仅体现为收入的差距，如收入在2000 元和2500 元之间的任意两个人之间，其总体上的差距不是在500 元，而是在很多方面都可能存在这种500 元的差距。这其中体现为收入在个体权益中寻求优化配置的需要与可能。同样作为生产方，产品多样化、产业多元化，地区差异化，使投资者将其资本投向任何可能获利的领域，而不会满足于投资获得的一次性的收益，以及投资一个行业给他带来的乐趣。这是为了获得更多的投资机遇、投资回报和避免投资失误带来的损失风险。

---

① "资产阶级抹去了""神圣光环""把医生、律师、教士、诗人和学者变成他出钱招雇的雇佣劳动者""把家庭关系上的温情脉脉的面纱"变成"纯粹的金钱关系"，等等。（马克思，恩格斯. 马克思恩格斯文集（第 2 卷）[M]. 北京：人民出版社，2009：34-35.）

行为主体基于资源的可流动性，实现自由与权益的转换和变现。例如，如果将居民收入的提高和改善当作一种投资的对象，也就是不仅仅投资于商品劳务这种传统的产品，还要投资于居民的消费水平、消费能力，以及消化过剩产品的可能性，以便于助长其资本的增殖，这是在过剩时期条件下资本的逻辑。结果是强势主体群体形成再分配的社会性权力：那些"法不禁止皆可为"的"自由行动"，显然只属于拥有和占有资源的那些行为主体；对于拥有仅够支付基本生活费用的普通人而言，这种购置哪个物品的自由实在太有限了。资源形式或类别之间的自由变换中的问题，不是能不能变换和变现，而只是在于资源主体是否拥有资源以及拥有多少资源。

能够将资源优势转化为垄断定价权优势，市场势力成为关键抓手。产业之间的环环相扣也决定了产业主体之间以及他们与政府政策主体的利益交换或利益输送成为必要和必然。问题远不止于此。对生产分配中的失序与失灵而进行调节，就是一种亟待满足的需求，而作为执行公共部门公共选择职能的政府，却引起极为尴尬的角色和功能的定位而不能够提供社会真正所需要的公共服务。针对这种错位问题，总会有一些替代性的组织机构来试图化解。但是这种由个体垄断实体代为执行的"公共选择"，必将是有偏性选择。因为在社会上占主导地位的垄断集团、特殊利益集团能够而且极为愿意扮演这种角色。

由资本增殖拉大收入分配差距的制度、法律和各种机构的保驾护航，却被解释为一种正义的事业。但是对于缩小差距和解决失衡问题的努力，对于公共物品的过高的适度提高，以及对广大人民群众的利益的改善，缩小差距的目标，却不能被理解为公正合理的选择，更难以上升为国家意志并形成制度保障；相反，它只能成为临时性应急对策，或者充满偶然性的个体道德之举。

因此，资本或财富究竟是一堆存量物品，还是借助于这些"物"能够生成一系列的权利与能力的"活物"？显然，在不同历史时期不同制度体系中有不同的解答；但在生产效率更高的"过剩时代"，必将是后者，它不仅代表财富，还是能够带来新的更多财富的杠杆。在不对等权力支配之下的生产分配关系中，前者是参与生产，后者是依据权力进行再分配。其基础和途径就是：这种分配规则是强势主体群体依据各自的社会性权力的大小对社会剩余劳动而不是必要劳动而进行再分配，剩余劳动表现为生产效率提高前提下过剩产品的常态性堆积。所以，依据社会性权力对过剩产品进行再分配既有物质基础，又有权力杠杆支撑。无论是最富的 1% 所占财富的过高占比，还是再分配制度的选择与维系，都在支持并强化有偏性再分配的格局与势态。①

第三节　收入分配逆向转移的制度强制

依据"边际原则"而确立的"均衡"分配法则，是虚构性市场均衡与微观效率图景。"贫者益贫而役于富，富者益富而逞其欲"，② 源于制度强制之下的收入分配失衡势态，根植于经济制度的深层矛盾，需要基于实践具体和社会整体，从有关分配的制度体制机制层面着眼于系统动态性研究，才有可能科学把握本质规律及政策取向。

一、基于"边际生产力"的"市场均衡"式流量分配

按要素分配的第一种方式，是被广泛认可、具有生产效率性的方式，按要素在参与社会经济活动中的"贡献"进行分配。所谓边际生产力（报酬）属于此类。

对"按要素分配"中的要素进行界定是极其必要的。与生产相关，或参与到生产环节中的各要素，并非都具有产权关系约束性，非经济性物品如普通的阳光、自然空间及时间因素等需要自然力参与协同作用的因素，甚至还包括一些出现积极外部性的制度因素，都是生产因素中不可或缺的组成部分。这些必要的生产因素，有时并没有参与"按要素"或"按贡献"分配。

因此，该分配原则依据市场机制所外化而来的"边际生产力"，进行"公正"且"效率"的分配，就其实际效果而言，在极大的限度内激励要素在生产中的供给能力和生产效率，并通过价格竞争而激发持续的微观效率。就整个活动看，要素所有者所获得的报酬（或收入），也体现了成本收益的某种对等性，体现市场体制框架内的公平与正义性。概言之，按要素（资源）分配，即旨在微观效率和市场公平正义的分配方案。无论是作为物的要素、作为人的劳动，还是所谓的人力资本、社会资本，皆属边际原则调节的主要对象。

但是，社会经济活动不是基于抽象和纯化边际原则。这一原则利用数学分析的"偏导原理"，从根本上坚持历史虚无和现实虚构，从而形成孤立和机械思

① 约瑟夫·E. 斯蒂格利茨. 重构美国经济规则 [M]. 张昕海，译. 北京：机械工业出版社，2017：2-103.
② 司马光. 资治通鉴 [M]. 北京：中华书局，2011：6926.

维方式，将历史及实践中的现实复杂关系割裂为只能独立存在以便计数和求取极值的智力游戏。高度依赖数理工具的极端化的学术，不能将社会及其历史回归其整体性、具体性、内在规律性以及价值的人民归属性。简言之，以边际原则解释市场效率之下的微观分配规则，只是将社会的系统整体性进行分割和对立，同时并没有再次将其进行有序有效黏合为整体，进行战略选择，旨在社会整体长期理性的经济基础与运行机制，经济社会分而不合的失衡之势难以面对和应对。

二、基于私有产权的垄断租式存量再分配

从财富上升到财产，成为私有产权下的一种制度强制。作为一种存量，财富在法律和政治意义上成为资产，转化为一种再次和持续获得新财富或垄断租的资本或者权杖。这种经济关系体现着基于财富的私有权而对社会关系的至高无上的控制索取和对规则的制定选择权，生成垄断租式存量再分配关系。正如死去的人依靠既已形成的制度而仍然能够对后来的活人加以掌控。①

（一）逐利资本的社会权力性质

通过社会交换而形成的价值分配，虽然根源于生产关系，但最终要体现为人与人之间在分配上的制度强制。资源的价值体现为资源主体对其他主体的一种交换、索取乃至强制的能力或权力；但对这种能力或权力的行使，需要通过形式不同的赋值与交易，最终结果却是各主体完成价值实现和再分配功能。② 由此，"金钱代替刀剑成了社会权力的第一杠杆。"③ 这是一种基于各主体之间的社会关系的法制规范化之下的社会性权力的规定。④ 因此，基于既有资源及相应的权力的持续动态性再分配，具有一定历史时期下的刚性。虽然在其中从事具体活动的当事人个体可能发生变化，但操纵此种社会分配关系的制度力量很难得到改观。因此，问题的关键在于该制度的韧性与持久性，而不是作为执行这种关系的代理人的随机性和易变性，或者代表财富的具体物品在形式上的易变性。只有将价值的内涵上升到此内核层面，才能真正承接和发展马克思的劳动价值理论，而不至于只抓住文本而仅限于对劳动与价值的庸俗性解读。这种做

---

① "死人抓住活人"，"死劳动"控制"活劳动"。（马克思，恩格斯．马克思恩格斯全集（第44卷）[M]．北京：人民出版社，2001：9-10，269.）
② 马克思，恩格斯．马克思恩格斯全集（第32卷）[M]．北京：人民出版社，1975：541.
③ 马克思，恩格斯．马克思恩格斯文集（第9卷）[M]．北京：人民出版社，2009：273.
④ 马克思，恩格斯．马克思恩格斯全集（第44卷）[M]．北京：人民出版社，2001：155-156.

法在现代经济学批判者中也存在,① 如一些研究者只能将权力的来源诉诸空洞的人性和欲望,将权力欲视为历史演变的动力,而无法将权力关系从其社会实践基础和社会历史性上进行科学系统性揭示,不能为社会实践提供客观、公正及可靠的见解与对策。②

例如,主观价值论从个体功利性动机和工具主义方法论解释价值的外在表现形式,却完全丢弃了价值分配中的权力与功能的载体,只能在思想政治层面上和谐化经济社会矛盾。该种理论范式无法从实践层面发现难以着手解决的问题:资源的所有者基于其价值的社会权力,不仅能够基于规模和杠杆效应,以集中资本、提升控制力,而且还可以通过利益输送和成本转嫁,追求现实的超常权益。这种问题通常可以造成社会关系失衡的态势:"不是生产者支配生产资料,而是生产资料支配生产者……每一种新的生产杠杆都必然地转变为生产资料奴役生产者的新手段";③ 同时也能够基于上述权力而形成对谈判和交易对手的"置信威胁",相应地增加自己的可选空间和潜在利益。超级垄断集团攫取政治权力谋求经济私利;④ 精英民主并不代表普通公民利益的问题,⑤ 但它们却要显示出资本集中和垄断之后的寡头内部的民主与平等,并对整体层面的经济私利和政治专断,这对整体长期层面的效率公平的侵蚀是致命的。

在既有根本制度不被改写的前提下,体制机制的任何扭曲性呈现,不是在弱化既有分配准则的效果,而是在强化其应对矛盾冲突时的韧性,即不断创新按要素分配的具体实践形式。⑥ 由此,分配实践活动的累积性势态推动收入分配这一根本性经济活动的方式方法进行适应性调整。当然这种有限性调整,同时也为增长与发展设置出了难以逾越的边界,正如社会鸿沟一样,不可能被及时和有效地消除。

① 乔纳森·施莱弗. 经济学家的假设 [M]. 邓春玲,韩爽,译. 上海:格致出版社,上海人民出版社,2019:70-73.

② 伯特兰·罗素. 权力论 [M]. 吴友三,译. 北京:商务印书馆,2012:1-7,222-248.

③ 马克思,恩格斯. 马克思恩格斯文集(第9卷)[M]. 北京:人民出版社,2009:308.

④ 列宁. 列宁全集(第27卷)[M]. 北京:人民出版社,2017:323-439.

⑤ 托马斯·戴伊,哈蒙·齐格勒,路易斯·舒伯特. 民主的反讽:美国精英政治是如何运作的(第十五版)[M]. 林朝晖,译. 北京:新华出版社,2016:1-24.

⑥ "财产破坏着精神上平等的一切要求。私有制以只要是人能想出来的种种最不平等和最专横的方式分配财富。"所谓的致富方法,不过是既得利益群体的特权,他们正是在维护私利的制度的帮助之下"迫使他人"为其工作。(葛德文. 论财产 [M]. 何清新,译. 北京:商务印书馆,2013:21.)

（二）垄断的汲取性而非共容性生产与分配

资本主导之下的社会生产，"是否盈利"是其决定性尺度，"盈利的多寡"决定生产者积极性的大小。因此这种生产并不主要取决于社会"是否真正需要"。特别是当这种生产方式进入程度不同的垄断阶段以来，凭借垄断地位而谋求垄断利润以达"旱涝保收"，不仅加剧财产占有和收入分配的差距，而且对生产积极性和社会福利增进，都可以并且必然会缺乏兴致。垄断厂商通过"限产提价"的方式，以谋求厂商自身的最大化的垄断利润，而其他所有选择都要为达此目标而做出妥协和改变。因此，资本垄断主导下，中产阶层的社会地位下移，1%的最富者群体与99%的人成为矛盾对立的双方。

"市场失灵"凸显资本与市场体系的内在矛盾性。面对社会整体对效率公平的巨大需求缺口时，学者们更愿意以"市场失灵"以对；而作为服务于逐利资本的契约政府，不仅难以改变资本逐利的本性，反而作为从事政府部门工作的公职人员本身，更是最大化其个体私利的理性人，即以"政府失灵"以对。由此，"将自由视为目的和手段"，以公共的名义执行理性人私利最大化诉求的政府，① 正以合法的方式侵害其他人的利益与自由竞争，并给整个社会带来非理性的结局。概言之，市场与政府因遵循同一制度下的理性行为规则，在市场与政府同时失灵之下，毫无应对和解决分配失衡问题的对策、途径。

资本的社会结构决定政府的结构与功能。契约政府由此成为私有产权的附属，而绝不是一个真正代表公共利益的独立主体，反而对其幕后的利益实体产生高度依赖。垄断与反垄断，不是停留在纸本上或者能够轻易消失，而是以隐蔽的方式存在着。应对市场失灵问题的政策选择缺乏效率公平性。生产、分配的失衡交互促进，使得以资为本的生产方式所带来的失衡与对抗，不再局限于周期性经济危机，经济增长和社会发展处于低速度徘徊的境地，甚至引发地区贸易摩擦、激起政治动荡乃至军事冲突，以及引致当下"逆全球化"问题。这是一些国家缓解国内政治危机的经济手段，即以一种技术层面的短期化应对之举造成全局战略性选择的缺失或失败。因为企图改变由根本性制度所决定的矛盾失衡问题，显然只是抬高了各方面的成本，降低其国际竞争优势，却没有从宏观整体长期性战略高度根本性地解决问题，不能实现理论与实践所追求的共容性增长与长期可持续发展，最终放弃旨在惠及全体人民的合作与发展的广阔

---

① 米尔顿·弗里德曼，罗丝·旨里德曼．自由选择［M］．张琦，译．北京：机械工业出版社，2015：287-314.

空间。

三、基于历史与实践的检验性考察

（一）封建土地私有制的政治周期效应

从中国丰富且漫长的古代史中可以看到，封建主义基本矛盾运动是王朝更替的内在驱动力。改朝换代这一极具周期率性的历史呈现，绝非表明重大事变的个体偶发性。纵观其周期演进史可以发现，土地不断高度集中与皇权相应旁落和滥用，其实质正是经济权力与政治权力不断集中，造成经济社会矛盾日益尖锐化的外在表现，而这正是土地私有制主导和自我强化之下的封建王朝改朝换代的根源。

土地集中于地方地主这一不可遏制的势态，分割着朝政的整体统一性。其影响主要体现在，一是经济上削弱国家整体的经济能力，二是政治上架空皇帝变法改制图存的权力。因此，土地私有制之下的封建主义，只有依靠新朝代之崛起，进行土地再分配，恢复土地适宜的分散程度，但土地集中的趋势必然又要因为私有制而不断积累。因此，基于土地的地主占有制，在每一个朝代之内，以及朝代更替，无不与土地的兼并与反兼并有深刻的关系。① 从开国伊始的土地再分配和相对均等化占有，继之而来的就是土地渐趋集中，其间虽有皇帝基于江山社稷稳固的考虑而选择抑制土地过速和过度集中，如均田制，但在土地私有制的支配下，皇帝的均田愿望乃至政策终究要归结于失败，最终皇权压制不住土地集中势态中的最大赢家（不断富庶起来的各地方地主财阀），改朝换代势不可挡。

土地私有制之下的权力集中与改朝换代的互动，正是不断对土地集中问题进行强制松绑的"再分配"过程。对于一个既定朝代而言，这是土地占有及收入分配严重失衡的长期持续，却无法必然实现相对均等化的主观愿望；而对于整个封建制度而言，这是完全基于土地私有的封建农耕对以资为本的商工时代到来的拼死扼杀。显然，土地私有之下的收入分配，是一个具有内在稳定性和深远影响的关键性因素，给商业工业大发展时代的到来设置了最为严苛、不能轻易突破的外壳。盛唐之后的封建主义私有制，也由此趋于没落、失败和万劫不复。

---

① 《中国经济发展史》编写组．中国经济发展史（公元前 16 世纪—1840）（第一卷）［M］．上海：上海财经大学出版社，2019：189.

（二）资本主义私有制的经济周期效应

私有制占统治地位，使波动与失衡成为挥之不去的常规性病态。封建时代将所有的当事人置于周期性改朝换代的政治危机之中，资本主义将更大范围的行为主体置于周期性的经济危机之中。当今世界仍有"贫者愈贫恒贫、富者愈富恒富"的"马太效应"。财富增长之中的分配趋于极化，使人权受制于物权，人的发展屈从于既定制度的强制。

人们在摆脱土地私有制束缚的同时，又将资本逻辑作为枷锁，为发展设定边界。当今人们所拥有的大部分知识理念，都是源于资本主义兴起以来的认识论与制度强制。在供给相对短缺的条件下，对私人财富和个体效率的无限追求，迫使"所有人反对所有人的战争"① 式的竞争变成最为基本的常态，不仅存在人与人之间的竞争，人与自然之间的竞争，而且这种极端性远远大于彼此之间的内在协调一致性。将本来的整体性变为整体的对立面，这就是社会个体的异化、自然的异化、生态的异化。它虽然保护个体局部性的利益，却伤害整体和长远利益。社会的融合机制丧失，人与自然之间的和谐相处机制被打破。这些源于短缺时代人们对物质财富的个体性价值追求被普及为社会整体所复制，个体理性的局限也随之放大至社会整体和长期。

资本驱使下的周期性经济危机，资本主义大国的崛起与衰落，表明这种制度体制机制本身也存在难以克服的历史周期率。以资为本、按资分配的制度体系迫使大多数人被剥夺独立自主选择和充分就业权利，从而依附于另一部分群体和机构，这种失衡的强制关系束缚了人们的自主性、创造性、积极性，对生产力的发展和人类社会的全面可持续发展形成根本性的约束，不能形成普遍的和持续性的繁荣。

但是依靠将贫富两极分化做到无以复加的地步，束缚大多数人的消费能力与生产潜力的极端方式，虽然实现财富权利的少数人垄断性占据，造成收入分配逆向转移，分配差距不断拉大，但又让人们对此熟视无睹且只能安于现状，②这并非所谓的均衡效率及稳态。事实恰恰与之相反。失衡与再平衡的周期性波动已愈百余年，至今不能摆脱，但它足以将不可一世的大国、强国挤出世界的

---

① 霍布斯. 利维坦［M］. 黎思复，黎廷弼，译. 北京：商务印书馆，1985：92-101.

② "现代文明一方面闪耀着灿烂的华美和光辉，另一方面又隐藏着黑暗的贫困和罪恶。翱翔在灿烂天空的，千万人中不过一人，而辗转于阴暗沟壑的，却是世界人类的大多数。这难道是我们人类值得自豪的吗？"正所谓"遍身罗绮者，不是养蚕人"。（幸德秋水. 社会主义神髓［M］. 马采，译. 商务印书馆，1963：6，9.）

中心。这不过是历史周期率在时空和政治经济等更多维度上的持续展演。

四、简要小结与启示

历史发展到今天，唯有站在唯物史观的高度，对私有制驱动之下的轮回式矛盾运动规律加以深究，才能发现历史周期率这一鸿沟的存在性与超越它的必要性、价值性。

近代史开始于自然经济面临商品化冲击和市场化驱动，并以工业化驱动下的现代化为载体。整个趋势就是把封建集权和专制体系尽可能地分解成各个独立的个体，通过分权制衡，以最大化分配私利。随着财富和权力不断地在另一种阶级、以另一方式进行生产和集中的强势展开，社会必将再次重组为少数垄断主体，以向经济专制和社会分化与解体的复归。结果又是一种近乎轮回式的反复。

自由资本主义时期的分权制衡形成早期的政治上的相对稳定与经济周期性危机相并存。但在过剩、危机、垄断综合作用之下，经济层面分化必将侵蚀政治及社会其他各层面的稳定性与可持续性。以资本为本的私有制对以土地为本的封建主义的替代，并非质的改变，只是量的积累，并加剧了矛盾的转移与扩散。这种转变的文明性体现在，把有形枷锁升级为无形锁链，使制度有了更强的灵活性与韧性，其强制性并未消失，反而在加强工具理性对社会的价值理性的扭曲，人的对象化与异化的问题远未被解除，增长与发展被锁死于有限的空间。

然而，面对矛盾的固有性而无法科学揭示和正确解决，有关生产、分配、交换及消费的矛盾与运动规律，有关人与物的矛盾对立及制度强制性等问题，只能以"天命"加以解释，比如，封建时期的"君权神授"、资本主义时期"私产神圣"，均能得到"神圣性"和"永恒性"的肯定和维系。这不是将科学进行到底，只不过是科学的庸俗化和意识形态化；而无论是封建皇权，还是资本主义契约政府，不过是上述制度的衍生品而已，它不可能助力人们突破并摆脱制度局限，实践人的主体地位性。因此，在传统制度驱动之下的逆向转移机制得不到遏制的情况下，社会整体既不可能摆脱历史周期率的陷阱，也不可能实现发展进程中的质的飞跃，只能以各种周期性危机的爆发寻求新的因果轮回式的徘徊与迟滞，从而使人与社会及自然的关系继续扭曲和异化。

第五章　收入分配逆向转移的微观机制

资源赋予资源主体以生产和分配的主导性权力；而资源相对匮乏的人们，仍要接受冷冰冰的制度和规则的强制与约束。资源对于资源主体的社会意义在于，它已经不再简单地表现为静止或均衡的"中性"数字或符号，而是借助甚至强制其主体所具有的社会影响力，放大各主体间的社会差距。[①] 不平等是异质主体的个体理性选择起点，也可能是一种具有很大广泛性的实事性结果，但它绝不是社会整体性和长期的理性追求。

第一节　非对等性分权

"资本不是一种个人力量，而是一种社会力量。"[②] 异质主体的行为能力和被社会所赋予的权利，并不是无源之水，而是基于其对资源的占有和掌控而持续获得的。显然，资源赋能不仅因资源有其自然属性以助长自然人行为的影响力，也因资源主体社会属性扩展至法人实体而近乎无限地放大社会影响力。

一、资源的结构优化

所谓的"法不禁止皆可为"，为资源主体赋予行为差异性和异化的相对优势；而近现代的法哲学及法经济学的逻辑同样支撑这一失衡势态，表现为各主体所要实现的资源结构的动态优化之紧迫与必要。

---

① "货币中，表现出异化的物对人的全面统治，过去表现为个人对个人的统治的东西，现在则是物对个人、产品对生产者的普遍统治。"（马克思，恩格斯. 马克思恩格斯全集（第 42 卷）[M]. 北京：人民出版社，1979：30.)

② 马克思，恩格斯. 马克思恩格斯文集（第 2 卷）[M]. 北京：人民出版社，2009：46.

（一）结构优化的必要性

资源在自然与社会功能上的主客观差异，赋予资源主体对其所掌控资源的结构进行优化的可能与必要。各理性主体之间的风险、成本及收益结构分布，皆依据彼此之间的资源分配格局而定。从消费者对不同消费品的搭配选择，到生产者对不同生产要素进行的不同组合，以及不同组织机构对不同社会行为的选择，均体现其基于资源差异下的结构优化配置，实现预期目标的优化。政府规制和政策选择，同样也会影响到资源权利的结构转换，以达到"趋利避害"的效果。从理性主体对风险及监管套利的需要来看，他们将资源进行类别和形式的转换，也是实现其理性选择优化的途径。

作为特定的资源个体，如具体到某一种商品，则因其具体性特征，所能赋予产权主体的功能具有单一性、有限性。因此，作为资源总体的综合性和各种具体资源的可变换性，各类资源在自由兑换上的便利性，使得产权主体可以自由地收获资源所能赋予其最大化的自由选择与行为能力，并将这些自由与能力变现为各种创新性收入形式。在亚当·斯密看来，将各种资源进行交换，以实现更多用途和更大便利，也是平等自由交易的人们所具有的特殊长处，并且会因为交易而普遍受益。[①]

作为资本集中条件下的垄断厂商和特殊利益集团，它们的目标绝非仅限于追逐有限的物品的使用价值，而是基于这一使用价值进一步获得价值及其衍生的社会权力，即从对有形的物的占有（控制）上升到对无形的制度选择权的掌控。由此，自由竞争和短期条件下的不确定性支配下被动地位的个体必然要被普遍的相对过剩滋生的垄断实体主导地位所替代。后者可以选择对社会和政策形成有利于自身谋利目标的"善举"，如慈善捐款[②]；更可以主动选择与政府长期合作，试图获得国家政权的部分力量，即"经济权力同时也意味着政治权力"。[③] 当然这只是一种资本与权力之间必然会发生的博弈和交易的行为，其实质仍然是其优化资源结构的理性选择，是将市场不确定性降到尽可能低的水平。问题可以更进一步扩大："政治精英"与"经济精英"交相呼应和合作，凌驾

---

① 亚当·斯密. 国民财富的性质和原因的研究（上卷）[M]. 郭大力，王亚南，译. 北京：商务印书馆，1972：5-21.

② 戴维·罗特科普夫. 超级精英：看6000人如何操控60亿人的世界 [M]. 王林燕，译. 海口：南海出版公司，2010：154.

③ 鲁道夫·希法亭. 金融资本——资本主义最新发展的研究 [M]. 福民，等，译. 北京：商务印书馆，1997：389，429.

于由他们所主导建立的法律制度，还能通过系列的"神操作"，僭越民主、践踏平等，达到在全球范围内的剥削、统治和异化人民的目的。[①] 特别是金融行业，它的价值总量、波动程度，以及涉及的领域已显示出它在经济社会中的影响力越来越大，成为经济主导者，更是作为敏感和强力的价值引领者和分配者，而非首先作为财富的创造者。金融资本的高度灵活性、流动性以及垄断性、全球化，形成资本权益在全球范围内支配分配再分配关系及其权益的实现，并将这一行为规则化、制度化为更大程度和范围的按资分配的关系，体现其微观和短期效率性的个体理性选择——资源结构的优化与能力强化。

对包括理论和舆论在内的意识形态的调节和掌控，是"硬实力"所需要依托的"软实力"，两者联合增效、交互促进（其积极意义不可忽视）。因此，对于深信"边际递减"常识的"理性人"而言，至关重要而且势在必得这种协同增效功能。然而，问题不在于各类研究者的认识差异和多元性，而是这些差异化的认知对人类共同性选择所施加的影响并不具有均等性，不能形成公共性战略决策，而是将选择长期偏向于拥有强势地位的既得利益群体。正是各方面的名义上的自由竞争关系机制，将增长、效率、福利等优先选择权主要归属于强势的少数主体性阶层，并以意识形态化的理论进行实质上极为狭隘的辩护，迫使人类自身及其发展长期陷入困境。强势主体依据其影响力，实现思想理论的"优胜劣汰"机理，像放纵资本的民主一样，将自由平等严格限制在资本制度体系可测可控的范围之内。

例如，金融市场中的一些庞大机构通过创新金融产品，形成影子银行，既要对既有规则进行规避，还要基于独立地位而创新复杂交易规则，以实现最大化剥削性收入。[②] 生产方式的变革，产业形式的转移与转化，体现出原有的状态的失衡与向新格局转换的必要与选择；新格局的打开并非旧的失衡收敛于均衡，而是继续向新的失衡累积能量。因为在这些转变与转移的进程中，变化的是具体的时代和生产与分配实践的载体，而不变的是驱动这种形式转变的社会权力：由私有制赋予所有者的主导性分配和再分配能力的社会性权力的对决。

在产能过剩、有效需求制约增长的制度局限下，无论是个人还是整体的消费投资，已经不是简单获取"效用"的个体行为，而是一种被强制性的、令人

---

① 蒂埃里·布鲁克文. 精英的特权 [M]. 赵鸣, 译. 海口：海南出版社, 2016：2.

② 约瑟夫·E. 斯蒂格利茨. 重构美国经济规则 [M]. 张昕海, 译. 北京：机械工业出版社, 2017：49.

反感但又不可自拔的义务。① 特别是在人们不具有主体地位时，其经济行为从属于社会制度的强制，即人们的生产从属于资本增殖需要，其消费也是资本运动的必需环节。即使能够增加生产效率的发展手段创新，也成为制约进一步发展的障碍。但是这种困境并非成为所有主体获利的限制条件。对于强势垄断资本所有者而言，通过对政治局势施加影响的途径，将各种成本和权益按照实力对比进行分配和分摊，以对冲和规避各种新政策的实施。

随着时代变迁，后发国家城乡"二元结构"中的各方面指标数据发生了一系列的变化、改善，但这可能只是发生了"形式之变"。在某些关键的指标体系上，如就业、收入、民生、教育、医疗、住房、社会保障、发展机会等，城乡之间的差距仍然是"实质难变"；② 产业结构"避实向虚"、金融房地产化，以及电（网）商、互联网金融兴起等。这里的问题是，通过原初的单一产业向即将完成的多元化跃升，再向未来最具投资前景的任何行业拓展渗透，实现"华丽转身"是不容易的。这些转变过程不乏违法乱纪、违背道德的行为手段的"灵活运用"，以快捷有效地达成最大化（但仍可能是不当、不法）的目的。这些产业及其组织的演化过程，均体现为各类行为主体的多种资源之间的相互转化和结构优化的实践展现的内在需求。应对结构问题时的结构调整战略决策对党和政府的公共选择机能提出很高的要求。

（二）结构优化的可行性

资源结构的转换与优化，主要通过形式各异的交换来实现。基于各自独特的资源禀赋而进行的有目的的交换，既能形成各类主体之间的社会依存或依附关系，又能形成各类主体之间的社会权力与利益的分配制度体系。从资源到规则，到社会权力乃至国际范围内的权力赋予，从规模到杠杆到定价权，再到对再分配的抵制和对改革的对抗，以及国际霸权，这是由资源对于资源主体而言的特殊性与可交换关系所决定的。

自然资源与社会资源在资源主体的选择配置下进行各类转换，达到功能提升的效果。当然，这种基于结构转换而提升功能的优化机制，本身并不是对市场均衡论的照搬，它不是基于效用与均衡，也不会终结于效用与均衡，而是基于自然和社会属性而具备的赋能机制。

---

① 让·鲍德里亚．消费社会［M］．刘成富，全志钢，译．南京：南京大学出版社，2014：49-69.

② 陈云松，张翼．城镇化的不平等效应与社会融合［J］．中国社会科学，2015（6）：78-95.

由于单一资源的赋能机制存在理性能力增量递减的一般特征，而各类主体正是基于各类资源的差异性与可流动性，进行结构转化和优化，实现行为主体及其能力的多元化与增强，即推动"资源—理性—权利（规则）"三者之间顺利完成转化。由此推动了资源内部结构动态优化目标的实现，充分体现和维系资源主体之间比较优势的差距加大，这为各主体预设非对等博弈关系和再分配规则，强化资源赋能和按资分配的社会性强制规则，打破由资源、信息外生性假设所带来的理论与政策研究上的缺乏实践意义的困扰，从而将资源结构优化并强化赋能机制内生化。

（三）结构优化的局限性

对资源的流动性、可交换、可兑换性的政治与经济要求，正是基于资源优化配置中对平等与自由的价值诉求。就实践具体而言，资源结构优化并非被限制于同一资源主体对其自身所掌控资源的结构进行转换优化，资源也会引诱其主体参与串谋结盟，实现不同资源在不同资源主体外的结合，建立与共同的竞争对手形成攻守同盟的特殊利益共同体。这同样是资源结构优化、达成资源最优结构目标，也是超越个体资源总量与结构的局限而实现资源社会化结盟的实效。理性主体由自然人个体向团队、组织、机构、法人实体过渡，以社会化的方式延长或放大特定主体个体的功能与势力范围，形成对社会分配和再分配的持续影响力。

但是，绝非所有资源的结构皆可优化。这有其自然与社会两层基本约束。对于自然资源而言，资源主体之间的差距问题，不仅限于自然资源本身的局限，而且社会性约束条件也可以构成资源优化的最终障碍。例如，所谓的"资源诅咒"悖论，说明资源结构转化失败所带来的悲惨结果；而与之相反的情形是，一些自然资源禀赋贫乏的国家，却取得了相对于这些受到诅咒的国家地区更为"成功"的发展业绩。如此，正反实例证明这样的发现：特定的资源虽然赋予其资源主体以某种优势，但是这种优势并非必然转化为具有通用性质的社会权力，包括对该资源的垄断定价权和对其他资源的索取权力。这是因为对于这些特殊的资源的需求是广泛而且必需的，因此对于更大范围内的整个需求方而言，则早已组合成垄断势力集团，获得定价权力。其结果就是，一方面，在资源谈判和交易中，卖方的价格被压制，资源主体的产业结构单一化，投资、增长及发展等决策的短期化等所谓的"诅咒"——应验；另一方面，在理论家的理论中，将这些诅咒之罪名罗列给那些自然资源，而不是不平等的资源主体及定价权关系，显然是有意而为之的偏向。

　　总之，资源结构的优化是给定制度前提下，各类主体在思维方式、技术进步、组织机构变迁、垄断强化等方面所形成的人与人、人与自然等关系的内在演化过程。而从其社会实质看，将封建社会中的各种特权和法律废除，一并简化为金钱关系，再以金钱的多寡重新为各种社会关系赋值定价，以市场和交易中的"平等"的外表，掩盖资本永续谋取垄断租的本质需求。① 这是基于资源赋能前提下的资源结构优化的实质性表达，是解决货币的"边际效用"和"边际报酬"的"规律"所造成不利结果的途径。显然，将权力兑现利益的实质并未变化，只是披上了"现代""科学""文明"这种华丽的遮光罩，将问题的实质与普通大众隔离开来。同时，这种对社会权力分配的投机套利行为，并非没有极限与局限。这种边界性为人们对其加以引导和限制提供了可能。

二、资源的赋能机制

（一）资源赋能的实践特征

　　对资源赋能的自然与社会机制的关注，并非始于近代。在封建主义开始不久，就受到高度的关注和开创性研究。不仅有极其精彩记述和研究集中于司马迁的《史记·货殖列传》，还有《盐铁论》这样宏大和广泛的辩论。1800 多年以后，以资本主义制度兴起为标志的近代，对此类问题的关注，特别是对物品的用途、使用价值与价值的界定与争议中，突出的代表有亚当·斯密②、大卫·李嘉图③，以及马克思④。实践发展到今天，特别是普遍相对过剩及其滋生的垄断问题，是以上所有理论家、历史学家所未能经历的问题。通过实践的历史性比较发现，不同历史阶段之下的生产分配具有不同的问题重心。当今的重心是基于物品的社会属性即价值分配功能，大于基于物品的自然属性的使用价值功能。这是对生产过剩条件下普遍而且持久性价值实现困境的理论反响。特别是马克思对资本制度的关切和深究，发现代表着产权主体对社会所能行使的权力，具有一种像货币一样的抽象性"魔力"，对在市场上演的虚伪的平等自由论论调进行揶揄和揭露。⑤

---

① 马克思，恩格斯 . 马克思恩格斯全集（第 2 卷）[M]. 北京：人民出版社，1957：647-648.
② 亚当·斯密 . 国民财富的性质和原因的研究（上卷）[M]. 郭大力，王亚南，译. 北京：商务印书馆，1972：26-58.
③ 彼罗·斯拉法 . 大卫·李嘉图全集（第 1 卷）[M]. 郭大力，王亚南，译. 北京：商务印书馆，2013：5-13.
④ 马克思，恩格斯 . 马克思恩格斯全集（第 44 卷）[M]. 北京：人民出版社，2001：47-78.
⑤ 马克思，恩格斯 . 马克思恩格斯全集（第 44 卷）[M]. 北京：人民出版社，2001：204.

基于资源的排他性而形成私有权益再分配原则，是资源形成社会性权力的实践基础。以非对等的权力基础执行再分配权力，而不是基于平等的人权，是对等的强势阶层内部分享的群体特权。① 基于物质与技术的绝对优势，可以实现其个体能力的自由发挥与拓展的第一层次的目标；但是作为社会主体，它还存在于各类群体之中，基于使用价值的比较优势形成价值分配势能，形成对两者之间差距的维持和对缩小差距的任何可能性的阻滞（戈莫里、鲍莫尔，2000年）。②

例如，由于历史与现实的诸多原因，国家之间的强弱对比和由此决定的不对等的国家间关系，是再普遍不过的。③ 无论是"二战"后的两极世界，还是苏联解体后的多极化世界，美国一直是其中的一极。美国取得这一极的基础，从结果上看，一是对物质资源与技术的强势掌控，二是基于这种别国无与伦比的相对优势，形成全方位的霸权，即在群体中形成一种超强排他性的、构成长期持续的再分配效应的社会权力，以对其自身实力及利益的拓展和维护。④ 始于2018年上半年的中美贸易战就聚集在两国未来产业和技术的世界领导地位的争夺上。由此可以看到，主体之间的差距的存续乃至扩大，既是它们不断努力维持的结果，也是其维持既有分配格局及权利再分配的根本诉求。

（二）资源赋能的条件限制

资源体现出经济权利或理性行为能力。不同行为主体在诸如政治、经济、社会、历史等社会层面所形成的理性选择空间与行为能力上的差距，源于资源占有和使用所形成的主客观功能效用的落差，它不会仅限于功利主义话语体系下具有同质性特征的主观心理评价（效用或福利），还是一种具有后续和持续经

---

① "平等地剥削劳动力，是资本的首要人权。"马克思，恩格斯．马克思恩格斯全集（第44卷）[M]．北京：人民出版社，2001：338．

② 先进国与落后国之间的共同性贸易利得，在于两者之间长期存在或保持显著的差距。（拉尔夫·戈莫里，威廉·鲍莫尔．全球贸易和国家利益冲突 [M]．文爽，乔羽，译．北京：中信出版集团，2018：55．）

③ 这种情形正如下述描述相近，即"欠发达国家"陷入了一种困境地，就是它们虽然获得了政治上的独立，却没有获得经济独立。因为它们在不同程度上服从富国的经济需要，并且被迫听从富国的政治指挥；同时，只有生产能力提高了，才可能获得经济独立，在短期内没有办法摆脱这种困境。（劳埃德 G. 雷诺兹．经济学的三个世界 [M]．朱泱，等，译．北京：商务印书馆，2013：119．）

④ 实现这种实质目的的方式却是以民主为幌子，时刻保持着进攻的状态，以专制的方式，向世界兜售民主，这是美国的民主行动。（约翰·基恩．生死民主 [M]．安雯，译．北京：中央编译出版社，2016：683-693．）

济效应的具体事物。① 对于那些由非常资源赋予非凡能力的行为主体而言，其认知、学习、进步的能力以及可选择空间都能够被相应地提高和放大（如通过适当的机制设计和制度选择，并有目地地干预公共选择），这种具有排他性的行为能力，在政治经济层面成为社会性权力。相反，如果人们在资源占有使用上贫乏，就会造成此类主体的公共物品可及性相对更差，其"发展机会缺少""发言权缺失"和难以抵御风险冲击等各类"脆弱性"，更加难以实现规模与杠杆效应。因此，所谓的"高手在民间""千里马常有"而不能被及时发现和培养，这些高手没有及时被凸显并发挥其应有作用，正是因为他们所面临的机会太少。

在人类摆脱供给严重短缺和绝对贫困的束缚，从而有可能进入相对过剩且相对贫困的新时代，这并不影响资源差异对行为主体构成的影响持续存在着相对应的差距，只是外在形式发生了改变。正如枪支合法化与股权多元化，并没有改变力量格局本身。一些坚持私人持有枪支合法化的国家，并没有让这些枪支出现属于普通人民的政权，但是在过去某些时代却可以。现在不可以发生革命性变动，不是枪支不能用或不强大，而是显而易见的原因：当权者拥有比私人持有的枪支更强大更系统的武力体系。这就是两者间的差距在起着决定性作用。

行为主体的理性选择已经并非主要取决于自然人天赋和资源禀赋水平的"绝对高度"，而是主要受制于他们之间所掌控资源的"相对高度"（或所谓的"比较优势"），即要实现与其相对能力相匹配的状态，体现异质主体之间的社会交互关系，控股权做出了极好的样板；在资源赋能功能的作用下，党政各级的职责定位与功能发挥，无不受制于各方对资源和权利的掌控的相对程度，而不是纯粹依靠政客们的情感表露、流利口才和精湛演技。因此在执政的党派组织没有代表公众利益的经济基础支撑的情况下，这种尴尬的情形就决定了此类政府通常如此悖德行事：重在空口许诺，擅长政治表演，最终决不落实，也就是竞选口号与选民初衷总是相背离的。由此看来，异质主体的差距，公共选择的有偏性，成为资源赋能的重要限制力量。

（三）资源赋能的实践途径

多元化社会发展的成果，要转化为资源扩张中的全面展开，体现为效率与公平兼备前提之下的资源赋能的全方位实践的创新。

---

① 邓大才. 通向权利的阶梯：产权过程与国家治理——中西方比较视角下的中国经验［J］. 中国社会科学，2018（4）：42-66.

1. 增强资源可流动性

依历史与实践可以发现，近现代的开端，显然是以资本主义的到来为基础性标志。商品经济对自然经济的胜利，将资本主义生产方式和资产阶级送上了统治地位。首先是贸易，其次是为了贸易而进行生产的商工时代，其存在和持续存在的前提之一就是资源（产品和劳务）的可流动性；而在此之后立即需要确定的关键性问题是，在讨价还价和交易时，交易各方的贸易条件、讨价还价及定价权是否对等？因为这是涉及交易是否能够长期可持续的分配问题。史实表明，不对等才是常态。

事实上，所谓的自由竞争、平等交易的法则并不是日常经济活动本身所体现出来的模样，而正好与之相反。自由平等法则不能够真正如法则所欲求的那种美妙局面示人，但是社会发展的结果却是以不完全竞争、垄断、国际垄断及其霸权为表征，展示贸易条件的不对等、定价权的不对等。

优越的贸易条件赋予贸易和交易中的优势方以相对更大的权益，这是以任何可能及的创新行动实施收入分配逆向转移的基础与保障。或许增加流动性还具有治标不治本的效果。

2. 放宽行业及区域的准入程度

在假定的自由竞争条件下，并不存在行业和地区的准入壁垒。从抽象逻辑上看，这是同义语的反复。但是从实际看，问题就很突出：政策上的确是任何主体都有自由进出特定行业及区域的可能，但是不是任何主体都实实在在地能够进出任一产业或地区。他们确实需要进军特定市场和地区时的准入"门票"，① 即资源禀赋的程度和地区开放程度。这个超越法律制度的经济门槛已经足够高，并且对平等自由的经济行动的限制，不仅随着集中与垄断的强化而不断加剧，而且也会随着地区差距的存续及拉大而构成更大的流动壁垒。

3. 提高抵抗风险及可再生产的能力

成本与风险，如果是一个可以孤立且准确度量的指标，那么将这种确定性的成本与风险施于不同的主体，其影响就具有不确定性了。因为不同主体的资源禀赋水平和同此水平所决定的理性程度与行为能力存在不同，并且这些主体和与之交易的对象之间的博弈关系也不是唯一和确定的。显而易见，将行为主体假定为同质主体的做法何其不妥！均等或随机分摊风险成本的假设，是极为

---

① 就进出产业而言，它们需要足够多的资本；对于进出特定地区而言，如落后地区居民向发达地区和大城市转移时，它们需要有足够多的诸如货币资本、人力资本等资质或所谓的"积分"。对这些条件进行条框性限制，其根源不外乎是经济上的资源水平的落差造成的不平衡，并试图进行强制平衡。

不负责任的。

具体而言，在风险暴露之下的脆弱性，如工伤、传染病（如肺结核、乙肝、新冠肺炎等），对于落后地区的劳动力而言，是非常危险且极为沉重的负担，但也可能是无法避免的问题；而对于这个世界的另一个孤立的群体，他们对此类风险根本不必在意，甚至根本就不可能发生在他们的身上。他们所面临的问题是能否在以下方面的大幅度提升：幸福感、生活质量、居住水准、健康寿命及全面发展？问题在于两类或更多类异质群体如何协同增效，如此才能共担社会整体的风险与成本？

4. 改善公共物品的可及程度

当人们急迫于将物品界定为私有物品以后，就会出现对公共物品的特殊需要。特别是当越来越多的物品作为私有物品而存在时，这里有两个基本的含义：一是生产物品的社会生产力有较大的提高，甚至出现相对过剩的情况；二是既然生产力所能提供的产品有过剩，那么多的产品划归为私有，必然意味着公共物品的相对不足，这种局面将如何影响社会再生产与分配呢？

公共物品如同公共机构，即使在私有制一统天下之中亦不可或缺。为公众提供不可替代的功能与服务，可及性就是衡量公共物品有效供给的最为基本的指标。那么可及性有两方面的制约：一是公共物品本身供给量上的不足；二是公共物品的公共性不足，特别存在异质主体差距的情况下，强势主体"化公为私"的可能性和能力远大于其对手，公共物品的可及性难以保证。显然，问题的关键在于为公共物品提供资源的公共部门是否具有足够强大的经济资源掌控和由此所决定的公共政策决策时的独立性。由此可知，契约政府与人民政府的能效恰恰相反。

5. 提高改革进程的可参与度

制度不变，虽然是均衡分析的基本前提，但不是历史与实践的表现与结果。对制度进行及时必要的改革，是对发展战略进行及时和必要的再规划与再优化，是基于矛盾论和非均衡的观点方法，是取得相对平衡稳定的根本途径。

改革与发展的决策者并非所有的主体，但是不能忽略所有主体及其差异性在事实上的存在。正是这些差距及其内生的矛盾，需要被正视和纠正，才有可能实现公众的共同发展，并确保发展能够在新的条件下的相对平稳。然而，要实现这种惠及所有人的改革与发展战略目标，就是需要独立和中立的主体成为推动改革和进行战略规划的决策实体，将公共选择置于由人民监督约束之下，使公共权力能够并且必须做到全面与统筹协调，以保障其选择的公共性质，让所有人在公共选择中具有事实上的全过程式民主参与，以将改革与发展置于全体人民的共同利益上，就是最大限度地惠及全体人民的全面可持续发展。

三、行为主体不对等

（一）理性主体差异性

现代市场经济体制的运行，需要基于三个基本的原则：法定私产，依托交易，唯谋私利。对于这些法律制度、体制机制的规定性，不能仅仅从道德情感层面进行抽象性的辩论，而是需要从造成这种强制规定性的经济社会条件来考虑。[①] 基于此，我们可以发现流行理论未能充分关切和深入研究分权、分利及分化问题：

第一，私有财产归属于不同主体，不同理性主体所拥有的私产总量及结构也不尽相同，各主体的理性选择空间与行为能力不可能长期对等、均衡、有效，这种格局不可能"自然"而"永恒"地处于均衡稳态。

第二，基于既定的资源分配格局和再分配制度架构，各理性主体在进行生产分配中追求私产增长、积累，同时也需要在各方面做出适应性调整，不仅改变其个体选择的方式与内容，也会选择影响及改变公共选择方式与内容，如游说和寻租，串谋及垄断，操纵市场及选举，以匹配他们各自的资源、理性及权利三间之间的互动关系的需求，维持其再分配关系的长期相对"稳定性"。差异化主体的各自理性选择共同性地完成收入分配差距不断扩大的内生性机制。

第三，如同其他制度体系一样，分权、分利及分化的体制机制既非"古已有之"，亦非"一成不变"，更不可能是自然而永恒，而是处于不断的质量互变之中。只要将研究对象放入历史的视野和实践之中，那么特定制度的变革、历史周期率、体制机制的改革优化，均有其内在规律性。在狭隘条件下的均衡就成为广泛条件下的失衡，特定分配制度的"均衡性"就是不存在的，而是要随着生产方式的变革而进行适应性改变。

（二）理性行为能力不对等

市场经济条件下，市场有序和持续运行的前提是分权。所分之权包括两个层面，一是对资源的占有（所有）权，二是基于这种占有（所有）权而派生出的资源配置权和收入分配权。前者是既有存量资源权益结构的内部转化与优化，后者是既有资源权益的增量的动态变化。

---

① 马克思，恩格斯．马克思恩格斯全集（第14卷）[M]．北京：人民出版社，2013：30.

从历史和现实来看，分权之下的资源分配，并非均等性地分布于各理性主体，从而造成各个理性主体之间呈现为非对等的经济关系。因此，人类社会总是能够被长期区分出等级、阶级、阶层，以及现代都市、落后农村，发达地区、欠发达地区，等等。正如恩格斯所强调的资本主义占有与分配的私有制性质。① 在这些错落有致的差异性分布中，各个差异性主体之间的关系也必将受制于财产权利分布的格局。正如斯蒂格利茨所言："在收入和财富高度不平等的经济体中，机会的不平等也就成了家常便饭。"② 这是由于资源分布差异导致优先权与定价权偏向于相对优势方③（记为 S，Strong），其与相对弱势方（记为 W，Weak）所构成的再分配关系具有确定性、动态性和持续累积性（图 5-1），这种既非随机过程、或然结果、亦非自发趋于均衡效率兼备的稳态内生于制度性。

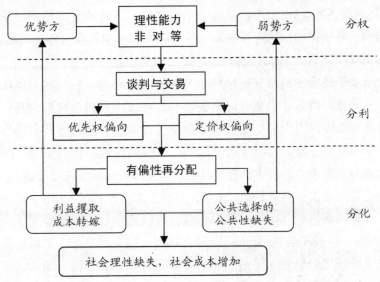

图 5-1 分权、分利与分化

理性主体差异化打破基于同质主体个体理性与整体理性相等价或替代的可能性。均衡范式与当今的制度基础及实践特征严格不符，表现在三方面：一是不承认执政党与政府及党政各层级责权利的差异性，而是将这些组织机构统称

---

① 整个社会"把一切权利赋予一个阶级，另一方面又几乎把一切义务推给另一个阶级"。马克思，恩格斯. 马克思恩格斯文集（第 4 卷）[M]. 北京：人民出版社，2009：197.

② 约瑟夫·E. 斯蒂格利茨. 重构美国经济规则 [M]. 张昕海，译. 北京：机械工业出版社，2017：3.

③ 本书基于异质主体非均衡分析框架，因此凡是提及"优势方""弱势方"，均是指谈判或交易各方之间在资源占有和使用方面的相对优势与弱势，而不是指代绝对意义上的优劣，更不涉及伦理、心理上的任何暗示或主观性歧视。

为"政府"，并将其行为视为外生变量，以侵害"自由选择"和"竞争效率"为由，反对政府干预，漠视社会公平；二是无视各行为主体在资源、权力、能力及绩效等方面所存在的差距，仍将其假设为"同质性"理性主体，并认为它们基于相同的理性程度与行为能力进行"平等协商""有效交易"；三是全面依赖边际法则（实质是数学上的"偏导思维"或外科医生的"切片原则"），以行强力分割财产权利之实，拒绝承认和不能解决不同主体之间的主客观差异，忽视权利能力与再分配关系的内在关联性，① 而是基于同质主体个体理性等同或代表整体理性，将个体和局部的短期均衡分析"简便"地"迁移"到整体长期均衡分析，最终将基于苛刻假设前提的"平等""均衡""效率"等抽象标签强贴在不平等、非均衡、非效率的真实世界上，竭力向世界扩散该范式框架的约束力，彰显其放任市场、放纵资本的内在失衡性质。

显而易见，旨在理论上的均衡建构而罔顾实践的矛盾与失衡，体现少数人（主要是强势主体）的个体理性诉求。然而，这种个体理性选择存在严重局限。一是坚持个体主义自由原则，借以反对政府基于大多数人利益的社会整体理性和公共行为。事实上，这只是1%的顶层人物的愿望和需要，不能完全否认政府公共行为的合理合法及必要性，更不能代表剩下的大多数人（如99%）对公共性的愿望和诉求。② 二是基于理性主体同质性假设前提，其理论无法得出理性主体差异化的结论，从而对外部性、规模效应无内生性解释，对贫困、不平等及不可持续发展等整体非均衡问题无知、无解。三是无视作为由共产党领导的社会主义中国，在经济基础、政治制度、文化传统等诸多方面，与西方的实际及其理论假设前提都存在根本性差异，均衡范式框架既不是基于中国的实际，也不符合中国大多数人的根本利益诉求，不能直接套用均衡范式以"规范"自己的行为，这有"削足适履"之愚。

四、基于资源差距的分配失衡制度

（一）按资分配的制度基础

依据资源实力对比进行分配与再分配，有其历史与逻辑的基础。这一基础表现为物权对人的自主权的限制。尽管政治问题专家愿意将政治权力看作社会性权力的重中之重，但是社会性权力的基础即经济权力不能继续被学术界所漠

---

① 王现林. 理性程度的异质性：基于从理论到实践的考察 [J]. 财经科学，2014（7）：61-71.
② J. E. 斯蒂格利茨. 巨大的鸿沟 [M]. 蔡笑，译. 北京：机械工业出版社，2017：69-101.

视。政治权力不过是特定群体基于其强势的经济权力而借由杠杆效应以放大其社会权力的结果。因此，学者波齐也不得不承认，社会权力主要取决于特定人群依据其资源的掌控权，而可以依照"自己的方式"使用其资源：从事有利可图的政治、经济及意识形态的活动。① 更有甚者，西方非主流经济学者将竞争中的不同主体之间的差异性定义为强势主体对弱势主体的权力性"统制"。②

事实上，在私有制占统治地位的制度体系中，物权关系决定人权关系，形成主体的社会性差异与能力差距。财富占有和收入的分配以及权利的支配并非均等性的分布，由此造成以物为尺度实现对人的区分和人的发展的差异性，而不是每个人的全面发展决定其认知、理解和行为能力的无差异。事实上，这些能力存在着众多显著的甚至严重的差别，从而不能使其对等、有效地谈判与交易，也不具有完整有效的可执行、可监督的契约关系。这是由于相对弱势主体在物权关系中的被支配性，造成了他们在签订契约时的不确定性和契约不完全，履约过程当中的不完整和道德风险，以及在事后问责过程中存在着认知与行为能力的差距，从而造成此类主体不能忠实履责。概言之，信息不完全不对称与契约不完全均具有共性原因：异质主体不对等及由此造成失信及悖德等风险。

当我们把地区性的契约政府架构和运行模式扩展到全球各国之间的关系的时候，这种问题就得到最大程度的扩散：作为国际协调者的公共组织，因缺乏独立的资金来源和强有力的正当合理性约束，而被其最大金主所掌控。这些最为强势的国际垄断集团基于强权政治和经济技术垄断权力决定分配和再分配的秩序与规则，造成国际层面的不平等、贫富差距、歧视隔离要比任何一国之内更为严重。

资源实力转化为分利制度与权力的逻辑，体现为财产权利决定个人的理性行为，进而决定着决策履责和分配达到了失衡性分配制度的内在稳定性和结构失衡的长期非可持续性。就此而论，所谓的"天赋人权""生而平等"，以及"民选政府"等此类言辞的初衷、造势与事实后果格格不入。

（二）按资分配的运行机制

继续参照图 5-1 所示可知，理性主体自主优化选择的前提是基于自身与对

① 贾恩弗朗哥·波齐. 国家：本质、发展与前景 [M]. 陈尧，译. 上海：上海人民出版社，2019：3-17.

② "如果 A 通过让 B 付出代价（或者威胁要这么做）的手段，迫使 B 按照有利于 A 的方式行动，那么 A 就对 B 拥有权力。从这个意义上说，雇主对于被雇佣者有这样的权力。"（塞缪尔·鲍尔斯，理查德·爱德华兹，弗兰克·罗斯福. 理解资本主义：竞争、统制与变革（第三版）[M]. 孟捷，赵准，徐华，译. 北京：中国人民大学出版社，2013：62.）

手的实力对比，确定优先权与定价权的归属，而不是同质主体对等博弈中利益"最大化"语境下的"最优"选择。例如，在非占优均衡博弈中，不同的先行者（随机分布）由于面临的激励约束条件（或所谓的"支付矩阵"）不同，最终导致不同的纳什均衡解和不同的分利关系。虽然这一逻辑无法确定参与主体中谁能获得优先权和定价权，但是实践中的真实案例[1]完全能够帮助人们轻易地确定优先权和定价权被优势方 S 所攫取！因为这既是资源结构优化的结果，也是资源优势在市场上的权益兑现的个体理性选择。[2]

从异质主体理性能力的差距看，由可选空间所决定的优先权和定价权既非对称也非随机分布于交易各方，而是由资源赋能机制所带来相应权利分配的因果关系决定，正如所有权派生出剩余索取权一样这种关系不再停留在抽象理论的美妙描绘中，而是具备了现实条件与实践过程，体现出失衡的现实严酷性和对根本制度的挑战。

第二节　非均等性分利

分权制度确立分利秩序。自由交易中的任何创新性分利行为，均能折射出其与分权体制之间的因果关系。依赖资源赋能，S 与 W 谈判和交易关系能够得以发现和实施；而交易目的的实现，则依赖于"据实分配"原则。这其中的关键环节是，S 的相对优势能够有助于其甄别、锚定 W，并且将这种优势转化为与 W 谈判和交易中的一个可置信威胁。在优先权和定价权的定向性分配上，S 被赋予的相对优势，表现在以下两方面。

一、优先权的配置条件

在谈判和交易的各方理性选择中，优先获得选择权与具有强势定价权的主体，相对其对手而言，是更为强势的主体。这种相对优势源于其资源掌握的程度远大于对手。

相对交易对手 W 而言，优势的资源赋予 S 更多可选空间，也就是 S 拥有相对更多的优先选择权。这种优先权首先体现在，他在搜寻交易对手时，可以并

---

[1]　例如，某服务类厂商自称"遍及全球"的"天价插队费"，以及"强制搜身"的不法行为，都极具非对等交易特征的性质。当然，此类案例也不会仅限于此一家。

[2]　事实上，针对天价插队费的"全球性"，人们似乎可以并且应该理解其行为的"正当性"。事实上，的确有不少此类呼声。

且倾向于过滤掉对等的潜在交易对手 S'（意图避免类似于完全竞争下的微利或可能的"零经济利润"），从而推出基于比较优势和优先权而设立的旨在降低自身不确定性和风险的菜单式契约，向潜在的、实质上处于相对弱势方发出要约，以甄别出并随后能够将其有效锚定的受约方 W。这种优先权的实质是，将非对等交易的对手群体作为谈判和交易对手，通过优先选择，迫使对方做出适应性调整，以达到发现和实现符合预期或与其选择能力相匹配的权益再分配的目标效果。这一结果，即被称为局部均衡的状态。从交易各方的整体看来，却不是皆大欢喜的理想状态，因此绝不是所谓的"稳态"。因为交易的各方处于各种条件不断变化之中，其间的不对称状态本身就是一种失衡状态，这是由其经济基础的内在决定的。

与常态性不对等分利关系相比，对等性分利只是一种抽象条件下的"特例"。在同质主体之间对等交易时，任一方并无充分的比较优势转化为可置信威胁，也就不存在 W 的理性能力被弱化问题。由此，信息契约问题带来的悖德行为、"科斯谈判"的效率公平性等问题的外生性、随机性就具备了内在逻辑基础，这就不会形成收入分配的逆向转移机制。

二、非均等性分利的制度强制

（一）参与分利主体的社会甄别

分利行为的参与与否，取决于谈判和交易各方之间的资本对比和由此决定的成本收益权衡。对于成本收益的比较的前提条件在于各方资源对比。这一先决性条件决定了定价权及权益再分配时的权限大小，最终有助于各方确定各自的真实成本收益情况，以决定是否参与这一经济博弈过程。

因此，相对于 S 的优先（定价）权强势而言，最终选择接受 S 发出的要约的 W，首先要基于自身相对更为苛刻的约束条件，还要附加来自对手 S 要约的限定条款之后的"次优选择"，他的可选空间因此被缩减。W 愿意做出如此利他（S）而不"利己"的配合性选择，看似不符合理性人最优化选择原则的动机，实则是因为支撑他实现更多可选择项的资源相对稀缺性（脆弱性）和对 S 的经济优势的特殊依赖性均为突出和紧迫。比如，庞大的房地产商与广为分散的购房客，数量有限且易于勾结的车企，它们与人数众多无法形成一致行动的消费者群体形成不对等的谈判和交易关系。由此，W 既然愿意并能够承担更多不确定性和风险来"接盘"，就必须在接受先行者 S 的既定菜单式方案（即使是"霸王条款"也可能会被迫接受）的前提下，再后行优化选择。质言之，W 的优化选择正是将对方 S 的优先选择作为自己理性选择的先决约束条件下的一种被迫式后行次优选择。

由上可知，S 基于其个体利益最大化（无须以交易对手 W 的利益最大化作为自我优化选择时的附加约束条件）而做出最优化选择，而 W 则正相反。因此对于强弱双方的交易结果而言，却是 S 主动地尽最大可能以获取 W 被迫让渡的个体权益。这种分利关系的实质是，S 的理性选择在获得其私人收益的同时，却也在事实上改变了 W 的激励约束条件、理性选择及收益状况，这已经构成货真价实的逆向转移。

（二）非对等性分利机制的强化

异质主体非对等经济关系普遍存在，特别是在缺乏信用体系有效支撑的情况下，W 由于无法获得对等性讨价还价的信贷资源、谈判筹码或权力杠杆，不得不做出与其现实资源实力相匹配的次优选择。但这并不意味着 W 乐于接受该不对等交易和分配方案，他们也可能选择打破既有制度规则和伦理道德。如果这一切行动都被严刑峻法所制止而无济于事，那就可以选择悲观绝望乃至自杀，[①] 甚至报复社会。

虽然 S 与 W 两者已做出符合各自约束条件的"个体均衡"（或局部均衡）的选择，但由于 W 在将 S 的最优选择嵌入自己的约束条件之后做出的"优化"选择，这正是 W 的自由选择空间被压缩后的"次优选择"。W 可选择空间的被压缩，源于据实分配原则，即在其现实选择过程中被内在地嵌入不对等分利环节；正是 S 多于 W 的选择权和索取权，构成 W 权益被 S 侵蚀和剥削的交互关系。

问题的麻烦之处在于，产生该问题的制度没有发生任何重要变化，相反却得到无政府主义的强化。因此，问题成为难以摆脱的难题，困扰着社会整体的效率公平性与可持续性。基于分权分利的原则可以判断，所有的行为主体均可能存在自强而弱的递减排序或社会分层关系，他们之间的分利关系维持着社会分化的长期态势，而自下而上的升迁与自上而下的沉沦同样艰难，理性主体的分化机制自我强化。

---

① 马克思曾基于法国可靠材料，讨论过法国社会的道德、风尚的腐朽和堕落以及常见的自杀，并认为这些问题源于当时的社会制度的强迫和扭曲。不改变这些制度，其他所有的努力都是徒劳的。（马克思，恩格斯 . 马克思恩格斯全集（第 42 卷）[M]. 北京：人民出版社，1979：300-317.）

（三）从暴力手段到政治操纵

政治是经济社会利益博弈时所必然依靠的权力手段。在封建时期，"蒙昧"之下的暴力和野蛮成为专制统治甚至改朝换代的主要手段。① 例如，唯有用被杀害者的头颅做酒杯才能喝下甜美的酒浆②，福柯笔下的"犯人的肉体"被施以极端酷刑③，或者如鲁迅先生所批判的"吃人的礼教"和"人血馒头"。④ 这其中所包含的是封建主义时代的愚昧、野蛮和暴力，都是极为突出的极权和谋利的特定形式。

在西方近代以来的自称为有教养的"文明人"看来，以科学、理性及文明⑤作为战胜封建主义酷刑统治镇压的武器，使等级社会蜕变为阶级社会，以合法的财产占有前提下的分权制衡和按资分配的立国立法原则，必然需要维护"按资源实力"进行"平等"分配的"自然"法则。这只不过是用简化的金钱特权完全代替森严的贵族世袭特权。⑥ 在他们看来，自然与永恒是同价位的，挑战这一原则的任何人都是异教徒。但是实践中的矛盾性总是存在的，不过这些矛盾又能被政治操纵所化解。从社会制度及其变革的历史实践中可以发现，生产与分配问题绝不是一个可以孤立地进行控制条件下基于抽象人性而实验的"科学研究"的学术问题，而是一个具体的社会历史实践的问题；并且基于实践就能轻易地发现，分配是一个基于制度的一种社会权力在利益获取上的一种强制。如果的确如此，那么均衡范式的实质与价值实难恭维。

既然资源赋予资源主体以行为能力，这种能力使用在政治上，也同样能够"大放异彩"。在生产与分配的非均衡性上，这是一个基本的势态与事实。但是在差距拉大的同时，这种拉大差距的社会法则不仅没有消失，也愈益难以受到抑制，而是能够持续地"创新增效"，这就体现出资源主体的政治操纵手段发挥

① 马克思，恩格斯．马克思恩格斯全集（第12卷）［M］．北京：人民出版社，1998：142-143.
　马克思，恩格斯．马克思恩格斯全集（第15卷）［M］．北京：人民出版社，1963：545-548.
② 马克思，恩格斯．马克思恩格斯全集（第12卷）［M］．北京：人民出版社，1998：251-252.
③ 米歇尔·福柯．规训与惩罚［M］．刘北成，杨远婴，译．北京：生活·读书·新知三联书店，2019：3-6.
④ 鲁迅全集（第1卷）［M］．北京：人民文学出版社，2005：444-456，463-472.
⑤ 米歇尔·福柯．规训与惩罚［M］．刘北成，杨远婴，译．北京：生活·读书·新知三联书店，2019：7-32.
⑥ 马克思，恩格斯．马克思恩格斯全集（第2卷）［M］．北京：人民出版社，1957：648.

了汗马功劳。① 无论是其正统经济学如何专业化地将其经济运行进行均衡永恒性美化，但都阻挡不住大多数人在面对失业、贫困、不平等等问题困扰时的困惑。当经济学的安抚作用失灵以后，基于经济支撑的政治操纵就是非常必要的手腕。从民选政府的优秀代表（如美国的总统大选）中不难发现，民选政府首先并不是代表大多数人的意志；其次，共和党与民主党的竞选，除了口惠而实不至的承诺一样多以外，前者胜选的基本手段，就是依靠远超对手的竞选投资资金数量。更多的资本投入，在资本社会中，必然要有更多的投资回报。这一法则，无论在正常的生产交换领域，还是在政治操纵的钱权交易中，都无法被拒绝。相关记述与分析可以参见美国著名经济学家、诺贝尔经济学奖获得者克鲁格曼的近作。②

无论采取何种手段，都是围绕既定制度下的剩余产品（剩余价值）的再分配。这与剩余产品的生产者并无直接关系，便也与社会整体长期理性有内在关系。

三、政府及政策的外在性定位

（一）自由竞争对均衡效率的虚假陈述

自由主义的主导性根源于资本的强势存在及其利益驱动。它们不考虑理想市场本身与真实市场之间存在截然不同的性质与功能，无视行为主体个体之间的经济差异和经济不平等，从而只关切如何质疑政府经济干预的正当性和有效性。③ 自由主义者有一个共同的辩护，就是对于违反理想市场的现实市场、理论政府应当发挥效率公平作用，但问题是现实中的政府是不可能做到理想市场条件下对理论政府所赋予的完美使命。因此，在理想市场、现实市场、理论政府和现实政府这四个维度上，他们总是在偷换概念，造成逻辑和命题的混乱，以

---

① "当我必须在人民和特殊利益集团之间投票选择时，我总是支持特殊利益集团。他们总能被记住，人民总是被忘记。" "有组织的利益集团（而不是'人民'）对政府日常工作有最直接影响力。公共利益只是一个谎言，而有组织的利益集团却存在于华盛顿、州首府以及市政厅的政治现实中。利益集团的活动，包括游说，通常受美国宪法第一条修正案的保护。"（托马斯·戴伊，等. 民主的反讽：美国精英政治是如何运作的（第15版）[M]. 林朝晖，译. 北京：新华出版社，2016：201-202.）

② 保罗·克鲁格曼. 一个自由主义者的良知 [M]. 刘波，译. 北京：中信出版社，2012：167-213.

③ 唐·沃特金斯，亚龙·布鲁克. 平等不公正：美国被误导的收入不平等斗争 [M]. 启蒙编译所，译. 上海：上海社会科学院出版社，2019：135-262.

达到其掩盖真实问题、维护其自身利益的目的。简而言之，"市场不会有错，而有错的只有政府""自由主义更是没有错，有错的是凯恩斯主义"。

因此，新自由主义的政策建议就是政府放任市场放纵资本，让每个人自由自在的交易和谈判，追求每个人的目标最优化，实现每个人的梦想，这就是所谓的"美国梦"。但是这种逻辑和结论的问题在于，市场不是有效的，主体之间的竞争是不完全的。因为在具体的实践过程中生成的社会化资本的集中生产需要更大规模来展开，并且实施一定的计划和管制，在这种情况下垄断的形成和不可逆转性是一个事实，是对现有市场极具挑战性的存在。这种垄断的存在，不是追求利润最大化而提供产品和服务，而是在不提供有效的产品和服务的情况下，还要追求垄断利润的最大化，它以垄断利润、垄断租金来替代产品和服务的有效供给。由此，社会生产进入一种非融合性发展，而且是汲取性增长的阶段。垄断性的企业组织机构扮演了财富再分配的功能，而不是一个财产生产创造共享的机构。由于其超强的影响力，迫使政府和消费者都不能对其制衡，这种理论还是在自由资本主义时期市场供给自主性的创造需求，收入和消费层面的有效需求对生产不构成严格约束的条件下。因而对市场仍然寄予厚望，反对政府干预，坚持最大可能的无政府主义。因此，这种私有资本与契约政府之间的默契不是政府干预市场，而是资本凭借市场干预政府。资本的实力远超政府的影响力，而政府、新闻媒体、社会舆论和普通居民对此却无能为力，只能依顺资本。对此有深刻看法的经济学和有良知的经济学家，并不能够改变社会整体的传统观念。马克思主义经济学的研究受到了歧视和限制，被边缘化。这也是资本主导下的矛盾不断失衡的另一个现实表达。

（二）契约型政府及其政策的外生性

作为被资本架空的契约政府，依靠票选而形成，受到货币选票的约束。然而竞争选票的不确定性并不影响作为强势主体对契约政府的内在影响和操纵。换言之，契约政府的功能只是为逐利资本的资本逐利行为提供最大可能的均衡的便利，以便于强大的利益集团进行权力制衡以实现利益均沾，预防权力集中和专制。

被排挤到内生经济系统之外的契约型政府，处在强势资本外围，依据经济发展的迫切需要而被动地提供外在性制度环境和其他公共物品。这种政府行为单调、单薄、乏力，缺乏整体长期实效性。政府和政策的外生性，即便能够发现经济长期增长的内在性质，但置身事外的角色功能定位根本无法内化到经济体系运行之中，不能发挥经济体系对其形成的潜在需要的关键作用。由于强势却有偏的理论与舆论坚持对个体主义及其效率目标的极致性追崇，一并对政府干预的拒绝，政府及政策只能是心有余而力不足。

公共物品供给不足造成公共性难以保证。财政货币政策所能发挥的作用，以及对公共性的保障，都难以实现。相反，这些因素成为利益集团相互博弈的目标和杠杆，公共政策只能在不同的利益集团之间左右摇摆不定。这助长了社会资本虚化和社会分裂的内在驱动力。政府及公共选择机制不能保证长远的战略规划和长期可持续性。即使作为一个独立的机构，形式上的独立和主观倾向上的独立，都不能转化为现实和稳定的独立性。因为它缺乏独立自主的经济基础和有力有效的政策杠杆。一个典型例子就是社会组织或联合国，由于没有独立的经济来源，而是依靠捐助和各国缴纳的会费，它的作用和功能的发挥都要受制于经费交纳主体的特定倾向。

失衡的经济社会要寻求长期动态性再平衡，主要通过创新实践来实现，而不是滞后于实践且受狭隘利益驱动的经验性理论舆论来美化。自由主义理论学说观点及其政策建议的根本问题在于，不能通过历史及实践的检验，却受到既有制度及既得利益的反抗和拒绝。就整体长期理性选择而论，这种检验不是以个别特殊案例或特殊样本的特殊性、偶发性来否定整体性和规律性，而是以整体长期性实践对特定理论进行检验和修整，更不是以短期性特殊现象进行"实证"有偏性假设假说。自由主义擅长以"股神"巴菲特，巨富、首富比尔·盖茨这样的英雄式人物作为整个阶层的形象代言人，以资本市值增加来表征他们的社会成功，以此掩盖社会经济关系的内在强制性。但是这些英雄式个人并不具有普遍性，也没有完整和长期性地反映资本本性所驱使下的社会关系发挥制度性的强制作用。而以长期的基本特征与趋势进行检验，既可以发现根本制度的优劣，又可以发现大国及文明的崛起与衰落。从这种规模和规律性失衡的大事变中，才能发现自由均衡效率和理论政府的虚构性，以及其理论体系的欺骗性；而作为任何单个的自然人这种特殊个案，不能证实或证伪作为社会整体长期演进中的规律性。因此，政府及政策的外生性只是少数人对社会整体的强制，不是人民实践的正当合理性诉求。

四、"涓滴效应"的式微乃至消失

增长的共容性和发展的可持续性，被视为旨在改善整体性效率与公正的正当合理的新生产方式，也是一种可以容纳差距不断拉大的方式。这种方式被普遍描述为"涓滴效应"，或具有"帕累托改进"的含义。因此，该种逻辑、观点广受推普和欢迎。事实上，从历史、实践及逻辑来看，生产的相对过剩性与短缺时代的效率优先逻辑并不相同：短缺时代对生产与分配的共容性的依赖，在普遍性相对过剩时代已经难以存续。过剩滋生垄断，垄断降低生产效率，扭曲分配公平，加剧生产与分配的交互恶化关系。

对于"涓滴"，既得利益群体对再分配规则和结果进行正当性维护，是私有制本身所要实现的自我稳定机制。不难发现，私有制之下，"整个结构导向最狭隘的利己主义体系"——私有财产所有者占据着行动和道德的制高点，其财富不仅是"以欺骗近邻的人们的办法积累起来"，而且还是反过来又用以"凌辱这些近邻的人们"的基础。① 马克思在《资本论》中有关资本再生产的理论研究，也证实了这一点。② 因此，资本的逐利行动及其影响绝不会有时间和空间的边界限制。只要有可能，它们就会选择资本的国际大逃逸。

后工业化时代体现为知识技术专利的垄断和规模效应。向国际拓展市场空间，获得国际垄断资本利润是后工业化时代产业高级化的基本选择。资本与技术垄断国际，获得国际层面的垄断利润，不再依靠国内的大规模刺激消费。国内传统产业的空洞化产业的国际转移，造成传统工业的削弱和产业工人就业的减少；个人发展机会的减少，造成增加收入的相对降低，从而使依靠实体经济增长带来就业和收入提高的传统机制中断了。在产业升级优化的过程当中，保存传统的产业，也就是保存传统的产业工人的就业保障，也成为一个国家提高收入实现经济效益的一种途径。至少这种过渡期是要存在的，为工人阶级转型升级工人的能力技能而提供过渡。这正是涓滴效应赖以存在的物质前提。

垄断资本以垄断租谋利，挤压公共选择的公共性迫使其更加偏向于既得权力者而形成偏向于强势资本的"公共选择"。自由主义强势于经济体系法则，反对政府作为和政府干预，在政策层面、思想意识形态层面，均构成破除资本逐利带来的涓滴效应的政治基础。

第三节　非效率性分化

短缺时代个体层面的理性与效率对社会整体的理性与效率的兼容性，已经被过剩与垄断时代的对抗性所替代。对效率至上的秉持和追求，不仅存在于个体理性选择之中，作为由各个体所组成的组织机构、利益集团等，也对整体效

---

① 葛德文. 论财产 [M]. 何清新，译. 北京：商务印书馆，2013：44，47.
② 马克思，恩格斯. 马克思恩格斯全集（第44卷）[M]. 北京：人民出版社，2001：668-678.

率性缺乏关切。异质主体非均等性分权与非对等性分利的矛盾关系，决定了他们在对各自的理性选择中所存在社会权力的差异性乃至对立冲突性，最终体现为个体及整体的非效率性分化。

一、私有产权的社会权力效应

在社会学家看来，基于权力制度化的社会权力，源于理性人对其私有物品占有及权益的合法永恒性诉求。这种以资赋能、按权能参与分配竞逐的制度体系，能够赋予精英阶级（或上层统治阶级）特权，迫使中间阶级为其提供专属性服务。① 而这些理论与舆论服务者群体竭尽所能地论证这样一种意识形态：私有制占统治地位具有自然、正当、合法及永恒性质。显然，狭隘的利益限制了理论视域的宽度与深度。

马克思在《资本论》中强调物对人的强制，其实质在于以物所承载的刚性制度。资本不是特指具体的厂房、机械这样的具体物品，而是指包括这些物品在内，还有更多体现特定社会历史实践的权力关系，这些因素与其中的自然人个体的本能或本性并无等同性。因此作为一种物或行为，它们既可以是特定的物，更可以被视为由其衍生出来的生产与分配关系。质言之，社会分配不是简单的分配收入或者财富，更是分配用以再分配收入及财富的权力。不同群体之间的社会关系，通过各种物品和行为作为载体，物品可以变化，行为选择可以多样化，但这些物和选择意味着更深层次、长期动态性非对等分配乃至分化的强制性制度关系。这种根本性社会权力关系，正表现为资本对劳动力的雇佣和剥削，决定着不同的群体以不同的可选择空间及选择方式组合。尽管在这些可选择中进行的选择是"极其自由"的，但是在可选择之外，则缺乏现实可能的真正的自由与自主。

私有产权的社会权力效应，并不能被广泛地恰到好处地界定，以至于让整个经济社会充满着对等的理性和完美的效率。上述社会关系通常被主导性理论声称为旨在实现"最优效率"（甚至"最大福利"）目标的"平等、自由"市场的完美过程。事实上，由于 W 所面临的约束条件原本就严苛于前者 S，而且他还要附加来自 S 优先权与定价权这一限制因素，这二者之间的非对等性再分配关系，已经内化为一种以各自资源为基础、以各方利益最大化为借口、以汲取性交易为准则的相对稳定的分利关系。这种基于特定约束条件下社会各主体

---

① 格尔哈特·伦斯基. 权力与特权：社会分层的理论 [M]. 关信平等，译. 北京：社会科学文献出版社，2018：72-75，79-81.

的优化选择和"社会总福利"最大化，从而加速推进的优胜劣汰式"集体选择"是虚伪的。因为最终的结果却是以 W 的权益损失作为代价。显然，由这种据实分配原则所形成的 S 对 W 方案的"替代效应"，并非出于外在因素的"随机冲击"，而是一种具备累积效应的权益再分配关系。这是执行资本永续增值职能的人格化的经济主体（《资本论》中的资本家）① 充满极致化的理性特权所为。这同时也有助于正确回答在"科斯谈判"中"谁在选择制度""如何进行再分配"，以及如何认清在众多社会选择上的非合作博弈等涉及社会成本和社会公平的理性难题。

二、异质主体个体的短期化选择

财富对人的物化，以及其对均衡追求的这种静态性，而不是对人的主体性的保障及全面发展的这种动态性，决定了异质主体的理性选择主要体现在局部性、短期化的决策特征。这种狭隘的均衡分析，只能依托同质主体假设和经验主义，基于概率和均值的方式进行局部性、短期性、经验性分析。以个体化局部性样本均值来指代整体的"一般"情况，并不能从整体性、长期性和历史性角度进行全面系统的把握。在异质主体的交易关系中，行为主体之间的差异性，以及由此构成的彼此之间权益关系的不确定性及动态性，正是同质主体假设前提下所不能发现的实际问题。而这个实际问题内在地决定着各主体之间的实际选择与长期以来的利益分配。

异质主体非对等博弈的短期微观影响是，W 为博取利益补偿而选择扭曲性行为。逆向选择、道德风险、违法乱纪等，都具有内生性的经济基础，微观效率必然降至非最优状态，社会成本上升与公平程度降低，尽皆成为必然。具体来看，S 能够将资源优势转换为所谓的"信息优势"，进而变现为垄断利润或信息租金；相对地，W 在面对来自 S 的信息壁垒或"噪声干扰"时所选择的"有限理性"行为，虽然也都是基于约束条件下的"最优选择"，但其结果远未达到对等博弈之下的更佳的权益目标。特别值得关注的是，在信息革命时代，资源、信息、资本的集中与转换，驱动 S 与 W 的逆向再分配关系趋于内生性重复博弈，社会成本与公平问题具有递增性，而不再如信息经济学所试图证实的伪命题：博弈各方只存在"随机或然性"的有限重复博弈并实现最终的效率均衡目标。

---

① 马克思，恩格斯. 马克思恩格斯全集（第 44 卷）[M]. 北京：人民出版社，2001：177-179.

概言之，基于资源优势而对更多优势资源的再分配关系的维系和合法化的需要，他们对于制度与公共机构及公共选择形成有利于自身的干预和影响。① 由此，在差距未能引发重大变动的"合理范围"或所谓"正常时期"，异质主体差距扩大存在着个体效率引致的社会公正和可持续性等问题。特别是对于整体的效率诉求而言，个体理性与效率的追求却要基于各自差异化的条件下进行非对等性优化选择，经济社会整体丧失长期可持续的共容性、效率公平性及可持续性的微观基础与机制，当然这种结局必将对各类主体均构成效率损失，即差异化的两类主体群体的"囚徒困境"，构成社会整体的非效率性非合作博弈关系。

第四节　收入分配逆向转移的机理

以资为本、效率至上或优先的生产分配制度体系，构成物对人的决定性和人的主体地位性的丧失。财富形式的单一化，供给地位的决定性，资本和市场的统治地位，迫使人们屈从于分工，依附于财富，受制于资本，以及在独立性、安全性和基本生存与健康等方面，都缺乏稳健的保障和根本性发展。正如落入陷阱的贫穷，转化成彻底解决贫困的条件与手段。② 这一过程正是收入分配逆向转移的机理。

一、均衡论的非均衡性质

完全竞争从来没有存在过（却是市场的"失灵"被确认存在着），过剩与垄断并存之下，经济社会不存在"复归"由理论家们所编织的"参照"的条件与机制，该"参照"更不可能主导异质主体皈依同质化和对等竞争之门。③ 实践具体中的差异化主体，其个体理性不等价于整体理性，经济整体的非均衡性、长期非最优效率性运行的现实表明，推崇自由竞争带来完全理性与最优效率的个体局部短期均衡分析框架，与实践的整体长期失衡完全相悖，并误导实践而陷入尴尬之境地。

---

① 彼得·M. 布劳. 社会生活中的交换与权力［M］. 李国武，译. 北京：商务印书馆，2012：188-224，297-328.
② 阿比吉特·班纳吉，埃斯特·迪弗洛. 贫穷的本质：我们为什么摆脱不了贫穷［M］. 景芳，译. 北京：中信出版社，2013：227-231.
③ 列宁. 列宁全集（第27卷）［M］. 北京：人民出版社，2017：425.

　　个体理性与社会整体理性的矛盾对立性在于，异质主体之间的非对等博弈，构成持续的有偏性再分配，驱使理性能力的差距不断扩大而无法自发趋于收敛。然而社会分层甚至分化的这一基本态势，并不能彻底排除社会对其自身整体性和社会理性的内在需求。因此，要理性和自主地打破这种不利机制，遏制社会成本递增态势，追求社会理性，就不能单纯地依赖经济手段、市场行为或所谓的"自然规律"，而是更要倚重保障对等性地位与行为能力的经济基础和保障制度体制机制的公共性。换言之，公共选择的长期有效性和社会理性的实现，依赖公共部门所能掌控的资源水平及调控能力，以及由此所决定的独立程度。但是要从根本上解决问题，还在于彻底的革命，达到生产力和生产关系"都服从于最先进的民族的共同监督的时候"。①

　　无论是信息与契约问题，交易成本问题，还是"集体行动"难题及经济波动的顺周期问题，其关键还是异质主体非对等博弈下集体选择的有偏性和公共选择的公共性缺失；促成此种结果的机制是，差异化的产权结构与信息资源化、资源权力化、契约能力化交互作用，增大异质主体谈判与交易的阻力与成本，社会理性在非对等博弈之下渐趋扭曲乃至缺失。然而，问题并非永远只是一个简单不变的问题，而是会产生更多的风险与代价。这就是差异性主体之间的差距和弱势群体对其未来发展的希望产生了失望乃至绝望，从而滋生病菌和瘟疫，感染和蚕食自然及社会机体。

　　差异化的私有产权结构虽然形成了多元化的异质主体，但是它们彼此不能形成对等且有效的制衡关系，不能赋予包括政府在内的相关公共部门必要的资源掌控能力和独立权柄，造成契约政府及政党无法有效作为，最终使政府的公共性和社会的整体理性双重缺失，其社会公信力也随着自由主义的强势而持续降低。因此，解决贫穷问题，虽然首要条件在于解决生产力落后及相应的供给短缺问题，但这只是解决问题的第一步，资本主义生产方式已经解决了这一切；第二步才是更重要的，即解决分配制度问题。如果政府及政党在制度改革上无力和无能，那么维持和实现均衡、和谐与可持续增长的目标不可能实现。

　　因此，所谓自由竞争产生效率，只是激励参与生产与分配活动的积极性，创新利用资源，并挖掘一切潜能，以实现财富的堆积而不计后果。这种只有竞争而不设社会防护风险的机制，能够持久地走在其他经济体的前端，并对其他经济体产生不利的压力和剥削掠夺。而其他经济体愿意接受掠夺、被剥夺的原因在于，参与其中的主体具有利益相容的同感和诱惑，但他们只是少数，并且

---

　　①　马克思，恩格斯．马克思恩格斯全集（第12卷）［M］．北京：人民出版社，1998：251.

他们的利益凌驾于整体利益。因此，即便产生了不合理、不公正、非均衡的交易，在少数人看来，却是公正合理、均衡有效的。这种失衡事态得以长期维持，直至危机和崩溃，加剧了新一轮的集中与操纵。

资本的增长不能成为促进人的发展的物质基础，反而成为束缚人的发展的"铁律"。这是通过资本的人格化力量即理性人的理性选择所驱动的。实现经济效率与社会公平这种社会理性，就是需要驱使市场成为微观效率的实现手段之一，而不是以强势资本谋取高额垄断私利的基本格局取而代之。反之，作为社会理性的人格化主体的公共机制，如政府，发挥公共性职能会技高一筹。但这种理想化目标的实现，仅仅依靠异质主体驱动下的契约政府是不能达到的。

二、强势主体攫取社会剩余

均衡起始于同质主体，但该范式并不是以各主体"天下大同"为终极目标。各差异主体之间差距缩小的可能性，并未得到其正统理论的系统性支撑。这也将意味着差距持续存在性有其理论及意识形态上的默许甚至支持。

这种长期视域下的差异性，特别是社会各主体、群体财产的占有和收入分配差距将在各种极其不可能的"均衡"中不断拉大，分配、生产等失衡的加剧态势表明，从整体长期上，异质主体的非对等性博弈关系带来的不是一般或整体的长期均衡稳态，事实上与均衡理论所追求的状态正相反。

这种理论逻辑就是，对社会权力集中的必要性存在根本性反感与叛逆。它既造成个体利益至上的主体之间的对立与分裂，同时也造成社会整体难以有效应对的尴尬格局。各主体之间的权力及权益的差异化分配，已经不再是将个体的自主权均等性地分配给所有主体，而是作为一种特权被自由主义极端化，名义上的公共选择却被拥有资源和权力的少数阶层所实质性主导，经济社会的整体性理性和长期可持续性难以得到必要的调整和优化。[1]尽管有很多有战略性和前瞻性思维能力的人士看到了这一点，但是在追逐金钱与权力的游戏之中，契约政府并不能均等性地代言大多数人，在应对调整和优化这一使命时只能是"心有余而力不足"。这是因为此种境况不仅缺乏支撑其独立行动的经济基础，也缺乏实现这种目标的制度保障。

资本的强势对社会意识形态的控制力不可能随着资本的持续强势而减弱，而是越来越强。资本关系对社会的作用在于其形成一种强制性制度体系，该体系通过资本的人格化力量完成资本增殖的社会功能。然而相对于资本的强制，

---

① J. E. 斯蒂格利茨. 巨大的鸿沟 [M]. 蔡笑，译. 北京：机械工业出版社，2017：142-158.

每个自然人都是弱小的、短暂的、被动的。因为资本所体现的是一系列的社会制度安排，抽象化为理性人的秉性，履行资本的诉求与目标。而作为任何一个自然人，无力改变，唯有屈从。过度地强调人的理性，只能强化人对资本的从属性、被役使性，而缺乏主体性，特别是在大灾大难面前而丧失人性。

社会化大规模协同生产并非将资源分散于小规模和过度竞争的抽象化的均衡状态，而是正相反：由资本所驱动的普遍相对过剩，进而滋生垄断。社会鸿沟难以弥合、加剧社会资本的崩塌，实为汲取性生产替代了融合性生产，各类主体之间的差距和矛盾愈益加剧。这一逻辑和实践过程的实质是，以个体和局部的效率提升，主观地以为可以"等价"社会总体效率提升、以局部效率企业取代社会整体公平与长期效率的集体选择，造成不同主体不断分化、交易成本持续提高等社会整体长期的非理性难题。显然，这种非效率性分化态势与社会对整体可持续性的内在要求相违背。①

三、契约政府助长逆向转移再分配效应

由过度竞争仅获得正常利润向垄断攫取超额利润及权力转型，各类主体的差异和差距越拉越大，异质主体之间形成社会孤岛，其间的经济关系被分配差距和社会鸿沟割裂，分裂、歧视对社会资本构成沉重打击。资本与权力的高度集中化、集权化势态，仍然依靠分权制衡的制度架构，显然无法解决问题。因为已经没有多少权利可以分，没有多少势均力敌的对等主体能够而且愿意自由地竞争以至于得到效率与均衡的实现。

面对微观效率至上与宏观整体效率公平之间的相互减损机制，包括阿瑟·奥肯②、曼瑟·奥尔森③、保罗·克鲁格曼④、德隆·阿西莫格鲁⑤等都曾有过相似性论述，作为社会的整体，其长期有效发展的前提在于赋予公共部门以足够的权力，以确保市场主体的平等性竞争和经济发展的包容性，以包容性替代汲取性；斯蒂格利茨则希望政府应当代表所有人而不是所有人的1%；⑥ 米德甚

---

① 邱耕田. 论整体性发展 [J]. 北京大学学报（哲学社会科学版），2017（5）：5-14.

② 阿瑟·奥肯. 平等与效率——重大抉择 [M]. 王奔洲，等，译. 北京：华夏出版社，2010：105-141.

③ 曼瑟·奥尔森. 权力与繁荣 [M]. 苏长和，嵇飞，译. 上海：上海世纪集团，2005：134-154.

④ 保罗·克鲁格曼. 一个自由主义者的良知 [M]. 刘波，译. 中信出版社，2012：137-138.

⑤ 德隆·阿西莫格鲁，詹姆斯·A. 罗宾逊. 国家为什么会失败 [M]. 李增刚，译. 北京：中国人民大学出版社，2016：314-335.

⑥ J. E. 斯蒂格利茨. 巨大的鸿沟 [M]. 蔡笑，译. 北京：机械工业出版社，2017：69-101.

至渴望政府通过加重财产征税、强力推动私有财产共有等手段，提高财产均等程度，以此既保存个体效率又实现社会平等的理想化目标。① 这种充满理想主义和美好道德情操的建议只是空想。

作为一种理性人的角色定位，契约型政府不是追求和保障选择的公共性以及社会理性，而是在面对和应对社会矛盾冲突时选择中庸之道和明哲保身甚至寻租，以寻找金主做靠山。而为了从宪法层面限制政府对某一种力量的依赖而形成政治权力的极化，实行分权制衡，轮流坐庄。从较为新近的政治学著作来看，以市场为导向的政府，依赖市场力量进行改革的呼声还是不绝于耳。② 但是，在"给定制度"条件下的改变，由于公共选择缺乏所必需的经济基础的支撑，上述理论观点及其政策建议，只能是停留在充满想象力的思想观点层面，不能落实到社会实践并实现很好的效果。在国际层面，政府推动国际的团结，增进社会资本的力量，协调人与人之间、人与自然之间的关系，同样具有致命性缺陷，即"乌合之众"最能描述这种异质主体之间的关系。异教结盟、同宗分裂的个体理性只会受制于利己主义的本能性驱使。

20世纪70年代的滞涨，当今西方主要国家同样面临这种两难的困境。通胀源于政府支出过度超出财政收入，但这种手段并没有拉动或启动真正的消费需求，不具有普惠性、共享性，不能发挥规模经济的放大效应。停滞根源于生产力无法提供有效需求的稳健与扩张，而这一点又根源于分配不均。概言之，"滞"在于生产与分配的失衡，表现为市场失灵；而为了应对此种困境，选择政府干预，却又陷入"涨"的漩涡："涨"在于契约政府的公共性缺失，显示为契约政府失灵。

自由市场的平等和资本社会的公正，在异质主体的非对等博弈中都发生并助长逆向转移效应。这种失衡机制促使社会整体不可能得到内在的纠偏和回正。政府对公共物品的供给不足和公共性选择的缺失，对资本管制的放松以及管制权的丧失，这些均凸显制度性失衡问题。可以发现，契约政府的行为不当与行为不足，都是一种表象性的堆积和描述，而没有发现这些现象背后根本的驱动力，那就是社会不需要对根本制度进行调解，也不需要强有力的政治领导人来力挽狂澜，只能在外在的问题上进行维护和辩护。在这种条件下，意欲有所作为的契约政府，基于经济所决定的政治结构而进行折中和妥协，难以有作为。

---

① 詹姆斯·E. 米德. 效率、平等和财产所有权［M］. 沈国华，译. 北京：机械工业出版社，2015：31-56.

② 戴维·奥斯本，特德·盖布勒. 改革政府：企业家精神如何改革着公共部门［M］. 周敦仁，译. 上海：上海译文出版社，2006：210-233.

对政府工作人员而言，选择明哲保身、平庸化，甚至通过恶俗的方式进行政治表演①，而不是社会或人民利益至上导向中的为人民服务。

公众对其政府有偏选择的反应，并非主要关心政府本身的问题，而是体现为公众对自身利益的关切。人们对政府满意度的降低，并不断减少信任度，投票意愿也不足。其实质是人们对自身利益得不到保障，对未来缺乏乐观预期的担忧。资本与市场解决不了他们的就业、收入、财产、安全的保障，政府更加无能为力。社会群体性分裂造成政治家们或者说政客们之间的对立和攻击，也激发了社会对政府这种态度的分化，种种乱象体现了社会经济本身的分裂、鸿沟的形成而不可能弥合的窘境。

四、逆向转移机制面临变革障碍

封建主义对私有制的保护并没有资本主义保护私有制那样严格、深入、现代和成熟，因为政治特权的关系，任何家族的权力均难以持久保持，即所谓"富不过三代"，但这并没有让这种私有制停止发挥作用。同样，资本主义以保护个人私欲和私有制见长，即便是遗产税、赠予税，只是对特定的个体有微弱的影响，但这不可能改变或弱化整个社会层面的资本逻辑的强势与强制力。

唯利是图的价值规范，是出于人的本能，更是基于强势主体导演下的制度强制，诱致人们丧失伦理道德的约束。作为个体的消费者、生产者，以及作为微观层面的政府，他们仅接受法律的有限性约束，却无法也不愿意自觉接受超现实的伦理道德的无限感化与约束。因此，"法不禁止皆可为"以及社会权力约束不到的地方，均有其行为的"正当性"与可及性。个体化的无序竞争，随着所涉及规模及纵深程度的扩大而加剧无序竞争。

过度竞争造成非效率性，特别是规模、整体及长期层面的效率的损毁更为突出。这种结果在资本主义早期就被大张旗鼓地提及，即"所有人反对所有人的战争"②。特别是在供给过剩条件下的市场"饱和感"，竞争主体之间的差距不断形成和持续拉大。优势主体已经不能满足一些主体超越上述竞争的欲求，集中、垄断及总体创新，形成新竞争实体。这些强势主体与众不同的地方在于，它们拥有程度不同的垄断地位和干预政府及政策的能力。它们的目标和手段已经从增加物资供给、加剧过剩、难以获得预期利益跨越对波动、风险进行对冲

---

① 保罗·福塞尔. 恶俗——或现代文明的种种愚蠢 [M]. 何纵，译. 北京：北京联合出版公司，2017：191-203.

② 霍布斯. 利维坦 [M]. 黎思复，黎廷弼，译. 北京：商务印书馆，1985：92-101.

和对公共选择进行干预，以谋取投机暴利，实现对社会剩余的稳定性攫取。

这种失衡性社会结构，既迫使社会放弃财富创造的核心功能，从而进入价值分配的角逐之中，也迫使改革的可能性完全被打破。若有一种制度体系能够确定性地带来更大效率和公平，但这种利好并不主要由既得利益者所独享或垄断，而可能被大多数普通人获得，那么这种具备普惠性的制度体系不能够在既得利益者掌控的政治经济格局中变成现实。因为既得利益绑架了制度改变的可能性，现状改变不能够满足利益状态改善所需要的制度变革，这意味着既得利益群体阻碍了改革，阻碍了大多数普通人获得利益改善的机会和可能性。

异质主体之间的不对等谈判，缺乏整体性效率与公平。产权模糊性的事实存在，将决定着诸如外部性等社会成本形成的规模程度。在这种势态中，作为公共选择的政府及相关组织机构，它们的性质、立场、能力及效力均具有决定性的意义。对于契约政府而言，旨在维护现状和按资分配的制度体系，其自行维系的能力远未达到自行溃散的程度。

问题的解决和彻底摆脱，在于生产分配矛盾运动中的质量互变规律的认知与驾驭。生产失衡和分配失衡以及两者的交互作用带来社会千疮百孔，甚至达到无以复加的地步。任何的冲击和问题暴露出来，都有可能引发系统性的危机。个体和局部的短期性均衡带来的整体长期的非理性繁荣，正是各种矛盾积累和激化的结果。因而制度体系的溃败，绝不是因为极具个体特征的偶然性。但是随机或偶然性小问题正是引燃普遍的长期累积的危机爆发的导火索。这说明已经被掏空的旧制度的系统性、根本性的障碍终将被克服。如果制度依然未被替代，那就至少表明旧制度之内的矛盾力量积蓄还没有达到要改变现状的程度。

解决整体理性难题的长效机制，依赖于社会能够体现和确保公共性的全新的制度体系，政府公共职能的重塑机制，以及该机制能够正常运行的经济基础。制度设计与选择，是基于博弈各方的个体选择而组成的逆偏向"集体选择"，是异质主体非对等博弈和有偏性选择下的暂时妥协，更是纠偏、校正的制度构建，但问题是契约政府不具备，而人民政府则可能推进。

第六章 收入分配逆向转移的实践研究

收入分配逆向转移是由既有财产权利造成进一步的财产权利再分配的实践过程。实践中的贫困问题要比理论世界中的贫困更为常见和顽固。这需要依靠对逆向转移的本质与规律的揭示与辩证把握。本章并不将主要精力放在收入分配不平等及其差距的现象和数据的描述上（实际上这方面的工作已经很多），而主要基于异质主体非对等性再分配关系，结合当今或近年来实践中存在的典型事例，探讨收入分配发生逆向转移的实际过程。这既是对上一章所探讨的微观机制的应用性扩展，也是对分配失衡问题的深化探究，为制度与政策的选择提供实践依据。

第一节 效率优先驱动收入分配逆向转移机制

效率优先原则基于私有制，源于物质资料的短缺，成就于与之相适应的政治制度与意识形态。

一、效率优先原则的逆向转移效应

（一）效率优先对生产扩张的驱动

从现有生产能力、物质技术条件、人力储备等方面来看，解决贫困问题并不存在问题，问题只在于制度的不许可和意识形态的艰难转变。均衡范式传统善于将这一问题称为效率与公平无法兼顾的"学术难题"。这是基于物质短缺时代供给不满足需求的条件下所形成的传统财富观、价值观与分配观，将提高生产和再生产的效率作为核心价值导向，并以"公平阻碍效率"为由，拒绝为公平让步。

　　理性与效率不仅为生产决定分配的短缺时代的特征，更是由主导生产的强势群体所把握，以体现其对私利追逐的最大化目标与实现途径的最优化选择。简言之，理性与效率的关键，并不是给所有行为主体，特别是对于弱势群体而言，都能形成理所当然的最优。由此而来，异质主体之间的差距，为汲取性增长带来物质的基础和制度保证。这种财产占有上的差距通过生产与分配，形成收入分配上的流量上的差距，汲取性增长持续发挥作用。在市场无限宽广、需求庞大的前提下，生产扩张源于生产者对理性的坚持和对效率应有尽有的追逐。这种利字当头的生产扩张，是极为有效率的。但是不能忽视这种利益与效率只限于个体。也就是说私有者的个体理性与效率很快就能达到与社会整体和长期的理性与效率相悖的程度，也就意味着过剩与垄断的形成。

　　从既有理论逻辑上看，效率与公平的矛盾产生于不同主体对不同事物的评价的一种恶意结合，试图以此阻碍任何对贫困和不发展问题的解决的动机和动力，维护既得利益的个体根本利益，而丧失的却是社会整体的利益和长远利益，当然也包括作为个体的私有利益。问题不在于这种整体性的问题，而在于利益分配和成本分摊的原则并不是均匀分布，同样是按资源和实力的差距进行。唯此原则，才能"确保"在盈亏不定的情况下，生产的无限扩张很难被停止。

　　（二）理性与效率对收入分配逆向转移的驱动

　　理性与效率在微观层面的扩张，以工业化进程为实践载体，体现为近代以来西方有关私有财富生产分配的绩效衡量。两者形成生产关系与生产力的交互促进机制。这一过程体现在两个层面，一是科学技术创新，二是组织管理优化，二者之间相互作用的新变化快速运用生产当中，产生出大量的新材料、新产品及新危害（包括人口、资源、环境，以及经济社会等各方面的危机与不可持续）。新的有利因素内部化，新的危害外部化，这种个体得利、社会总体受害的关系得以普遍盛行。

　　生产与分配的过程是对理性与效率的不懈追求，但其实现程度则受制于生产与分配本身结构的失衡程度。资本从实体经济中逃离，选择虚拟化即金融化，加剧金融资本的国际和国内的垄断程度。财富向极少数强势群体转移，分配失衡。生产及分配的两种失衡，加剧生产与分配的失衡在产业、地区、国际展开。这些失衡而不是均衡，发挥着工业经济时代里的周期性剧烈波动。众所周知，危机与波动正是经济与社会的成本按实力进行再分配性质的分摊和重新洗牌的过程。

　　对于 20 世纪中叶以来新兴独立国家，在发展国内生产力的战略选择上，均以快速工业化作为追赶发达的工业化国家的途径。工业化是以高速度、超常数量为优势，集中财力、物力、人力及特定制度安排，压缩工业化的周期，加快生产力发展的速度，从而将涉及生产分配中效率公平等矛盾冲突问题集中和加剧。这既考验经济增长的速度与质量，也对经济发展可持续性和制度质量及其变迁构成挑战。

　　当生产和分配出现严重的结构失衡和相互不匹配以后，虽然物质财富的生产潜力无穷，但现实生产能力严重受制于社会结构的优化程度。这两者之间的矛盾形成非均衡的经济社会波动。从长期来看，增长与发展的总体或平均而言的速度与效率，并没有维持经济扩张阶段的显著绩效。

　　解决结构失衡问题，补短板则是基本的改进举措。解决中下层群体的收入、就业及发展问题，就是解决社会的主要矛盾主要问题，还是解决人与自然和谐共处以及人类共同命运的问题。发展经济学家舒尔茨的《穷人经济学》，早有此关切。但是这种以逆偏向的分配政策建议，与正统的经济学和强势主体的私利并不一致；更为重要的是，作为每个理性人，都"永恒地"浸润个体主义和机会主义之中，投机和搭便车的逻辑与行为，俨然吓阻了来自发展经济学家的勇敢劝谏。

　　理性与效率长期持续地形成并加剧经济社会的波动，强势主体群体始终能在这种周期中完成利益的汲取，由此形成此类主体的理性与效率目标。对于这一种顽固体进行突破，需要来自内在矛盾的激化和外在条件的具备，以及内在矛盾的激化和内部力量的积累等条件。显然，仅仅靠商业化运作模式的社会，再靠商业化来化解其固有的矛盾是不可思议、极为天真的事情。

　　经济学对经济社会的专注，完全以市场的所谓效率掩盖对人与自然之间的公平关系的关注与有效应对。全球气候变暖，能源、水资源匮乏，只是工业化以来人与自然关系失衡的重要方面。因为人类有意识地推进工业化的速度要比自然自身的演化速度快很多倍，在追求私人财富的过程中却伤害了更多人及其后代的权利与福利。这种发展模式的不可持续性得不到遏制，体现了各个主体不能达到真正的平衡与均衡的效果。这正是经济层面的失衡性会感染到更多领域，造成更大的权益分配、成本分摊上的系统性失衡。

二、新兴经济体快速工业化的逆向转移效应

（一）新兴经济体快速工业化的效率优先

在工业化国家对后发国家的强势示范、指导、"帮助"甚至胁迫之下，后发国家地区由传统农耕农牧向现代商工转型。涉及经济、社会、政治等综合性领域的结构性失衡及其向新的结构转型，被描述为结构主义。新旧结构都是强调经济结构供给产能产值的快速增长过程。对后发国家而言，这是一种发挥后发优势，不断调整优化自身的快速工业化、社会化的现代化进程。这一过程的制度性激励正是基于微观个体的理性与效率为前提，再兼备以社会整体的战略性规划与制约。"二战"后的新兴经济体因此得以崛起。

后发国家追赶工业化完成的现代化国家的进程，向快速创造物质财富的转变，以提高供给能力和效率，解决发展不足的问题，追赶发达经济体，缩小与发达国家的发展差距。然而，这一过程并不是将传统和后发国家皆送入历史终结的起点上，而是步入发达国家早已面临的内在和系统性结构失衡的极端化阶段。发达经济体的止步不前，发展中国家的"中等收入陷阱"，穷国的"贫困的恶性循环"，充斥于当今时世。因此，单纯依靠微观个体的理性及其对效率的追求，根本不可能推动国家和社会整体性的效率。作为整体的代表和权力主体，政府在不同程度地发挥社会理性的职能。对于快速工业化、实践赶超发展战略的后发国家和地区而言，无论是个体理性还是社会整体理性，无论是个体效率还是社会整体效率，均无法与发达国家相提并论。多数后发未发国家与发达经济体的差距在扩大，而不是均衡论中的所谓"收敛"。

（二）现代化进程中的收入分配逆向转移

依靠利益驱动，产业升级和社会整体性发展，是均衡范式高度支持、维护的原则，被认为是有力且有效的。以市场投机动机来对冲市场上的随机性风险，以制度改革预防和化解系统性风险，这两种应对风险的方式并不完全相同。它们以不同的地位和势力，通过收入分配再分配的途径，发挥着经济社会结构转型的激励与规制作用。当然，不同的组合结构与机制，决定着不同的目标与结果。

通过资本获利提供产品和劳务是众多手段的一种，而不是唯一手段。只是特定的手段更加适宜特定的历史阶段和实践条件。因此，是投机者基于市场机制来分摊风险分配收益，以此化解社会经济中的各项矛盾，并以契约政府作为

功能性弥补；还是选择强势政府对市场的主导性影响，对经济社会进行自上而下地协同调节，甚至做出战略规划，以尽早地积极应对化解矛盾，设置纠错机制，统筹协调整体与个体短期长期的矛盾问题。这是两种不同的制度选择，但在促进生产、经济增长和拉大分配的差距等方面，确有其突出的共性特征。这是因为快速增长目标的实现要依赖持续和可观的分配逆向转移的激励才能实现"推拉机制"效应。事实上，这种共性并不是制度选择上的一致性，而是生产力发展上的一致性。对于处于历史与现实中存在的工业化、城市（镇）化进程的经济体而论，财富占有和收入分配的差距拉大，既是特定历史条件下的现实存在，也是生产快速发展的激励机制。这普遍性的存在早已经形成思想方法上的共识，但这种状态的社会历史性绝非永恒性，不能成为一种主观上轻易接受的规律和观点。因为人民实践的科学大道仍未在各类理性主体面前完成其自证公正合理、可持续性的使命。

从市场体系较为完善的国家来看，市场对资源的配置原则作用于经济和社会领域，早已经成为通行的规则和广泛的共识，虽然市场的失衡、失灵及政府行为的作用及其局限，似乎都已经在理论和事实上弄清楚了。但是，问题总是很具体且残酷地存在，不仅考验着当时不幸的弱势群体，也检验着理论工作者、政府部门工作者的作为与成效。

深入探究由资本资助而胜选的政府行为，不难发现它们对资本强权无能为力。它们只是帮着资本挣钱的工具，而不是资本的对立物。所以政府的性质决定了其定位和功能以及效率。美国传统产业的空洞化和政府强推的再工业化及其实际效果不佳，都体现了这样的问题。所以从根本上来看，经济问题的最终还在于人和制度的问题，只是以个体主义作为经济决策的起点与归宿，只能解决少数人的财富权力的增长与安全问题，而不能解决所有人的民生与发展问题。

对于产业工人的不负责任，其根本原因是对于传统产业的放弃。这是资本追求高利润，而漠视社会分配的差距与公平的表现。换一种思路，就是维护社会公平，提高弱势群体的收入，维持产业的全面性、完整性和相互衔接性。在这里面也体现了政府不能有所作为的更深层次的制度问题，这就是资本博弈中的均势所造成的契约政府，为了避免搭便车而为强势主体声援其效率优先的主导性分配原则，加强收入分配从传统产业向新兴产业转移。

这种机制具有内在的经济基础和客观必然性。它也会随着特定的历史条件，特定的国民和具体情况而有偶然性的差异。对于中国而言，人民政府作为一个执行者，要接受中国共产党的领导。人民政府做事，中国共产党把握大局和方向。强大的经济基础，独特的政治制度，必须实现人与社会及人与自然的统筹协调。因此，无论是国家产业政策的选择，还是内外关系调整的出发点，以及在重大问题发生的时候，并不是仅仅从资本是否盈利，能赢得多少私利这个尺度上来选择，而是从生产分配的辩证关系中把握。一方面，通过减税和降费，以及减租降息等各种降低生产者成本的"供给侧"刺激手段，以"直达基层"的方式促进市场主体生产供给；另一方面，对传统产业的保护升级，对劳动力密集型产业的扶持发展以及对国际关系的基于实情的调整，都能体现出以人民为中心，以大局为重，以长远发展为战略决策的起点。非均衡发展战略，就是允许一部分人一部分地区先富起来。作为配套，就是先富带后富，追求统筹协调发展。这是政治制度保障和经济基础支撑之下才可能实现的经济社会大系统工程。因此，它需要的是长远的重大发展战略规划，绝不是一个充满短期投机、依靠波动与经济社会危机、实现强制再平衡的市场行为。因为不触动财产占有和收入分配逆向转移制度的"强制再平衡"，根本平衡不了生产、分配之间的制度性失衡，根本解释不了悖论、解决不了发展中的难题。

三、宏观经济政策的逆向转移问题

作为政治和政策选择时最为关键的杠杆体系，财政、货币政策工具参与经济运行与宏观调控。不同经济体的经济基础、道路、制度、文化以及发展阶段的差异，使各经济体的财政货币政策各有千秋，但政策的逆向转移问题具有程度不同的共性特征。

（一）宏观经济政策工具的功能定位

1. 契约政府的有偏性选择

不同的制度、不同发展阶段，对理论范式和政策框架有不同影响。经济基础、政治架构和意识形态，决定宏观经济政策的定性与职能定位。作为政策工具和杠杆，实现对经济体系的宏观和微观的调控，需要作为杠杆效应支点作用的物质基础，即需要具有独立自主性。这种物质资源基础，至少能够成为一种置信威胁，政府以此作为履行政府性质、意志和价值取向的权威及持续驱动力。

契约政府调控力度相对市场存在薄弱和劣势，必将放纵市场的自发无序性和对整体的危害性；与此同时，市场也会侵蚀政府所履职的范围，破坏政府的公共选择的独立性和公共性。西方资本主义国家 20 世纪 60 年代凯恩斯主义的失败和 20 世纪 70 年代自由主义的盛行，正好体现了市场对政府的冲击和替代。对于主要依靠税收（和以此为基础和抵押的公债）作为收入来源，并且税收被自由主义倾向的强势既得利益集团不断强制要求下调的契约政府而言，接受资本的调控和选票的威胁，必须向以上两方面妥协而致使公共性受损。特别是经济基础的缺失和财力来源的限制，迫使政府与政客除了讨好前者以外，还要做好无底线的政治表演与口水战。所有这些"现实"且"无奈"之举，都只能将政府的定位指向政策行为的非独立性、非中立性和对公共性的根本性背离。因此，政府及其政客在具体事实上的"双标"甚至"多标"，均属利己本性这一根本原则驱使之下的善变的"自适应性"调整，正如基于自身安全利益的本能性需要的变色龙，总能适时依据环境条件的改变而自行调整。此类体现为"财富观单一、价值观离散"的西方社会传统。

2. 优先赶超型非均衡发展路径的逆向转移问题

从政府理性行为的角度来看，公共机构在履行公共职能时，需要从公众的角度、长远的战略高度，以独立的立场，对资源和社会发展进行配置调节。但是这里的问题恰恰在于，上述条件并不能得到满足。政府行为不足与失当，造成公共选择的有偏性和收入分配的逆向转移的制度化。例如，作为契约政府，它正是被保护的企业所选举出来的，其独立性的丧失并为资本效力，正是其倾向于有偏性选择的理性所指使。特别是对于后发国家实施旨在快速工业化、赶超型战略与政策选择而言，不仅仅需要超越个体、局部的利益冲突，而且还需要基于科学、系统、可操作性的理论研究，以及各方面的宣传和引导，在达成共识之后，才能达到集体行动和预期的发展目标效果。

例如，在进行产业布局和区域经济发展战略选择时，政府的职能是任何个体企业和个人所不能替代的，也不受其制约影响。这对于社会主义中国的地方政府而言，是其基本职能，由党政宗旨使命所决定。问题在于，理论界的研究和人民群众利益诉求的明确表达将是重要的前提。因为对于政府（尤其是存在不同地区和层级区别的政府）而言，它对经济基础特别是公有经济、国有企业及财政货币政策的掌控权，决定了它具有强大的政府决策能力和介入及干预能力。中国的党政制度体系，也决定了从政治组织决策层面具有民主集中制的辩证统一的科学性。因此，从经济基础和政治制度，从决策层到操作层面都具有旨在公共性的公共选择，坚持整体性、长期性的统筹协调性。

将理论政府（或西方契约政府）类比或等同中国的政党和政府，以此用西方范式框架方法的正统消解中国的实践探索，这不是科学研究上的实事求是。但凡从中国自身的历史、实践、事实等实践性和人民性出发进行科学研究，均不会做出上述选择。而可以发现与契约政府不同的是，中国的共产党与人民政府的性质、使命、担当具有独立性、人民性和历史使命担当。基于此，对于经济社会中的结构性问题的解决，自有其更多的现实基础和制度保障予以实践。

（二）效率优先原则对产业发展的促进

1. 产业促进加剧高端产业对传统化产业的权益汲取

基于资本逐利的动机和竞争压力，追求推陈出新的创新，以谋求垄断利润，是资本的理性选择，是产业升级走向高端化路线的经济动因和动力。经济从实体转向虚拟，由工业转变到金融业，避实就虚，实现强势资本对经济的掌控，使金融业的利润率远高于实体经济，因为实体经济中的任何高利润率的产业都将通过金融杠杆的方式来稀释。金融行业在政治上的地位不是源于其权术，而是源于其经济上的主导权和垄断地位。

然而，经济危机的发生，从早期的特定产业向更多产业波及。特别突出的变化是，从传统的产业向更具现代化和先进性的信息网络和金融产业波及，并最终将危机锁定在这个具有核心和基础地位的产业中。这是由于产业的演进与危机爆发的行业演进，存在内在的一致性：新兴产业带来危机发生的新起点和新领域，并且随着新产业的重要性和影响力的不断提高而彰显危机深化的程度。

金融业将信息技术植入自身体系，在经济体系中的地位和影响力是空前和最大的。而从社会生产和可持续性再生产的长期演进来看，作为后工业化进程中的发达国家的产业演进，基于既得权益而使用杠杆效应，以达到有效掌控再分配权的目的，使商品生产的地位让位于权力和利益的分配，生产服从于分利。产业结构因为垄断性分利的主导性而分化：传统工业的衰落、空洞化或外逃，基础产业依靠政府救助。从共容性增长来看，生产本身的空间仍有待进一步扩大，但是在既有的分利格局下，在资源和科技供给相对其需求而言更显充分的当代世界，周期性波动和缓慢增长早已作为当代西方国家共有的现实窘境。

问题远不止于此。高端产业的勃兴正是在政府产业政策的积极支持下兴起，完成对传统产业的竞争优势与超越；契约政府在放松对资本管制、放纵自由竞争以后，反被代表技术和产业方向的强势资本超越和干预，公共政策的公共性逐步丧失，凯恩斯主义的干预政策覆水难收。分配上的逆向转移从个人对企业转变为传统向现代、低端向高端、外围向中心。分权带来分利导致分化的资本逻辑，从未放弃其发挥作用的机会与可能。

2. 传统（必需品）产业的利益补偿难题

相对强势和利润丰厚的"高新""垄断"性产业而言，传统产业在社会分利中的位次显然要低很多。这种落差迫使传统产业携资跨行业转型，给仍然在位者留下基本的生存空间。作为弱势的传统农业，正遭遇此种尴尬：对于农业从业者个体，则是低效率且低回报的；对于国民经济和社会发展这一整体，又是极其必要的。与此同时，新冠肺炎疫情让人们发现，生产防疫口罩，同样是作为必需品而极其重要的，但是它却是发达国家产业链中极其短缺的。这些相对弱势的传统产业，构成整个经济社会的致命短板。

社会发展的全面性和人的全面发展多元化的需要，决定了各方面供给的准备与常备。这些准备和常备在一些条件下可能显得多余，但它又是必需的。因为它是全面发展的一种预备性和常设性付出。就像应用学科和基础学科之间的衔接关系一样。基础学科更注重基础和原创性，由于它并不能一直带来持续可观的经济利益，但是其基础性、支撑性、不可替代性绝不可忽视。因此，将两者之间相互有效衔接才是有效处置两者关系的途径。

解决上述问题的核心，仍然在于如何超越个体理性并对其私利进行社会补偿，在失衡的发展动态中既保持方向性，又把握系统的结构功能性，实质就是"补短板"。强势资本主导之下的自由主义教旨占据主流经济学家和社会正统的高位，因此补短板的问题不在于如何补，而在于补不补。财政货币政策服从、服务于资本的个体理性、局部效率的逻辑，而不能够推动对整体结构优化及其功能的更好发挥的发展性逻辑，不仅放大了资本借助技术、金融和政治的杠杆效应，更是通过分配的逆向转移，离散产业结构、分割就业结构及分化社会结构，将各类主体之间的失衡与对立引向更深入。经济社会的分化与极化，在今天看来，已不是缺乏经验实证的危言耸听。

（三）公共选择的偏向

政府介入经济，发挥干预作用，源于资本主义引致并爆燃于该体系全局的战争和经济危机。在战争和危机间歇还能常态性维持，则是基于对有效需求不足的"管理"需要。需求不足的幽灵迫使经济社会对财政货币政策的刺激需求、激励供给的高度依赖。这是自由主义在面临其内在困境时向政府干预做出的极为尴尬的妥协。

在个体和局部效率优先、资本逐利强势主导竞争规则的生产与分配格局中，既有制度、既得利益，以及分配和再分配，都是给定的无法改变的事实与理论前提。因此，正统的理论分析范式框架方法体系也不会改变，其理论观点和政策建议，特别是财政政策、货币政策，均属大同小异：积极财政和数量宽松货币，则完全依赖既有制度体系与格局，而绝不是对该制度格局做出任何有可能改变财产权利和分配制度的调整。因此，制度、理论、政策的同质性，经济绩效的趋同性和"永恒性"也是事实上与逻辑上的必然：低速增长、发展迟缓与潜力巨大、实力有限的悖论始终存在，而社会民生改善的空间极为有限。

特别是在历次危机中，社会底层生活状况并没有摆脱民生底线，也就是说，社会发展未能赋予人的发展程度和在应对社会风险成本所具备的能力的历史性或不可逆的提升。因此，经济的复苏、增长及发展，并不是普惠性和持久性；特别是，它不属于大多数人，而主要属于和保障正统、主流或上层的既得利益群体的旱涝保收。从经济绩效和民生发展可以看出，作为干预经济的宏观经济政策实效性并非旨在解决分配问题，而是助力生意人对过剩商品的促销、对社会剩余的永恒占据。

反对政府干预，压缩政府机构及财政支出，主张"大市场""小政府"，是自由主义者们最拿手的"老本行"。地方财政吃紧而迫使政府缩编，是市场逻辑，但不是社会功能发挥的内在需要。在发展程度不足和区域发展不平衡的地区，基层政府财政负担过重，单纯地从"负担重""减负"这个角度上来看，这不具有建设性，不具有系统针对性。因为减负将意味着减少政府机构和职能。这些机构和职能在短期内可能真的不具有立竿见影的或直接的建设性影响作用，但是并不意味着长期都是如此，也并不意味着它根本就是累赘，只是时机未到或者被以反对政府为荣的人漠视了它的功能，拒绝给付政府发挥其功能所需要款项及条件，如恶意避税、无底限地强制政府减税。总之，政府在理论与舆论、在历史与现实中被诋毁和限制。公共选择难以兑现公共性，最终发生了偏向资本强势的一方，加剧了经济社会结构的失衡。

第二节　异质主体收入分配的逆向转移

均衡不存在，失衡却常在。异质性主体虽然均为理性行为主体，但其差异性更值得关切。通过实践具体的不同，发现异质主体基于其非对等经济关系而实施的收入分配的逆向转移的机制与过程。

一、自然人个体之间的逆向转移问题

个人追求独立自主，"不受任何限制地花钱做一切想做的事"[①]。但他们的理性能力与自由选择的空间被既有财产权利和法律制度严格框定，逆向转移将他们联系起来。

---

① 菲利普·克莱顿，贾斯廷·海因. 有机马克思主义：生态灾难与资本主义的替代选择［M］.孟献丽，等，译. 北京：人民出版社，2015：112.

（一）自然人个体的差异性物质前提

在经济学中的名人鲁滨孙被用来比作经济学中理性人的原初状态：他没有像马克思那样揭露资本的原罪，而只需要基于消费需求而进行一个人的分工及生产，并与自然进行交换。而将他再移植人类社会中，所有的人不过是以鲁滨孙为原型的演职人员。事实上，这种移植不过是将人与人之间的社会属性再度抛弃，又将人类退回到丛林之中的动物的极端自利的严酷生存法则之中。

然而，在真实社会实践中，并不存在此种假设与捏造。在实践具体的行为主体中，居民是最为基础和广泛存在的个体。他们在不同的制度环境和条件下，具有不同的行为特征、理性程度与行为能力，彼此之间在社会属性这一高级层次上更加凸显其异质性。

实例一：作为一名"身无分文"的流浪汉，他几乎没有与他人媲美的资源与社会活动和影响力，既不生产财富，也不创造价值；但是如果他成为一名与其他流浪汉不同的"网红"流浪汉，那么他的一言一行都具有了特殊的含义，会给社会一部分人带来不同的利益影响，他自身也可能因此有所获益。

然而，事实并非如此单调贫乏。我们不妨做如下推演：在成为"网红"后，如果他重新审视自己所拥有的丰富知识、出众的才华优势，并充分利用"网红""粉丝"群体性助推的杠杆效应，达到与资本运营商合作的层次，那么他的财富的迅速累积也是可能预见的。经纪公司、资本运营管理公司、法律顾问团队等，都会为这一切扩张行为提供应有尽有的"协助"，实现利益均沾。一个由乞丐蜕变为巨富的传奇，跃然各大传媒和名人传记之中，久久地"激励着"亿万观众读者。当然，这样的人物与鲁滨孙这一形象正好相反：他处于真实的社会关系，并利用了社会关系网，将自身所拥有的长处社会化为他人所需求的资源，甚至与其他行为主体结成利益共同体，实现存量性资源趋向流量性财产与收入的变现。

这个故事极其偶然地发生在现代社会中，引发较多的关注。人们的兴趣点不仅仅在于探讨他如何幸运，也不仅仅停留在一些人对他人的不幸进行猎奇与消费，而是应将焦点引向理论的思考：经济社会为他的极具偶然性的"成功"提供什么"天梯"，以及社会为何没有为其他更多的普通人提供如此幸运的上升通道？在现代经济制度体系下，穷人的代际传递、阶层的固化问题，令人看不到彻底解决的一线希望。因此，非常值得探究的问题是，在分配的逆向转移机制日益稳健甚至难以动摇的态势之下，居民之间的逆偏向再分配的基础和机制是否早已荡然无存？居民收入差距的扩大是否成为每一个普通人心中充满焦虑的根源？

（二）自然人个体的选择权差异

作为置身重重生产分配制度包裹中的居民个体，其理性选择的依据虽然是各自权益的最大化，但是当交易的各方存在经济实力的差距时，就会出现效率替代的问题。这是一种以优势方相对弱势方而言所具有的效率性优势方替代弱势方的效率劣势。从交易各方的总体性上看，却是"效率增进"，但是对于再分配却存在收入分配的逆向转移的机制性问题。在实践中相应的实例非常多，否则就形成不了规模和规律。我们以一实例进行相关分析和深入研究。

市场体制下的资本驱动，能够造成社会分层和阶层差距扩大。这一基本态势作用在不同居民身上，他们的个体理性选择会显示出各具特色的"创新"性活动，展示出大千世界、无奇不有的经济与伦理道德"景观"。但是有一点却显得很稳态：逆向转移机制在个体理性选择的自发性共同维护之下，显得异常光鲜，毫不褪色！

事例二：造成拥挤的城市道路上飞驰的豪车越来越多。这并不意味着所有驾驶员的收入水平都达到相当的水平，而是差异性在人们之间并未消失。这不仅增加了中低档车与豪车并行、争道问题的产生，而且相对提高了普通车与之发生剐蹭、相撞等交通事故的概率，从而增加普通车主难以承担的高额赔偿费的风险。换言之，对于豪车而言，无论是普通车主，还是路过的行人，都得为预防突然增加的风险暴露而提高戒备。普通车主提高保险范围与保额，路人尽量绕道，是其理性的选择。这就是不同行为主体面临不同的经济与法制条件的激励与强制约束。

这些普通车主只是因为与他们并不相关的优势方"并驾齐驱"而被迫需要支付额外的保险费用，并且尚无任何市场主体为该群体新增的风险暴露提供权益补偿。当然路人的小心和绕道，也没有得到奖励；相反，却增加了不便甚至成本。由于两类主体之间的风险承受能力显著不同，普通车主和路人的优化（理性）选择是，更倾向尽可能地避让豪车，以降低与之发生剐蹭乃至更为严重的事故风险；[①] 相反，豪车主则因为普通车主及行人的主动避让而获得相对宽松的空间和优先通过权。由此造成的通常性结果就是，在两类车辆恶意超速案例

---

① 基于均衡框架体系的研究可得知，普通车主在明知自身并无过错的情况下，宁可让交通事故发生，也绝对丝毫不相让！但是，基于非均衡分析框架则可以发现，由于信息有成本，有效的权责界定亦有不确定性和成本，这些成本在普通车主看来，既难以预测其后果的严重性，也难以具有现实承受能力。因此，有效的"科斯谈判"难以进行并实现；普通车主选择主动避让，是一种非最优且非对等的有限理性选择。

中，豪车占比相对较高。①

（三）自然人的收入分配逆向转移

基于本例可以发现，虽然不同居民个体都是在个体理性行为动机的支配下，独立地进行优化选择和交易，但事实上，由于资源的分布及其结构转化优化机制决定着各主体之间迥异的激励约束条件和非对等再分配关系。在现实的谈判和交易中，优先权通常被"风险偏好者"②获得。结果将这些独立的理性人连接在一起的是，他们共同的理性选择是从双方不对称的成本与收益结构的对比中，决出胜负：优势方以相对弱势方而言的"高效"的选择替代或部分替代弱势方相对"低效"的选择。从经济意义上看，两者之间已经形成权益分配上的逆向转移的关系。这是一种极具社会达尔文主义性质的"优胜劣汰"的强势替代。强势的既得利益者基于非对等博弈关系被赋予更多个体权益的一种社会实现，是既定体制之下包括弱势方在内的共同性选择的"指南"。这种表面上取得"共识性"的"集体行动"，其后果却是各理性主体共同性地选择了社会整体的系统性离散而不是内在地融合与收敛稳态。

二、消费者个体和厂商的逆向转移问题

现代经济体系大多已处在不完全竞争状态。然而，基于主体差异性来探讨消费者，则显得鲜少却很有必要。作为消费者个体，一方面，由于社会分层的力量将他们区分不同的层级，各层级之间的理性能力与行为特征也会出现层级差距，上面已经探讨他们之间的再分配关系问题。另一方面，在涉及商品或劳务交易的具体环节中，作为个体的消费者居民和与之谈判或交易的对手之间的理性选择所带来的逆向转移问题尤为突出。

（一）差异性消费者及厂商的不完全竞争

在整个居民群体之中，他们之间的差异性至少包括最为基本的财产与收入上的差距。同时，在厂商之间的差异性，市场势力的差距，也是普遍存在的。那么，包括居民与厂商、厂商与厂商之间这两类理性主体，是经济活动中最为

---

① 当然从道义上来说，豪车主在此类事故中放弃索赔的个案的确存在，值得称道；但这种基于道德而缺乏制度依据和保障的行为，并不具有强制推广性和广泛性。

② "风险偏好者"可以理解为抵抗风险能力相对更强者 S。该类主体基于资源优势，攫取来自对手 W 的权益让渡，从而降低其风险暴露程度到可以承受的水平。从再分配效应看，优先权的获得，并不是对先行者偏好风险的"贴水"，而是对后者权益的攫取。

基础性的两类主体。其彼此之间的再分配，则是各个主体基于自身既有经济条件及差距的对比而进行相应的优化选择。即这些差异性主体的理性能力既有基于自身条件的绝对约束条件，也有基于其与对手的差距而形成的相对约束条件。由此所进行"据实分配"是一种有据可循的过程，形成持续并不断强化的逆向转移的关系，而绝不是所谓的随机性概率分布所能扫描和概括的。我们不妨以新近兴起，并拥有增长前景的电子商务行业的相关主体（如今已成为平台经济垄断者）为例进行探讨。暂时主要涉及两种情形的异质主体之间的非对等博弈关系：一类存在于居民与电（网）商之间；另一类是强势电（网）商与包括其他电（网）商在内的相对弱势厂商之间。

（二）消费者个体与厂商之间的逆向转移

事例三：新科技革命时代的产业与区域发展，为信息资源化和资本化提供契机和载体。汇聚大数据和规模效应的优势厂商，在制度空白、成本优势、规模经济及搭便车等便利之下，扩展电（网）商的线上交易方式与空间，与网上顾客及同类商品的其他厂商构成非对等的交易对手关系，推动供求关系个性化匹配，因循"据实分配"规则，进一步放大异质主体之间的经济与社会差距。

具体而言，电（网）商的经营手段有多种可选项：其一，向线上顾客提供"网络专版"商品，甚至不惜以假、次、劣冒充正品，通过量价优势，挤占各地竞争对手更多的市场和利润空间。其二，不仅以诱人的返利来博取买方哪怕是在违心条件下所卖出的"十分满意"的好评，而且更愿意以更大的成本去清除一个"差评"，在购买"好评"和清除"差评"的虚假声誉交易中，构建有利可图的"声誉交易"机制。[①] 其三，配以（或购买）专业化"危机公关"流程，随时承接其产品和服务所出现的任何不测，甚至将交易中受害方"改造"成为配合产品营销的有力道具，诱使其"反转"和现身说法，以冲销个人、网络媒体及其他社会舆论对该厂商所形成的不利影响。由于这种基于网络信息、规模

---

① 这种行为正是不完全竞争厂商众多策略性行为之一，即创造产品差异。这是既有厂商理论的强项。该理论认为垄断竞争厂商通过追加成本投放，向市场供给差异化的产品，以维持和获取较完全竞争厂商更多的权益。

效应的强势电（网）商最终所得能够多于顾客出卖"好评"甚至良心所得，[①] 这种"声誉交易"机制获得交易双方共同的利益激励，据实分配原则得以有力和持续的推动。

（三）差异性厂商之间的逆向转移

拥有庞大规模的电（网）商及其连锁机构，能够方便地基于超常的规模水平、品牌效应、"口碑"传播、信息收集、整合与操纵、寻租能力等各种显性优势，从而形成强大的市场势力与排他性。这种比较优势既能够锚定特定群体性顾客，也能够通过有利可图的机制设计，不断诱致那些目标消费群体不能轻易放弃并且不断扩大对本企业系列性产品的长期依赖，[②] 以此维持优势地位并排挤和打压竞争对手。此外，它们还可以过度挤占公共资源（如信息、能源及国内超大市场规模）。由此，该厂商既施行对相对弱势交易对手权益的定向攫取或者成本转嫁，还形成厂商之间分利与分化交互促进的韧性机制。

然而，资源结构转化优化机制还可能带来更为严重的问题，即"大数据"更易于被大垄断集团在经济社会的顶层加以掌控和利用，从而构成理性能力在更高层次上的不对等。这将造成空前程度和范围的定向性利益攫取或输送，制造噪声和舆论、信息垃圾，扭曲政府行为，改变公共选择，造成有悖社会理性、触发社会系统性风险常规性乃至规模性爆发。

三、异质化主体整体长期非理性：以教育公平论为例

短缺时代的教育资源更为短缺。通过竞争机制选拔人才进行培养，维系根本制度的稳定性。但是在当今过剩与垄断交互作用的时代条件下，教育普及性和教育终身性，在可能性与必要性上皆内在要求教育的公共性、全体人民的可及性。这就是将教育作为实现社会整体长期理性的一个重要选项，用以解决过剩生产与垄断性分配的交互失衡难题。然而，基于角逐私利的激励，各主体

---

① 一方面，相对于该类厂商的同行竞争者（包括实体店）而言，购买更多"好评"的厂商，将具有相对对手而言更强的市场势力和更大的定价权益，以获取更多的市场和利润，这种基于规模的潜在利得可以远远大于基于个体的有限的"声誉收购"成本；另一方面，对于单个顾客，出售接近于零边际成本的"好评"，却能得到"出售声誉"的净收益，虽然他们存在声誉损失，但网络的虚拟性暂时掩盖了这一点代价。事实上，这种悖德行为是弱势群体基于自身利益受损后的一种自主性利益补偿，彰显出不对等博弈助长社会成本上升的特征。

② 这就是当下饱受诟病的垄断厂商的"杀熟"行为。这种垄断行为基于对产品服务或者信息与机制设计权利的垄断能力进行谋利，并非仅能出现在本案例所涉及的行业，而是可以出现在大多数有垄断实力的行业厂商中。

"以资为本""据实分配",迫使教育的准公共物品性质也发生了分流与分层的深层问题。

（一）社会选择的有偏性

均衡稳态永恒的执念,放纵垄断资本与市场"顺周期"的强制力。在异质主体市场竞争的驱动之下,产业、投机及垄断的利润激励,迫使教育的公共性发生偏移,应试选拔机制因此具备广泛的滋生土壤,不可能禁绝。素质教育已很难达到社会理性所预期的目的。

教育体系受到资本制度与市场体系的影响,不可能突破私有权益最大化的"投入产出"逻辑的驱动,教育（或所谓的人力资本投资）也就成为一项"充满正义"和"合理性"的投资与盈利的商业化行为。① 但是,理性人的商业化行为并不是解决任何问题的唯一和有效的方式。"由于逾越阶层鸿沟如此倚重教育,而贫困社区的教育质量通常不高,因此有色人种想提升阶层遇到很大阻碍。"② 也就是说,教育的有偏性选拔竞争,降低了教育本身的公共物品的性质,也扭曲了教育过程中的实效性,诸如素质教育难题和意识形态问题困扰着人才的科学培养。

个体理性集体性选择放大差距和侵蚀公平,是提高社会成本、侵蚀社会公正的微观基础。这种社会非理性造成的社会成本,究竟如何分摊? 对于这样的问题,显然缺少正面回应。旨在保障社会理性的制度缺失,社会成本只能以非均等性方式和途径分摊给每一个人及其后代。这种再分配的实质正是:由社会弱势群体更多承担成本,更少分享利益。只要关注一下著名高校生源的家庭和社会背景,再考察一下诸如"毛毯厂中学""衡水中学"学校高考生的真实学习与社会状况,以及市场化程度高的地区的人口增长率更快下降的势态,就不难发现,包括教学资源,教育、就业及发展机会并非均等性分配与改善。正是这种预先客观存在的非均等性分配状态,将进一步造成更多或更大的非均等或对等性,助长教育与发展机会在未来的收入分配上的逆向转移效应,最终对人与社会的发展动力与潜力构成根本性制约。

（二）教育分流的社会分层问题

在将高考、中考升学质量与升学率作为指挥棒的人才评价和就业标准的机

---

① 加里·贝克尔. 人力资本 ［M］. 陈耿宣,译. 北京:机械工业出版社,2016:24-89.
② 约瑟夫·E. 斯蒂格利茨. 重构美国经济规则 ［M］. 张昕海,译. 北京:机械工业出版社,2017:88.

制之下，教育也形成一种社会分层的强制机制。由于学习成绩和家庭背景已有极大的相关性，低收入群体的大多数人及其子女成为竞争性教育的受害者，而对于新起的中间阶层而言，他们对教育的高度敏感性和对子女教育的机会、质量及接受高等教育具有最为强烈的需求刚性与焦虑。这些都加剧了教育竞争程度，加强了竞争性教育资源逆向转移与阶层分化。内卷与躺平成为一个值得深度考虑的现实问题。

随着私人资本的快速增长与聚合，在基础教育阶段，公立学校优质教育资源相对短缺问题日益突出，私立学校的快速兴起，在赋予较高收入群体以更多选择权利的同时，也增加了种种不确定性和更多改变现状的经济基础。

事例四：资本驱动、市场运作，兴起私立教育。为相关收入水准和阶层群体量身打造的教育竞争方案，对既有公立教育体系与模式展开针对性进攻策略，并拥有所接受监管相对较少的优势。因此，它们具有改变教育现状、取得更多优先权和竞争力的特征。但这种资本与市场相结合的投资行为，并不是社会理性所需要的大部分甚至全部，因此，伴随着它们突出的优势展现的同时，也必然出现很多问题。只是这些问题被转嫁或掩盖。因此，鉴于当前基础教育阶段出现的过度竞争引起中小学生学业压力过大，唯分数的应试教育，教育资源的分配问题，党政各级都在着力规范教育培训机构及其行为，试图布局"减负"，引导科学、健康的教育理念与方式，以遵守科学教育方式，并维护社会公正与可持续。但是根本问题并未触动，真正减负之道还很漫长。

需要明确的是，私立学校在土地使用、城市规划设计、市政设施建设、公共物品供给等"改变现状"（打破原有"均衡"）方面具有很强的影响力，具体表现在三方面：其一，通过成本优势获得"教育征地"，改变土地用途，并且改变学校附近居民延续多年的成本收益结构。学校附近的公路段，特别是在"错峰"渐次上学和放学时段前后，被永久性地挤占成特定群体的"私人"停车场，新增通过该路段所有车辆的拥堵时间、剐蹭风险及民事纠纷率。其二，周边居民区学区化，附近居民被迫改变生活和出行方式。例如，增加出入时的拥堵程度，诱致当地政府增设专供接送学生及其家长使用的临时"公共"停车的区段与时段。其三，校区现状的改变，增加警力供给，改变公共物品供给的结构乃至"公共"属性的后果。私立教育放大基础教育资源分布不均等程度，改变公立教育乃至整个基础教育的方式和结果，强化教育产业化、市场化、资本化逻辑，社会公平与可持续性均受到进一步侵蚀。

就本例可发现，对于能够"改变现状"的主体，他们可以获得目前来看仍是可观的回报。这种投资方式，并不是任何理性主体都可以自由选择和享用的。

因为，作为理性主体的普通居民个体，他们并不具有改变现状的资本规模与市场势力。但是，机会是预留给特殊利益集团（虽然其本身也是由极少数人所掌控）的。由于它们对资源、网络等杠杆效应的掌控，既能够实现倍增的理性能力，也能够游说和俘获某些地方政府，塑造有偏向性的"公共"选择。更为严峻的问题在于，大多数普通居民与少数企业集团的竞争能力差距，可能造成在任何可能的投资与发展机会上的非对等性分布，"把机会让给他人"成为一种事实性条件。

从异质主体的社会层面和长期演进态势看，资源禀赋差异不仅能够自我放大，而且在公共机构的公共性不能发挥积极作用的时候，还能够诱致更加有利于比较优势方的集体性选择，共同加剧有发散性而非自发收敛的失衡态势。

（三）整体非理性的社会成本

通过高考决定中考，相应地中考决定"小升初"，而"小升初"对学前教育形成"倒逼"，最终使整个社会接受教育分流分层的事实逻辑。如此一来，家庭经济与社会状况在普遍而且内在地影响着学生的整个教育链条，而接受和享受公共教育资源的机会，要通过分数段进行区分和分流，优质高等教育资源在不同阶层之间产生逆向转移，甚至对未来社会进行分层。这种分层形成了一种指挥棒，一环扣一环地嵌套，约束教育的普惠性和促进人的发展性。

私立教育形成强势供给以后，整个供给具有市场竞争的基本特征和不得不关切的社会成本。市场化在教育事业中的作用，诱使教育特别是优质的教育资源，并没为落后地区贫困家庭准备丰厚的午餐。公共物品的可及性成为一部分特定群体的优势和资源，同时没有发挥公共性这一根本性的作用。从这个角度上来看，高等教育作为一种发展人力资本的手段途径，是一种发展的手段和途径，而不应当成为垄断资源，不能扭曲教育本身的目的与意义。也就是将教育作为一种公共物品供给，不能成为放大差距而是真正的缩小差距的机制和工具。

以竞争效率的名义，通过教育资源的市场竞争式分配，不仅未能增进社会流动性、解决差距难题，反而加剧社会不公平。社会竞争不应当在教育上发生，就像不应当在人种上发生一样。因为过剩与垄断的交互作用，迫使过度竞争、拉大差距与社会歧视乃至鸿沟，构成汲取型增长和不可持续的发展。这是整个西方世界向整个世界发出的实践警示。

以高科技发展作为基本前提的社会，对于教育的需求就像人对生存与发展权的需求一样，构成基本的权利，而绝不能继续作为优胜劣汰的依据。近年被曝光的冒名顶替他人上大学事件，体现出竞争性教育给低收入群体造成贫困代际传递的作用：获得或失去教育机会，对于劳动群体成长及其人生都有实质性影响。将教育发展机会作为竞争性门槛，阻挡了低收入群体参与社会发展与减贫共富的步骤，与扶贫脱贫、全面发展的目标存在根本矛盾，构成社会整体非理性，成为不断增长且难以承担的社会成本。

第三节　地区差距中的收入分配逆向转移

低碳减排战略构成对传统实体产业的限制，传统产业弱势地位被政策界定。不过，就产业链完整性和国民经济的安全需求而言，被迫沦为传统产业。在面对产业深化和社会转型时，各地区自主选择一些制度与政策加速产业升级进程，却构成地区及产业间的逆向转移效应。

一、产业发展差距引致地区间逆向转移

（一）产业升级的地区差距效应

现代化进程中，发达地区首先表现在工业化、后工业化。这些新型产业与传统农业对自然条件的高度依赖并因此而"均衡"分布不同，它们基于社会性的因素，如历史、经济、政治等差异，从而发展路径与绩效大有不同。研究地区性差距，显然主要是考察各地工业化、后工业化的程度。换言之，各地产业结构的质量决定着各地的综合实力与未来发展的潜力。

现代社会正是在技术、资本的制度联合创新与相互促动下，依靠过度生产过剩产品（服务），实现资本增殖、扩大社会控制权力的目的。[①] 而高新技术产业带来新的经济增长点和强势竞争力，是在正常的国际国内经济条件下进行，问题在于均衡稳态并不是一个正常状态，而是过剩时代的生产分配规则之下，产业发展的高级化，靠新旧产业之间的利差来推动。无论是市场自发，还是政府理性，创造差距而不是缩小差距，成为激活先进产业竞争优势和竞争力的基本途径。依靠理性主体不对等竞争的权力机制，维持高新技术产业，继续升级维持垄断优势地位，拉大与传统产业的差距，并依据产业而发展的各地区，既可以因产业崛起而兴，也难以避免因产业落后而衰落的势态。

---

① 马克思，恩格斯. 马克思恩格斯文集（第 2 卷）[M]. 北京：人民出版社，2009：36-37.

刺激传统产业复活（如美国再工业化），解决各地产业发展失衡造成的落后地区发展与就业不充分的问题，则说明各地区的产业体系完整性和合理比例对于经济社会整体的效率公平性的基础性意义。也就是说，不能因为资本逐利动机而放任其追求高新技术产业竞争力，放弃对传统产业、落后地区的逆偏向政策加以补缺。因为这种顾此失彼的极化逻辑丢失了辩证法，背离了历史与实践的规律性与价值追求上的人民性。

换言之，为了体现和实现社会公平而选择补短板的逆偏向政策，可能会被强势主体（发达地区）以"保护落后"、侵害效率为由，以真正达到保护这些强势主体个体的效率，并且阻碍其权力、地位及后续利益可能受到来自那些被扶持的后发地区和产业实体的潜在威胁。强势群体对弱势群体的相对优势的保持并对后者发展的限制，虽然有助于收入分配逆向转移到强势群体，但是经济社会总体将要面临结构失衡之下的风险、危机及成本。这种系统性风险成本，并不能通过市场和保险的途径加以对冲，因此结果只能是按照社会性权力进行逆向转移式分摊。以既有差距扩张更大差距的逆向转移机制，始终如一地发挥财产权利及收入的再分配作用，并且这种势态已经扩展到产业、地区这一"中观"层面。

（二）中低端产业定位对增长潜力的刚性制约

在传统农业向工业化转型阶段，新兴工商业阶层具有向更新产业发展、扩展、扩大的资源、技术、效率及效益。这些具有先导性的经济力量在收入增长、财富积累上具有突出的比较优势。只有在社会和政策的激励下，才可能带来农业、农民转向工业和城镇的"推拉机制"[①]的潜在能效。在随后的工农产业相互协同发展中，很容易发现一个共同的特征：两大产业的生产均体现出了生产技术效率不断提高、产量增大，相关从业者群体的收入得以提高。但是，这一过程中暴露出来的差距也更为尖锐，即工农产业的国民经济占比、工农产业从业群体的财富占比及其变动率对比，以及城乡发展程度的对比，均显示出农业相对工业的弱势地位，以及农业发展空间的局限。

生产实践的发展创新性，不仅提供了再生产的基础，也会依据权力或所谓的"比较优势"维持掠夺性定价（分配），依据想象中的随机性分配或者绝对平均分配，很难保障上述持续创新与长期发展的实践能够实现。随着社会发展的持续进行，分配不是仅仅在分配物品的绝对数量，而更重要的是分配对象变

---

① 张培刚. 农业与工业化 ［M］. 北京：商务印书馆，2019：54-55，118-119，265-266.

更为收入和财富的占比。这种占比将会形成新的占比，而绝不会保持不变，因为社会生产与发展还要继续，在生产再生产中摆脱短缺的刚性制约以后，原始的功能性分配的作用也会变成有很大伸缩空间、涉及发展程度的约束条件。

人类社会发展的过程是一种不断累积的过程，是继承性和批判相结合、有机联系、相互统一的关系，达到螺旋向上的进步与曲折的辩证统一性。这与作为理性个体为追求创新效率而选择对其他主体具有破坏性的外部性相符。这是个体理性与社会群体及整体理性相对立、强势主体取代弱势主体的典型的逆向转移。因此，在产业不断升级中，正如工业化并不能否认和替代农业产业的基础性地位，后工业化也不能否认和替代被传统化的工业。后工业化进程中任何新产业的发展，都需要以不断被超越的传统化的产业为基础性前提，并需要对此类产业进行改造、升级及优化。

因此，增长与发展中的非均衡性质，又要体现为产业升级和高级化过程中，高新产业的垄断高利润性与传统产业的低端微利之间，如何面对和应对彼此之间的定价权、选择权的落差，以及由此必然引发的收入及成本的逆向转移问题。通常的简易情形就是，以逆向转移形成的超额利润刺激供给能力的快速增长，放大产业、地区的差距，带来高新产业主导下的地区经济总量与竞争力的显著提升；与此同时，也可能会强制其他地区保持相对落后产业与较低的产值，形成两类地区突出的落差。正如实践所表明的：产业升级优化地区集中表现为富余状态；传统产业集中地区则发展迟滞。

二、优先发展战略造成地区间逆向转移

后发国家的赶超型增长局势决定了集中优势、选择优先发展的战略。以特区赋予特权的方式，允许一部分人一部分地区优先发展。这被誉为增量改革，或所谓的"帕累托改进"的举措与事实性后果相反：以权益和成本逆向转移机制构成差距的不断扩大之势。

（一）优先发展战略的地区差距效应

传统产业向先进高端产业迈进，逐步摆脱生产对自然资源和人力的依赖，规避传统产业产品的过剩和微利的约束，实现生产上的规模效应和分配上的杠杆效应，结果上的虹吸效应增强优先发展地区产业实力与竞争优势，从而该产业及地区获得更多的优先权，是优先发展起来的发达地区的共性特征与路径依赖。

非均衡发展战略通过特殊地区的特殊优惠政策，集中各地资源汇聚于此来

增加该地区经济的集聚，推动创新和超速发展，实际上起着众星捧月的产业集聚和社会集聚的效应。这种发展模式一方面形成并不断扩大对外的竞争优势和潜力，另一方面也必然带来地区性的差距会越来越大。因为资源的集中与虹吸效应，对于资源集中地而言，造成多方面的比较优势；对于资源流出地而言，则是资源、权利的流失和发展机会空间的被抽取。发达地区与其他地区差距的形成和扩大的势态表明，差距既已形成，则将不可能在现有的制度体制机制之下自行缩小。只要翻看统计机构发布的统计年鉴即可直接看到各地经济总量及人均水平线的高落差性和接近平行的势态；而从实地考察的角度看，能发现地区间的综合性差异更为突出。

地区性经济发展及决定差距大小的主要因素，集中于产业发展趋势和国家发展战略选择。例如，相对于最早开放并快速推进工业化的产业集群及城市群而言，其他尚未开放或更晚放开的地区，则完全不具备这种战略和政策的优先发展和特区赋予特权的条件。同样，对于以工业化为主体的发展趋势，保持一些地区的"主体功能区"的战略选择，如粮食主产区、18亿亩耕地红线，自然资源保护区、饮用水涵养地等出自国家战略及政策。然而，正是此类战略和政策选择形成逆向转移，长期累积为不断扩大的地区差距。

（二）产业布局中的地区差距拉大

从历史经验与实践逻辑来看，第一、二、三产业的次第纵深发展与拓展，具有显著的累积性效应，也就是后来者虽然居上，但不能完全替代前者。产业越是处于初级阶段，相应的地区整体发展越滞后。由于资本与市场的高效结合，第二、三产业的效率与总量远超第一产业。因此，现代化进程中的地区差距主要体现在各地产业向纵深拓展的速度与程度，即第二、三产业的可发展空间与已经发展的程度。这只是就地区个体而言的效率角度进行理性化选择的依据。但是从各地区的总体而言，总体的效率与利益的统筹协调以增效，要比单独考虑局部个体理性更加有必要注重和确保效率公平性与可持续性。

显然，制度和自然因素的决定性，发展全局对地区分工的客观要求性，以及其他多方面的因素，最终决定了国民经济在各地区的产业布局和格局。因此，基于整体与长期的高度下进行战略布局谋划，就是将全国作为一整盘活棋，应国内外时代条件与发展趋势，进行产业与地区的协作分工上的布局。就此而论，率先开放地区、领先进行工业化、最早开设自由贸易区，皆有其必要性与合理性；但是，同时还有粮食主产区、生态保障区、饮用水涵养区、经济技术开发区、某某工业园区、生态旅游度假区等诸如此类的功能划分，在很大程度上决定了产业结构在不同功能区上的异质性，以及由此造成的传统增长观下的贫穷落后性。这种布局决定着各地区的经济增长与发展程度的重要差距。具体地看，工业化和后工业化程度越高的地区，其开放度和增长与发展程度越强；反之亦成立。

随着各地增长、发展的差距拉大，实施形式多样的"反哺"或利益补偿政策与机制也越来越多地被发现；但引起差距拉大的分配逆向转移机制并没有被取缔或被改变，基于对效率保护和保障的补偿性转移支付，并不是对逆向转移本身的优胜或取代。东北地区、西部地区、中部地区，与东部地区的增长、发展的差距，在根本逆向转移机制不改变的前提下，恐怕将很难有很大的改观。

三、差异化地区间形成虹吸效应

效率优先直接激励生产扩张，以羊群效应的方式释放经济活力和带动产业振兴和地区经济腾飞。这是基于自由市场逆向转移的再分配效应所形成的虹吸效应。这种具有顺周期性质的机制，不仅存在于理性个体之间，也在放大各地区之间的差距，使矛盾加剧而非收敛至均衡与均等。虹吸效应体现出发展程度不同的地区间的非对等、非对称性资源流动的逆向转移问题。

对内进行市场化改革，对外开展贸易开放，实质是放任资源流动和差距拉大的逆向转移机制。劳动力的流动首当其冲也最为关键。"孔雀东南飞"，成就的是率先开放的城市和相应的地区。劳动力的流入地区，既形成了劳动力供给和工业化的推进，低成本的工业化的推进，对流入地区经济的高速增长贡献才智、力量以及剩余或储蓄的积累；同时，也使得这些地区占了改革开放和发展的先机，不断地引领时代，引领发展的前端，不断争取更多更宽广的政策优惠。即使是高等教育，其资源分配亦存在有偏性，招生的属地化属性非常明显。教育发达地区往往也是经济相对发达地区，对人才的聚拢效应也是热点地区。

然而，对于劳动力流出的地区而言，劳动力供给的绝对减少和弱化，工业化发展的不足和滞后，农业生产的萎缩以及消费水平的外溢，均不利于当地经济社会竞争力增长和综合实力发展。特别是这些地区由于发展的水平、速度及机会的相对短缺，劳动力特别是高级知识分子，以及资本都成为要素外流的受害地区。这对该地区的发展基础、市场容量、投资环境、融资水平、发展潜力等，均构成绝对劣势。

资源流动的非对等性，不仅造成空心村问题，还必然会因为地区之间竞争造成落后地区的空心城问题。空城化的极端化例子之一，是资源型城市基于资源优势和过度的开采利用资源而忽视其他资源引入、利用和发展；还有作为传统老工业基地或落后地区，城市空心化与发达地区的城市规模扩张，超级城市的出现皆有程度不同的因果关系。各地区在争夺稀缺资源的再分配时，落后地区存在的资源跨地区性单方向流动的劣势，生产与分配的地区性差距不断拉大，放大落后地区城市增长与发展的成本及动力差距。因此，在发达地区及其城市日新月异的对照之下，资源流出地区及其城市的发展缓慢甚至止步不前的情形不容忽视。总而言之，有利的条件会创造出更多的有利条件，差距会创造更大的差距。只是这种马太效应早已经不再局限于人与人之间，而是扩展到地区之间、城市之间、城乡之间，等等。

由地区差距形成的各类资源的虹吸效应，正是地区之间的逆向转移机制的作用。它不仅打破了原有的资源相对均等地分布于各地的初始状况，而且也将各类资源及其主体在长期的动态性流动和配置中，仍然将最优越的资源放到最有利可图的地区，成为拉大地区性差距的持续新增性动力源。这是非均衡发展战略之下的地区之间非均衡的自行扩大机制。显然，通过放任地区之间的自由竞争来促进均衡发展，这种旨在践行资本逻辑的选项，不可能实现各地区发展的均衡与繁荣；而需要通过国家的层面及国家有意的支撑，才能够缓和矛盾优化整体的结构和社会的平衡发展。

事实上，随着人力资源的流动所带动的资本流动，通过市场自由竞争和自发行为，无论是人力还是资本，均优先选择投入发达地区及城市，而不是反其道而回归原初的落后地区。这种正当且合理合法的个体理性选择，其结果则是形成地区差距，并能够继续衍生出更多方面且更大的差距。这是增长与发展的体现，也是其阶段性目标结果，但绝不是不再改变的"均衡稳态"。

特别是后工业化时代即将到来，各地对人才的引进竞争是全面性的。不仅看学历，还看经历，甚至还看本地人口特别是年轻人的总量。由此各地竞争将展示为两个争夺，一是作为消费需求主体的人口争夺，实为地区的政绩和行政级别的竞争；二是经济发展质量的比拼，即对真正所需要的人才及资本的竞争。人才的争夺和企业之间的市场竞争有很大的类似性，即基于各自的比较优势而进行竞争。发达地区对人才争夺战正酣，对于那些无法安放的父老乡亲，正在和将要由谁来认领？一个地区的发展，必需要由更多地区的发展滞后和漫长等待来予以成全和衬托？显然不可！不难发现和预测，阻断逆向转移，旨在统筹协调全面发展，补齐短板，缩小地区差距共致富，才是沧桑正道。

第四节　城乡差距中的收入分配逆向转移

如果孤立和绝对地看"三农"（农业、农村、农民），那就未必是令人不安的"问题"，而是有着今非昔比的大发展、大成就。如果将"三农"加上"问题"这个后缀，那就是从非孤立、非绝对的比较视野，以辩证的方法研究问题和解决问题。从中就能发现，"三农"问题实指城乡、工农、民生的差距与发展中的制度体制机制的问题。显然，这需要从制度体制机制上寻找症结与对策。

一、快速工业化进程中的优先发展战略选择

城乡差距的形成与不断扩大，有其历史基础与现实制度驱动性。基于农耕生产方式的自然经济，主要依托农村和土地；而基于商工生产方式的商品经济，主要依托城市。随着后者的不断发展，形成了对前者实施替代的强大新生经济力量与新的思想行为机制。作为传统农村及农耕，基于天地与人力的自然局限性，致使此种生产方式遭遇近现代以来的工业化和城市化的致命冲击和不可逆的替代。这种社会转型的动力，主要源于后来者在新兴商工产业在经济实力与利益分配上的空前优势。沿袭农耕的自然经济形态的农村，与新兴强势的商工之地城市，两者之间差距的形成，正是基于两种时代和制度差异所造成的经济效率差距。从理论逻辑和势态演变的结果上看，这是一项基于非均衡性、具有系统联动性的经济社会工程，其结果是众多异质主体集体选择，无论他们是否"集体性"地持欢迎与支持的态度。这一有偏性"公共选择"，所依赖的正是经济利益的激励和约束形成推拉机制，迫使各类资源不对等、不对称地流向工商企业、城市及发达地区，完成稀缺资源的集中，实现产业的规模效应、金融杠杆效应和区域积聚效应以及虹吸效应的发挥和释放，由此构成"拉大城乡差距"这一基本态势。

作为后发国家，大力推动产业转型升级，加快工业化，从而将与之伴生的城市化一同带入快速增长的通道，而降低农村和农业对增长与发展的重要性的关切与支持，目标在于经济整体上的大幅增长和快速赶超。激励农村地区主动向外开放和转移的关键在于，在较早开放和发展的城市和地区快速发展的同时，长期维持农村土地及产业的过低收益率和相对更少的发展空间与机会。而利益与机会主要集中在城市，特别是越大的城市，其优势及与之形成互动关系的"虹吸效应"能力就越强。城乡之间的这种落差，形成资源与人力自行流动的

"张力"足够强大，以便于数十年以来都在推动农村富余劳动力向外流出，形成表象上的"劳动无限供给"的特征。而拉动农民工向城市流动的动力机制在于，人口流动使农民产生关于相对优势的意识并获得不断提高的现金收入。这种基于长期维系的城乡之间过高的权益落差而形成的"推拉机制"，助推工业化、城镇化转型。然而，即使在"刘易斯拐点"之后，也不能打破"三农"问题和城乡二元经济格局。因为这一格局首先和最重要的不是纯粹的市场行为，而是有偏性制度导向的结果。这一结果虽然有时被称为"增长中的烦恼"，但的确是"优先发展战略"之下非均衡发展的结果，也是产业和空间非对称性分配的负向回馈，更是典型的城乡权益逆向转移机制的作用使然。

二、土地二元、居民两类的制度强制性区分

在传统农村向城镇化转型过程中，新兴产业及其群体与传统产业及其群体之间的代际差别和收入分配落差，迅速成为这一转型期的突出而且重要的推手和难题。对于由农耕向商工转移而言，土地的城乡二元定性和居民的城乡二类界定，是城乡逆向转移并累积为城乡差距问题的核心和关键。

伴随现代化进程，因国家之大、人口之众、小农传统之深厚，从而促使土地制度的二元定性，由此所决定的城乡差距问题更为广化和深化，如城市基础设施的规划与建设的激励；房地产与金融健康有序发展[①]；土地制度及其改革对解决"三农"问题实现乡村振兴的影响；各地区及城乡居民收入分配差距问题[②]；居民收入差距对住宅问题的系统性解决问题；经济社会总体层面的统筹协调与长期可持续，诸如此类似乎都有道理。

但是，经典名句"安得广厦千万间，大庇天下寒士俱欢颜，风雨不动安如山"，道出封建农耕时代土地和房屋的极度短缺。新中国社会主义改造与改革开放，打破土地私有制，实现土地公有，放活土地产权权属配置，解决土地私有制下的生存问题，但是在更大发展道路的选择上，选择和坚持优先赶超型发展道路，土地也被适应性地作为非均衡发展的极为重要的杠杆，形成典型的土地功能的二元化界定，为土地财政提供了制度前提。

公有土地和二元结构为工业化、城市化，以及为政府主导下的优先赶超发

---

① 张宝林，潘焕学 . 影子银行与房地产泡沫：诱发系统性金融风险之源［J］. 现代财经，2013（11）：33-44.

② 刘建江，罗双成 . 区域房价差异、人口流动与地区差距［J］. 财经科学，2018（7）：96-108. 高波，王文莉，李祥 . 预期、收入差距与中国城市房价租金"剪刀差"之谜［J］. 经济研究，2013（6）：100-112.

展模式提供制度前提与制度优势：以更低的成本、更高的效率推动快速的现代化，也为解决居民住宅问题提供便利。这是基于国民经济整体和人类社会发展的长期的高度所进行的体现人类社会理性的人民实践。

但是，土地的城乡性质界定（农村土地、城市土地），并不意味着这种制度体制没有任何缺陷或不足。正是基于这种制度界定之下的差别，城乡土地价格在土地财政和城市房地产强势作用下，成为城乡差距的核心影响因素。农村土地的耕地功能定位，城市土地的商业化、投机化导向，形成城乡土地越来越大的级差地租差距，构成城乡收入分配逆向转移的最大事实；这种差距及其不断拉大的态势，就目前的体制机制看来，为缩小城乡差距、解决"三农"问题预置根本无法克服的障碍。

当然，这种社会理性与个体及局部的利益存在程度不同的不一致性和冲突，不过这并不是根本问题，真正的问题在于，能否获得解决此矛盾的常设性且有效性的制度性设计安排？因为特定历史条件下的特殊体制机制并非值得过于挑剔，而对于滞后于历史和实践具体的体制机制的改革，才是亟待关切的根本问题。

三、城乡居民逆向转移的外在表现

城乡二元和"三农"问题是现代化进程中结构转型的阶段性成本，是由逆向转移的机制所驱动。作为城乡二元化态势的现实表现的"三农"问题，是城乡之间在资源流动、城乡发展中的逆向转移持续发挥作用的结果。它们加剧了城乡居民收入分配的差距及不平等。农村的生态环境污染以及空心化、临时工问题，同样是对差距扩大的正反馈和驱动。

（一）农村生态环境问题

流行理论范式中的外部性问题，如环境污染，通常被错误地指代为经济政治体系的外生性而非制度层面的内在系统性问题。实践表现出来的是，在城乡二元结构条件下，各相关主体之间难以平等和有效地进行"科斯谈判"，农村环境污染呈现出内生性特征，表现在厂商与农民过度利用相对廉价的资源与环境，环境监管标准的地区性差距诱使经济主体倾向于监管套利，这两方面持续而且普遍地加剧了农村环境污染。农村养殖户就地排污，大量使用有毒有害药物，焚烧秸秆，随便堆放没有经过处理的生产和生活垃圾，基础设施损毁失修，诸如此类众多行为，甚至接收旨在监管套利而来的污染性产业。[①] 总之，生态环境

---

① 王现林. 农地产权分置对异质主体行为扭曲的激励——以中部地区农村环境污染为例［J］. 内蒙古社会科学，2016（2）：105-111.

与食品及相应的食品安全问题同样不容小觑。相关的实践问题与经验研究非常多，本书不必赘引。

这些行为首先表明各主体寻求一种外部化私人成本的途径，但这种行为并没有将其利润提高到正常的投资回报率和走上致富的道路上；其次表明农村生产与发展的营商环境依然达不到普遍和全面发展的质量提升阶段，处于基本功能提供的层次。这种局面正是以农村的生态环境污染和农民收入难以持续提高为代价。

理论家和普通的百姓易于严厉地批评地方政府在治理环境污染问题上的不作为，却在事实上忽视了环境污染问题的本源及其内驱力，即扭曲性城乡、产业利益再分配问题。因此，对这种扭曲的利益分配机制进行校正和再平衡才是解决环境问题的核心和基础之所在，新的环境保护法才能被真正地、普遍地执行。

（二）空心村问题

在快速工业化城镇化的进程中，广大农村地区的空心村的普遍性，的确可以成为一个根本不需要提供经验数据的常识性共识。但是对于这一现象给予非均衡分配论解释和解决，却难以构成一致性见解和建议。

"三农"问题指向既有制度体系之下传统农村非宜居宜业问题的不断强化。从经济社会发展的大趋势看，是以工业化、城镇化为基本载体的社会化的强势，形成对弱势的传统农村难以遏制的替代性趋势。资源、权益、机会不可逆地涌向新兴产业、城市及发达地区，这是新兴产业和新城镇既已形成的优势权益对缓慢发展中的传统弱势群体权益的优先替代和超越。基于效率优先这一指挥棒，通过这种差距的形成，迫使传统和落后向现代和先进转型。发展中的"烦恼"，不仅仅是一边发展一边存在包括各主体差距扩大等静态的问题；而困扰着发展的真正的问题是发展的可持续性，即在发展不断取得成就的同时，尚未形成能够阻滞差距不断扩大的发展模式与调节机制。传统农村的空心化势态的逆转与现代化的"三农"体系仍未普遍地生成，这些关键性指标体系仍然表明城乡二元化中的收入分配逆向转移机制仍然内在地发挥着放大差距的作用。没有人或者没有理论发现并认定，空心村问题已经得到解决。

就生产和分配的关系实质来看，在现代化进程中，严重滞后于时代发展的传统农村，其空心化虽是历史的必然，然而任由其低收入和农村旧舍加速贬值，降低现代化转型的社会成本，其实质是放大了当时农民所承担的改革与转型的成本。改革的收益分配与成本分摊，显然在城乡间存在持续的逆向转移。区域性逆向转移之下的失衡机制若不能得到及时有效的解决，今天有空心村，在未来必会有空心城或其他的类似问题出现。

（三）临时工问题

在社会发展存在不平衡、差距较大的现实当中，就业的形势也存在各种差异。最突出并且饱受关注与争议的就是正式工和临时工并行有悖。工资水平的高低、劳动保险的有无、社保水平的高低，这些均与收入分配有关的项目，并非总是体现为均衡性收入。对这两个工种进行区分的依据是其所从事的工作的行业及地区差异，而农民工则是临时工的最大来源群体，如城市里的保洁及绿化劳动者。农民工因为职业低门槛和市场供求的关系，他们的工资及相关的报酬基本上是最低的，这种情形的共性后果就是需要兼业或有其他收入加以弥补，并且为城市老龄化带来不确定性和福利政策压力。

由于符合法律规章制度和进入壁垒的限制，正式工的工资收入、福利、保险保障各方面存在着较高的水平，也就是基于知识技术和能力的专用性所得。而临时工恰恰相反，他们没有进入壁垒，知识和技能较低，存在分散性和完全竞争性，缺乏有效的共识和统一行动，在劳动就业市场和工资定价以及单位运行管理上处于绝对弱势地位。所以他们的工资、福利、保险、保障等诸多涉及切身利益方面都保持着相对劣势，并始终维持着诸多差距。

社会生产再生产中既已存在的差距持续带来更多维度更大程度的差距。从发展的角度来看，这是转型期的过渡阶段，但这一进程可长可短，转型成本的逆向转移可大可小。对效率公平进行统筹兼顾和协调功能而言，市场是无能为力的，反而是助长持续失衡甚至被无限放大；唯有有效、有为的人民政府和执政的共产党的领导、监督、制约，才有可能对社会发展战略进行逆偏向的规划，并做出与统筹协调全面发展及与共同富裕目标相符合的公共选择，以体现和实现社会理性。

四、城乡收入分配逆向转移机制

马克思主义经典著作中的"城乡对立"，当前话语中的城乡二元结构，"三农"问题，收入分配差距，这些问题集中到一点，就是工业对农业所形成的比较优势。同时，工业对农业的改造不能迅速推进，造成失衡矛盾问题竞相涌现和长期积累。

由于工业化城镇化进程中效率优先逻辑长期持续强势，城乡之间的逆向转移机制因为尚无有效的限制因素而不断发挥作用，造成城乡差距的形成和不断扩大。这是因为各异质主体基于既有制度体系下，利用其经济、社会、地理、历史等条件（或称为"比较优势"）进行优化选择，造成权益在各方发生逆向转移。

城乡差距扩大的体制机制主要表现为，一方面，代表新兴产业的强势利益主体，基于利益驱动下的产业竞争并向纵深发展，通过工业化信息化对传统落后农村农业的改造或者替代，实施对城市化的驱动。另一方面，仍然依靠传统小农经营方式，造就出薄利、弱势和缺乏前景的"三农"。这种势态并不符合现代社会化大生产和工业后工业高利润率的模式竞争。①

特别需要关切的是，在资源贫瘠、机会有限、过度竞争的农村地区，发展动力和空间不足，是既有制度体制之下的事实存在。在这种恶劣条件下进行市场竞争的主体，不能谋求均等性的利润和利润率。在追求效率和利益最大化的资本市场驱动之下，差距的拉大和社会结构的失衡和社会分层，都会如雨后春笋般快速强势扩展。② 这种差距和多元农村主体的出现，同样会让偶然性形成的个别强势主体和外在的产业和社会中的强势资本主体同时成为暂时性主导农村发展方向和农村结构的强势力量。③ 然而，由自由竞争带来结构的自发优化，带来效率和公平的市场原教旨主义的模式，是不存在现实基础的。因为在"三农"之外，还广泛存在着垄断性的资本与社会力量，它们不仅存在于工业之中，还在有利可图的情况下，渗透任何有利差的行业，当然包括"三农"。

同样严峻的形势不容忽视，即普遍相对过剩、逆全球化的内外环境，让社会剩余转化为补经济社会短板、促全面协调发展之下的共同富裕的资源，而不是异化为垄断性权力与资本，这是时势所趋、人民所向。

由上可知，在党和政府的支持下，农业生产只有在有效的利益驱动和现代化生产方式的改造之下，才能实现农业农村现代化。从历史和实践的高度看，对"三农"进行逆偏向的公共选择，是时代之选、人民之选。此即意味着发展不止步，当下城乡及产业的关联机制的改革不停步。

---

① 将落后地区的劳动力吸引到发达地区和城市，将这些落后地区的土地定性为价格低廉的农用耕地，并以此置换发达地区及城市扩张当地土地农转非转商的权力。这种助长跨越地区的土地性质转换、拉大居民收入差距的地区发展差距和城乡二元化的制度体系，实质上成为拉大地区、城乡、居民发展与收入等各种差距的合法性工具。

② 冯小. 去小农化：国家主导发展下的农业转型 [M]. 武汉：华中科技大学出版社，2017：155-197.

③ 余练. 农业经营形式变迁的阶层动力 [M]. 武汉：华中科技大学出版社，2018：43，251-281.

第七章　收入分配逆向转移的治理框架

以人民为中心，统筹协调全面发展，共同富裕，是基于公有经济占主体，以中国共产党领导、人民政府施政，顺应时代发展趋势，接受实践检验和人民群众支持与监督的制度性选择。逆偏向再分配原则旨在促进和保障全体人民根本利益，在促进增长、改革与发展中，对低收入贫困群体、社会弱势群体及落后地区的逆偏向再分配的制度设计与选择。该制度所驱动和维护的改革与创新发展，基于历史但不受制于历史，立足实践并推动实践的实质性发展，不受制于任何陈规陋习与教条，以保障和激发人与社会创新发展的不竭动力。

第一节　逆偏向再分配的三个维度

对社会整体长期理性的保护，基于社会理性的考量，统筹协调个体与整体的理性及利益关系，而不是完全以个体主义至上的理性动机作为前提，才能在矛盾运动中把握发展的内在要求与未来趋势。

一、逆偏向再分配的理论维度

面对实践的复杂性与解决难题的困难程度不断提高，复杂经济学携带跨学科的各种"新技术"，试图向古典经济学如亚当·斯密《国富论》的系统性、动态性研究甚至生物进化论返祖。[①] 这与基于唯物史观辩证方法的马克思主义政治经济学截然不同。作为对前者的一种超越，后者立足统筹协调全面发展的世

---

① 埃里克·拜因霍克. 财富的起源 [M]. 俸绪娴，等，译. 杭州：浙江人民出版社，2019：3-53.

界观方法论，体现发展的时代性、实践性和人民主体性。① 作为整体的效率公平与可持续性的社会理性愈益必要和紧迫。

（一）统筹协调全面发展的整体长期理性取向

历史与实践表明，经济社会的失衡势态并非如机械力学那样单调、可测可控，而是将矛盾对立的各方辩证统一起来，通过自发而且不可回避的周期性危机，将政治经济关系周而复始地往复推拉。这种窘境迫使唯心史观者误以为人类社会发展历史属于"因果轮回"特征和亘古不变的"永恒性"宿命论，以及所谓的历史终结论。这些论调忽视了发展本质与规律性，漠视了人在社会发展中的主体地位性，因此看不到发展的本质与人的全面发展的可能途径。

基于维护既得利益，维持既定条件这一现状的目标需要，均衡论将来自自然界的均衡方法作为描述社会行为"均衡性"工具，并将此迁移"自然永恒"的规律性。将均衡论无限扩大，并将其绝对化，超乎实践基础与时代条件。② 这是对资本制度的完全适应，也是对唯物史观和辩证法的完全颠倒。

在具体实践中，矛盾各方所存在的关系并非均指向均衡稳态与效率，而是利益差别、分配差距及生产与分配的失衡。只不过均衡论强调如何将失衡变换为均衡的意识表达；唯物史观辩证法则基于失衡态势而把握失衡态势及其规律，从中发现人与社会所应为之事。

分配失衡事关具体的利益主体当事人及其代理人。妥善地进行制度安排，对失衡的利益关系进行自觉的再平衡，实现利益的逆偏向补偿和制度保障，并且兼顾好个体整体、短期长期的效率，旨在整体的公平性与效率的统筹协调得到保证。这是一个综合平衡过程，是统筹协调、全面可持续发展的根本着眼点。例如，贫困构成一定的社会成本；而解决贫困问题，或者减少贫困，同样需要承担代价。③ 落后地区和低收入群体的发展不充分构成社会主要制约因素以后，供给过剩与分配失衡造成的贫困，形成生产与消费的结构性失衡即有效需求短缺，构成整体性效率公平性的降低，此时以此种效率公平性的提升的收益来置

---

① 作为社会主义国家，在国家和长期层面对各个方面问题的辩证性把握，强调统筹协调发展，以发挥整体功能优势和长期有效序性，体现出时代性、实践性和人民主体性。（毛泽东. 毛泽东文集（第七卷）[M]. 北京：人民出版社，1999：23-49.）

② 立场和利益关切虽然可以决定观点和方法，但不能决定自然规律。将对特定制度的有利与不利，区别为"自然"与"人为"，分别以"永恒"与制裁为政策选择的依据。（马克思，恩格斯. 马克思恩格斯文集（第1卷）[M]. 北京：人民出版社，2009：612.）

③ 西奥多·舒尔茨. 经济增长与农业 [M]. 郭熙保，译. 北京：中国人民大学出版社，2015：57.

换减少贫困所支付的成本或代价，是否构成事实上的合算的交易？它将需要通过系统性收入再分配、产业结构的调整与振兴计划的实施来实现。对于失衡之中的实践具体进行动态性逆偏向再平衡，包括古代中国已有过的政策之选，也包括资本主义时期的凯恩斯主义选择。但历史的周期率最终否定了这种临时性补救举措。

显然，问题在于对失衡机制的校正，是要基于人的客体地位性还是人的主体性？事实上，上述临时性补救仍然是以少数特权阶层的根本利益替代大多数人的长期权益，中低收入群体向上层群体的分配上的逆向转移机制依然稳健有效，即以前者的均衡超越对后者失衡的解决。因此，根本问题没有解决，周期率的问题必将周期性上演。

事实上，在过剩与垄断交互恶化的机制作用下，共容性参与普惠性增长，是普遍性经济增长与长期繁荣的条件和基础。通过释放大多数人的积极性与创造性，以及供求平衡的实现，以激活所有的潜在积极力量和因素，将带来持续增长和全面发展的良序互动。① 显然这是一种规模递增、连锁反应的开放式发展模式，而不是工业社会资本运作下的规模报酬递减的封闭式发展。但是，为适应上述发展模式的机制设计、维系及调整，需要强有力的、具有独立战略决策定力和执行能力的政党和政府来完成。这对于资本制度及其市场体系而言，却是不可接受的限制。因为统筹协调、全面发展所依赖的并不是简单的意识形态，而是依赖于社会能否为该实践提供经济基础与政治保障。

（二）旨在以人民为中心的效率公平观的确立

在绝对短缺时代的实践中，社会主体中强势的一方可以依靠武力圈占一方水土，或者依靠法制形成对生产资料的占有和垄断，迫使其他主体参与社会生产，并按照权力进行分配。私有财产的神圣不可侵犯性，在哲学社会科学研究早已成为公理性假设前提，根本性地束缚了人们的想象力和社会发展的空间。这种观点性假设，借助自然界的规律永恒性来类比人类社会，忽略人类社会与自然界之间存在质的差别。这是利用机械力学的模型化思维为人们替代社会实践中所需要坚持唯物史观辩证法，其内在效果是，适应物对人的统治，制度对人的行为的绝对约束的社会性权力强制。在这种生产方式及意识形态的强制之

① 不是"使自己的肉体受折磨、精神遭摧残"，不是"否定自己""感到不幸"，而是"自由地发挥自己的体力和智力"，是"肯定自己""感到幸福"。（马克思，恩格斯. 马克思恩格斯文集（第1卷）[M]. 北京：人民出版社，2009：159.）

下，人的需要、消费及发展均要以服从和服务于资本增殖的"永恒"需要，迫使生产的发展成为异化人与人、人与自然关系的驱动力。贫困、不平等与可持续发展问题成为时代性、实践上的根本性难题和困扰，这些问题在其正统的理论范式框架体系中，根本没有安全出口。当然，人类社会及自然人个体也没有乐观的预期和未来。

正如人的行为、秉性均会发生改变一样，任何社会形态均非永恒，并且会随着经济社会结构的发展变化而发生重大改变。大禹治水和蒋介石掘堤花园口，人类还可以加速灭绝一系列的物种，甚至从技术层面毁灭整个人类，这是人类社会行为不同于自然界选择并且有着重要差别的例子。显然，人与动物的活动存在两个方面的根本性不同（一是思想意识支配下的群体性能动行为；二是易于受到不同类别利益的影响甚至被驱使），选择性地使用自然界的现象类比并强制实践具体中的人去效仿，这不是对"自然规律""永恒性"的践行，而是强势主体以其社会性权力对其他弱势主体群体在思想意识和行为原则规范上的粗暴甚至野蛮的强制与说教。

然而，经济社会发展的本质与规律性，存在时代性、实践性及人民的主体地位的统一性。人民群众是历史与文明的创造者和见证者、推动者，而不是"给定制度条件"永恒奴役和驱使的对象。他们是多数者，是生产力的直接主力，也是推动和打破已经失去相对平衡的旧制度的革命性力量。换言之，他们既是维持和平与生产的主体，是统筹协调发展的需要和支持者，也是革命斗争、破旧立新的主要力量。随着生产的发展，人们对其自主性选择、人的主体性的认知和保障的要求也在不断提升，在实践创新、制度改造和理论创新中，唯有具有主体地位性的人的普遍和全面发展，才能破解发展对人的发展制约这一历史性和制度性悖论，推动人的主体性与人的发展的相互促进，实现统筹协调、全面发展的理念与目标。

以人民为中心是基于人的主体性，实践统筹协调全面发展，实现人的发展这一根本目的。统筹协调个体与整体，国与家的关系，是困扰理论与实践的传统难题，但生产、分配及发展的实践困境迫使人们重新审视这一课题。以家为国，还是以国为家，在不同时代背景和实践基础上有不同的选择与后果。再好的家也难以支撑无限大的国；再小的国家却能成就更多的家。以国家成就家庭，这种体量和带宽比以家来限制国更具有制度优势。以财产权利私有制的历史进步性否认其难以复加的历史局限性，以强势个体私利的狭隘性拒绝绝大多数普通社会群体的生存与发展权益，这不仅是对伦理道德的反思，而且是在突破旧制对生产分配发展的束缚的前提下，将发展作为促进发展的手段，体现为旨在人的全面发展和发展的统筹协调与全面可持续。这是对历史、私有制的赶超，是对生产力发展的内在要求的根本且彻底的适应。

二、逆偏向再分配的实践维度

在供给过剩、生产受制于分配及消费的硬约束下，统筹协调的问题在于对收入分配逆向转移的制度性系统纠正，选择逆偏向的制度与政策，形成不同层面及程度的效率公平辩证统一机制。

（一）失衡结构对逆偏向再分配政策的需要

基于狭隘私利最大化的利益诉求而展开过度生产与供给，却因为按资分配的局限而限制消费对再生产的适应性激励，同时也构成人们对多元化发展需要的社会性限制。这使自然界和人的需要的满足屈从于以物质利益为价值导向的生产方式的强制，造成了对自然的损害和人性的扭曲。人的发展片面化，沦为社会分工与压迫下的附属物，也就是这种制度体系迫使人成为被动的客体，缺乏积极主动性。这不是物质生产领域出现的问题，而是生产方式本身出现的结构错配问题，就是以狭隘的市场交易额作为唯一的价值标准，生产激励方式和价值导向远离人民性乃至普遍科学性。该格局是资本制度强制的结果，但并不具有永恒不变的正当合理性。

我们不应当把人类社会特定历史阶段中出现的价值观即货币与财富的最大化作为强制整个社会长期遵循的唯一价值标准，并进行制度性强制。在未来社会发展战略规划中体现价值的多元化是一个重要的方面，它是全面发展的前提。这也会降低以资为本的分配法则，使得更多的生产活动能够得到更为广泛的价值承认与实现，以分散资源的方式消解垄断权对生产者及其创新实践的排斥和剥削。实质就是把财富观多元化，并将以人民为中心的价值观凝聚起来。

现代化进程中的社会化、国际化，对异质主体的关切与协调，比历史上任何时期都更为紧迫。例如，在产业政策的选择，城市和农村的关系定位，各地区之间的发展先后与战略定位，都需要考虑经济发展本身的内在规律性和各地特殊的条件，以及利益的再平衡需要，还要考虑国内外的环境条件机遇。这些问题的统筹兼顾、协调发展所需要遵循和体现的是唯物论辩证法，坚持人民立场，发展的全局战略性和长期性的高度，这是任何模型所不能构建预测和发挥决策作用的。这需要考虑更多的因素，需要更多利益的协调、争取、理解和支持。因此，战略决策及政策选择是一个客观与主观以及多元性相协调兼容的过程，是一个自然、社会、心理、技术、地区、国家各主体各层面的战略性和辩证区分与融合的系统性再造工程。

以人民为中心，追求全面发展的理念，是基于对生产过剩条件的超越和对统筹协调全面发展的独创性实践。

物质财富的增长原本应当而且必然使人的发展得到更好的延伸，而不是在事实上压缩上述多元化的纬度与纵深程度。只有财富观多元化才能够带来发展的全面性，解放劳动者，释放生产活力，实现发展的广泛参与性和可持续性。更多的发展需要赋予生产中更多的拓展领域，形成更多的发展机会，吸纳更多的劳动参与。总之，作为坚持唯物辩证法的战略决策及政策实践者，统筹协调生产分配中的矛盾与失衡，实现发展的全面可持续性能效，应有更大的能力与空间。

（二）逆偏向再分配的创新实践探索

逆偏向的收入再分配，其实就是对既得利益的格局进行再调整，以适应解放生产力、解放劳动力的客观要求。然而在对收入分配进行逆偏向转移的时候，关键是要保持政策调整主体的独立性和政策的有效性，因为它会受到强势的保守势力阻碍。西方世界的历史与现实给我们极为清晰和严峻的警示。

以偏概全，只见树木不见森林，是强势主体的私人利益和意志对整体利益与意志的掩盖替代，而不是从实践中人民群众的根本利益出发，代表广大人民群众的利益。资本逻辑和人民意志之间的对立或协调，是对效率优先与公平保障的权衡取舍，是决定发展的平衡与否、充分与否的关键。20 世纪 60 年代以来新自由主义将汲取性增长作为主流和正统，长期损害经济社会整体生产效率与分配公平，构成大国兴衰的主因；而诱因正是上述选择仅仅有利于社会强势的特殊利益集团，整个社会对统筹协调和全面发展的内在需要无力兼顾。

迫于逆向转移的顺周期性质，选择逆偏向再分配政策，是优先赶超型非均衡发展的历史性原因，这种实践逻辑同样也是解决差距不断拉大问题的手段。以满足人们生产发展需要为根本价值导向的社会生产，以非均衡势态的战略高度，选择并确立以激励资本逐利为目标的市场体制促增长，加快工业化、现代化进程。实现社会与资本合作，并对竞争格局改善优化，促进产业的集聚和城乡协同发展振兴。在生产与分配的矛盾方面进行权衡，实现相对平衡，将保证生产上的积极性激励和效率，又在一定程度上维系了社会分配上的公平正义。

基于人的主体性的辩证法，不是将生产或分配作为所有实践中孤立的一极，而是在矛盾运动中寻求和兼顾生产分配的辩证统一的机制与途径。这对于统筹协调者而言，是一种战略决断和政策选择上内在的挑战性要求。

当然，机会留给能抓住机会的人，而能抓住机会的群体，需要具备必要的物质及社会条件。因为机会的分布就不可能是均等性的。正是基于此种特征，党和政府不断出台旨在逆偏向的再分配性质的政策与机制。例如，乡村振兴、精准扶贫、全面小康、共享发展，以及人类命运共同体的政策、战略及构想，只会在中国进行探索实践。通过诸如上述统筹协调的制度安排予以保障，实现人的发展的主体性、全面性，这是发展的根本。向相对弱势主体群体提供机会、条件及制度保障，以"补短板"的方式，让其参与财富创造和分配机会均等，让一切人都有发展的机会，助其实现潜能的现实转化，寻求对经济社会的深层矛盾的有效化解途径，是对失衡问题的动态再平衡，是摆脱眼前困境和获得未来发展空间的根本条件和有效途径。

由于收入分配逆向转移的体制机制很难消失，因此对中低收入群体的收入分配的逆偏向转移，也必然是一种常态性的制度设计和政策安排。对贫困群体的扶助，提高其参与生产与分配的能力与意识，是促进全面发展的物质基础与制度保障。因为，对社会贫困和弱势群体的关照是发展所能达到的高度和宽度的体现。社会是一个利益与命运攸关的系统性整体，其中短板效应体现的是生物进化论原则下导致的差距，对这种短板的消除，体现为社会关系的进步性，以使人的主体地位提升，有助于全面可持续发展的实现。

三、逆偏向再分配的未来维度

（一）保障再生产是通往未来发展的动力

2020年以来的新冠肺炎疫情，迫使人们重新思考并调整增长与发展的内涵与方式。从全球化与逆全球化的周期性摆动来看，驱动这种钟摆运动的内在机制，应当是全球性生产分配结构的失衡，自由主义给人类带来总量上的财富膨胀，但同时也带来生产及其对消费的扭曲，加剧人口老龄化普遍存在（当今日本老龄化特别突出①），造成既有分配格局下的总人口无法正常和有序地消化这些供过于求的产能与产品，更无法化解失衡社会给人的思想行为所造成的扭曲。逆全球化、挑起地区动荡和战争，这些背离发展的根本、违背人民利益的思维与政策取向不断涌动，那么未来究竟在哪里？

事实上，化解和强制性调整，进行失衡结构的再平衡就是问题的中心。在

---

① 大前研一. 低欲望社会：人口老龄化的经济危机与破解之道 [M]. 郭超敏，译. 北京：机械工业出版社，2019：4-48.

生产并不短缺而是过剩制约进一步生产的时代背景下，解决生产发展中的矛盾激化问题的突破口和支点并不是在生产，而是在于生产与分配的关系与方式。

强调人的全面发展，使其在各个方面发展质量的提升，如人与人之间的和睦和谐，家庭成员之间的亲情友爱，人与自然的和谐，生态环境的美丽，长期可持续发展，各项能力素质的提升，不受自然和经济政治危机的侵害破坏，人们对更多闲暇休闲的享受而不影响对美好的生活和收入水平以及发展的追求。人们在物质丰裕时代里形成的这些需要，可能不是市场价格所能发现的，也不可能完全依靠市场购买得到；但它们却是人们的追求，是改善与提高。因此，如果能够折成现金的话，那么它远高于可衡量的商品和劳务的价值。社会发展的成就往往比可以用金钱来衡量传统概念下的财富更为丰富和更有价值。对更高生活质量发展前景的信心、期待和保障，是生产过剩条件下进行结构调整的一个导向性选项，既不应当以个体效率至上的教条去拒绝它们的如期到来，也不能继续将经济社会发展的衡量指标永久性地局限在诸如 GDP 这一极其单调和狭隘的交易金额上，而是在能够形成过剩产能与产品的生产力的基础上，实现生产方式的内在调整与优化。

（二）财富观多元和价值观凝聚统一于人民实践

在以 GDP 为根本指针的狭隘增长方式下，或在拥有相对过剩难题的物质前提下，人们的财富观和价值追求不可能不会发生改善性需要。这种转变则是源于对既有的生产方式和基础所给人们带来的系统性失衡问题及其代价所引发的反思甚至叛逆。将人回归真正的主体性地位，将被异化的人与人、人与物的关系回归正常化。

财富观的实质是以何为本、由何导向、如何定价的价值观。它涉及生产与分配这两个核心主题。资本主义从封建主义和重商主义以及重农学派那里改造了财富观。只有将不断"进化"的商品及制度供给作为再生产财富的手段，以资本追逐更多利润作为资本家共同体唯一的正义使命和目标诉求，才是西式正统财富观与流行性价值标杆。[①] 但是，这只是资本主义生产方式的正义观所指向的，它代表不了所有人和人类各时期的价值取向。

对于未来的更高级社会及其不断发展的阶段而言，继续受制于传统生产方式及其财富观，显然不是社会变革所取得成果的真实体现。从资本对更多资本的追求，转向人类对人类自身的全面可持续发展的关切、改善及实现，其中的

---

① 埃里克·拜因霍克. 财富的起源 [M]. 俸绪娴，等，译. 杭州：浙江人民出版社，2019：267-382.

制度与价值导向需要革命性变化。因为只有这种变化，才能为人类社会共同的发展的潜力与空间提供相对以资为本的制度体系而言的难以限量的物质制度及思想的可能性，正如西方世界兴起于以资为本的制度对以土为基、农本思想的封建主义制度所取得成就的空前突破性一样。

财富观多元化，实为美好生活的具体内容。包括但不限于：可观且宽裕的收入，充分的健康与休闲，和谐友爱的价值与伦理，随时可见的邻里和睦互助，有效共识与集体行动，随处都有的美好环境，普遍的机会均等与社会和谐，经济社会的长期可持续发展，等等。这些在大多数历史时期、大多数人看来都是奢侈品甚至"乌托邦"式福祉，虽然不能直接被算入 GDP，甚至还可能造成对 GDP 的减低，但它们的确是大多数人历来所渴望得到、值得追求并愿意用一部分 GDP 进行交换的新财富形式。换言之，它们虽然不是资本主义"理性人"在个体理性驱使之下所渴求的物质财富和由财富所赋予的垄断权力，在旧制度及其正统观念之下也难以兑现；但是它既体现了"社会人"对幸福福祉的追求和理性，也是逐步推进人的全面发展的前提和重要内容。

不难发现，如果社会生产力发展到充分的高度，作为"社会人"主体，其财富观和价值导向，决不会仅限于无休止地增加以现行的 GDP 所衡量的物质资料的大量生产和过量消费；相反，只要基础性条件许可，以上述福祉内容为代表的形式，最有必要成为新财富观的题中应有之意。即使是乌托邦里的东西，只要条件具备，就有逐步成为现实的可能与必要，这是统筹协调全面发展的本意与本质。同时，这是将个体与整体、短期与长期、生产与分配等诸多核心要素进行统筹协调，旨在全面发展的科学性与人民性。

第二节　逆偏向再分配的经济基础

"一人走得快，众人走得远"，揭示出个体与整体在能效上的重要差异。"越融合的地区（无论是在收入、种族还是地域上的公平和融合）越能支持长期经济增长"，① 这同样体现出规模效应。个体理性的微观效率性虽然不能掩盖和扼杀公有经济的整体和长期效率公平性，但是需要将这两者进行统筹协调、发挥最大潜能。旨在统筹协调全面发展的逆偏向政策与机制需要有必备的经济基础

---

① 约瑟夫·E. 斯蒂格利茨. 重构美国经济规则［M］. 张昕海，译. 北京：机械工业出版社，2017：92.

与制度保障。

一、公有经济的支撑性

（一）制度的变革及其优化

就西方世界来看，从纯粹的财富创造到有序分配这种转型，既是发展的成就展示，也是经济社会发展的必要条件和必然选择。因为发展和财富创造本身不是目的，也不是自发行为，它依赖于人的需求、选择行为等因素的内在制约。将生产者的价值与利益作为社会整体价值与利益的导向，至今受到需求制约型经济增长模式的严格限制。虽然现在这种影响大到足以改变理论与政策，但对制度变革的影响仍然微乎其微。

从历史及实践看，随着生产力发展和人类文明程度的不断提高，人们的经济社会行为从蒙昧时代的盲目性逐步向自发性以及自觉性过渡。对经济社会活动的内在规律的认知和把握，进行新方案的抉择，就成为一种推动社会制度变革、获取新生事物和力量的"助产婆"。① 这种对旧制度的变革，就是完成程度不同的逆偏向再分配财产权利的过程，给生产与发展释放出新空间。

例如，封建时代的改朝换代，客观上将已经严重失衡的经济社会体系推向程度有别的相对平衡的新状态，甚至再度轮回到所谓"盛世"或"中兴"；或者开启西方世界的兴起与大肆超越历史与对手的时代洪流。② 然而，多重矛盾失衡的持续存在，非均衡稳定的内生性机制及其作用，绝不会因为某一个国家的某种制度的倒退，就决定了人类迈向更高阶段的时代的"终结"。③

新中国在社会主义改造之后的经济快速发展中，赋予人民主体地位。公有经济的基础性与制度体系的效率性更值得理论界以创新范式框架方法深挖其中的内涵。例如，以人民为中心的人民立场，进行公共选择，反对和拒绝私有产权实体的垄断定价，并抑制强势主体所擅长的霸王条款行为，以体现人民实践

---

① "暴力……是每一个孕育着新社会的旧社会的助产婆""……是社会运动借以为自己开辟道路并摧毁僵化的垂死的政治形式的工具。"（马克思，恩格斯.马克思恩格斯文集（第9卷）[M].北京：人民出版社，2009：191-192.）

② "革命是历史的火车头"，非均衡性的阶级矛盾对抗"使革命成为社会进步和政治进步的强大推动力。"（马克思，恩格斯.马克思恩格斯文集（第2卷）[M].北京：人民出版社，2009：161，383.）

③ 对于社会制度合理性辩护的方式，就是将该制度无条件地绝对化，或者对社会长期发展内在规律的选择性失明。（马克思，恩格斯.马克思恩格斯全集（第12卷）[M].北京：人民出版社，1998：283.）

的主体性及其根本利益的实现与保障。在疫情引发的经济社会各方面的恢复困难的情况下，允许"地摊经济"复出。因为以人民为中心的发展与执政思想，一定会在适宜的条件下发现，地摊经济也是民生经济，更是坚定实践决定政策的方法论。这给城市管理者提出了更高的要求，但这并不与管理者的属性、职责产生根本的矛盾，即管理者不应当以政府自身的方便性来选择政策，而是以是否方便社会整体作为公共部门选择管理方式和内容的根本依据，这显示了人民政府为人民服务的本质属性与要求。

（二）公有经济的主体地位

在公有制占主体地位的经济体中展开经济社会的生产分配活动，为经济社会从整体和长期的战略决策与短期政策选择提供具有独立性的公共选择的基础性支撑。与此相适应的是，人民群众可以从根本上解决基于公有经济而形成的贫困与不平等。这与私有制占统治地位下的契约政府缺乏独立的公共选择及旨在减少贫困、不平等及可持续发展的非效率公平性结果恰恰相反，不被利益集团架空，不被执行者所误用，不被个体经验所误导，这是宏观调控政策保持公共性的关键点。当然，对一些舆论和理论界的干扰也需要战略上的高瞻远瞩与定力。

公有经济占主体地位的社会主义制度优势，不仅限于上述宏观性和抽象的表现，而且在微观经济运行当中，同样具有制度优势：可以利用极易引发私人垄断的资源作为公有资源，以提供公共物品的形式或途径，为经济社会提供免费或低成本的要素、产品和劳务，当然也必然包括整体长期层面的效率与公平。这种取之于民、用之于民的公有经济，为了解决生产与分配失衡造成的有效需求不足的问题，向经济社会提供供过于求的公共设施，以杜绝私有资本凭借对特殊垄断性或不可替代性资源的垄断而造成人民群体向其逆向转移的垄断租。这种过度供给公共物品的机制及结果，在受到一些批评的同时，还能让我们看到，与中国的实际情形相反的是，西方国家公共物品供给恰好历来均处于短缺状态。因为后者更愿意将这种足以永世发大财的重要业务永远预留和保留给垄断资本。

例如，现代化对土地的刚性需求，如果任由其私有化和市场自由买卖，土地的集中、垄断及其形成的剥削制度，与社会发展、人的全面发展相悖。因此，基于土地公有制，国家对土地功能定性的区分，以有利于社会共同利益的制度性安排。降低社会生产及交易成本，让利于民，并防止个别主体利用土地的垄断权而绑架社会整体利益以谋取私利。

（三）效率公平的辩证统一性

没有统筹协调发展的理论基础和逻辑，就很难构建统筹协调的规划决策。至多也只是律法意义上"平等"而事实上不对等的各部门利益争夺下的非均衡性增长过程。对于失衡性经济社会而言，若能够促使发展平衡和不发展地区的充分发展，这就是一个极大的发展进步。从20世纪50年代的改造与20世纪70年代以来的改革开放实践来看，70年的经济与政治制度变革，解放和发展了生产力，释放了人民的活力与创造力，并且今后仍将改革推向全面纵深，全心全意为人民服务谋利益。这是党和人民顺应历史与时代洪流的选择。这是中国道路与中国制度优势所能够带来的真实"红利"，但这绝不是任何经济基础之上的任何政治制度都能实践和实现的能效。

正是基于公有经济主体地位这一经济基础，党政各级才能坚持以人民为中心，既要维护公有产权和公共财产权利，也要限制资本逻辑驱动之下的权钱交易，保障人民民主与共富；既维护微观效率，还要兑现公共选择的公共性，使政府的选择成为实至名归的公共选择，实现社会整体性和长期性的效率公平与可持续性。

公有经济和党的领导，坚持"以人民为中心"的理念，可以从社会协调发展的内在要求上，保障综合和平衡发展。解决单方面的刺激供给和供给的纯粹的物质性经济利益的制约性，避免对社会多元性的忽略，将社会的增长与发展的目标锁定在人的全面发展上，而不是定位在或者说局限在资本的增殖上，旨在发展的多元性，人的发展的全面性，这本身就是财富的内涵外延的扩展，是经济社会发展的载体与内容。这就是发展的目标、途径及手段的辩证统一。各个层面的效率公平性的辩证统一，以推动人的发展的主体性。

二、制度变革与优化的驱动

公有经济的强力支撑，使党和政府具有强大且独立的领导能力，并具备立足实践发展，不断改进和改善制度体制机制及政策选择上的实效性。

（一）经济发展的制度驱动

实践中的具体制度因其在规范行为中的确定性、稳定性和强制性作用而被抽象化和绝对化。但是具体到特定制度，其问题显而易见：一是制度的设计主体与主旨的局限性；二是制度的时效性与适用性局限。此即意味着随着生产力的发展和新兴生产方式的增强，解决旧制度的局限性就具有了现实基础和动力。

　　历史与实践中存在丰富的经验与教训。就理论界而言，将制度研究引入均衡范式中，被当作经济学重大进步之举，然而这一举措并没有改变其理论范式及其对实践与绩效的无关紧要性质。因为实践中的经济基础与政治制度没有也不可能发生根本性变革，即在"给定条件"（既得利益格局、既有框架体系）下所进行的细枝末节的体制机制改良，这种变化不过是"理论意义永远大于实践意义"的意识形态创新。

　　相反，如果"给定条件"不是强势的既得利益主体对维持既有格局的需要，而是公有经济利用人民政权进行普惠性制度改革，以促进共同利益增进，即便有少数利益受损者的不赞同，但是通过民主集中制，并且包括对受损利益进行适当逆偏向的补偿。由此，制度改革的共识与集体行动从理论到实践都有可能达成。从长期战略高度上看，也是可能达成的。

　　这是基于坚实经济基础和独立立场而获取政治和战略定力。坚持共产党领导的政治制度，践行为人民服务的宗旨使命，做到领导者和制度均能不断地"自我革命"，实现制度体制机制相对实践具体而言的灵活性、适应性、有效性，以匹配以人民为中心的人的主体性原则要求。如此才有可能选择旨在为人民谋利益的制度改革，并将发展的维度和程度做到应有尽有的解放与释放。这正是中国拥有"将改革进行到底"的勇气、魄力与能力的基础之所在；这根本不像阶级社会统治者对根本制度的"均衡稳态"的"永恒性"维护辩护和对外在体制机制所进行的变通性改良。

　　就改革实践的成效来看，对制度结构的优化和重构，无论是渐进的自发性（诱致性），还是自上而下的自主的强制性，均是体现当事社会主体对客观实践条件及其内在发展势态的认知、掌控和反馈。当这种反馈不能完全满足制度变革的需求程度时，此种制度之下的社会必然呈现出政治、经济及其他方面的周期性波动，以此显示矛盾问题强弱交替于政治经济活动之始终，即所谓的"历史周期率"和经济周期问题。

　　在新时代全面深化改革背景下，党和政府行为的公共性更为明确和精准。社会主义改造与改革开放，实现快速工业化、城市化，未来的全面发展、共同富裕的改革与发展取向足以表明，中国选择的制度体制机制的普遍科学性和彻底人民性及其相辅相成的统一性，是强力驱动经济发展的基础与保障。在这种发展模式之下，将个体短期效率与社会整体长期公平在理论、制度及实践等维度上协同创新优化。既体现出马克思主义中国化时代化的效能，也体现出西式民主制度下市场效率与社会公平所不能企及的新的文明高度。

（二）制度优势的经济保障

公有经济的基础地位，中国共产党的领导和人民民主专政制度的根本保障，将解放和发展生产力、促进全体人民自由全面发展作为主要任务目标加以解决，实现人在物及制度面前的主体性与物及制度在整体长期理性选择下的科学可持续性的高度协同。这是保障发展的多维性、科学性、人民性及长期可持续性的实践新境界。

基于公有经济基础和党政制度保障的实践创新，无论是计划时代的政企合一的指令经济，还是市场化改革开放以来的放权让利和政企分开，以及新发展阶段的高质量发展和全体人民共同富裕，党和政府的领导地位及其坚持以人民为中心的经济社会发展定位，都是逆偏向再分配的经济与制度基础。党政既可以是直接的经济主体，也必然是对经济进行干预的制度与政策的供给者。作为占主体地位的公有经济，它既要独立地为经济社会健康有序发展提供充分有效的公共物品、产业结构优化升级政策和社会保障体系，并时刻发挥经济社会整体长期战略选择时的"四梁八柱"的支撑、引导作用；还要作为现代经济体系中的宏观调控和微观规制的管理者（现代政府）的杠杆作用。这两个维度的职能的发挥，正是基于公有经济的主体地位及其所赋予党和政府的坚定持久的支撑力。这些具有基础性作用的核心要素，恰恰在流行经济学的傲慢与偏见中发挥关键的引领作用，并作为解读中国奇迹的密码。

第三节　逆偏向再分配的制度保障

资本与市场顺周期之下的收入分配逆向转移机制需要针对性应对之制。公共物品和服务的逆偏向供给与党政制度保障，以实践不同主体在相同的起点和机会上获得发展、实现价值。

一、党政经济职能的理论逻辑

（一）党和政府对根本制度的构建与变革的引领

如果战略和政策选择通过在民主集中制的制度体系中运行，将有助于党和政府在保持各个方面差异性的前提下，实现这种差异在更广泛和更高层次、更多维度上的超越与统筹协调，达到可持续的综合平衡。这种旨在社会整体系统性、可持续性的发展观，通过符合规律、适应规律和利用规律而实现整体性自觉履行的政治保障。这是一种人民至上的根本条件和制度安排，需要民主集中制本身的建设以保证其实效性。这意味着社会既要实现对涉及各方面矛盾的关切、解决，还要实现对组织制度架构的引领以及对人性本身的缺陷的超越，因此该体制机制具有预先考虑并能为统筹协调提供便利的战略前瞻性。而缺乏这种基于人民主体地位性的民主制，只能民主而不能集中，不能体现大多数人的根本利益和意志，却要对眼前的成本与矛盾进行事后的分摊，利益的分割也会因此陷入被动、零和博弈的残酷窘境。

由于西方学术正统对国内科学研究的过度影响，有关中国共产党在经济上的政治引领、经济职能及其影响的研究不仅少，而且其中一些还远远地偏离了中国实践而陷入意识形态的主观与偏见的泥潭。在真实的实践中，我们所面对并接受其领导的真实政府，不是仅具有统一性的"利己""低效"的"理论政府"，而是由执政党中国共产党领导下的人民的政府，党和政府存在与西方不同的性质宗旨和职责权限，以及自上而下的宏观层面的组织行政体制，在中央、地方、各地区均存在显著分工，职责权限、目标绩效等中观和微观方面还存在根本性差异。有一些研究关注资本对"政府"的"围猎"行动，这种表述是基于政府与贪腐官员画等号的西方逻辑。严格来看，资本所"围猎"的不过是官员体系中的一些贪腐分子，但他们已经或将来被"政府"（党纪国法）严惩。

因为党和政府各有其职责权限上的纪法及伦理道德的激励约束，该组织机构的存续和运行与官员个人行为存在关键性差异。这对于要形成中国经济理论体系的时代和经济学研究者而言，是一个极大的缺憾性空白。正是由于这种范式方法的空白，多数的理论家们在讨论中国经济运行的体制机制及其成功经验时，通常倾向于以均衡范式倚重理性人逻辑，将党和政府组织机构与党员官员严格等同，对中国创新性成功实践进行有偏性选择、解构与分析，拒绝从经济、政治、社会等整体系统性的高度研究，如果不能做到整体系统性和客观的准确把握，就根本不可能正视中国党政制度的特殊性和中国人民的创造性。

就研究的范式可知，无论国际国内形势如何发生变幻，从中国的社会主义改造、建设及改革开放的实践中，党和政府领导之下，全体人民坚持根本制度的坚定性，主要矛盾定位的根本一致性，经济社会发展的本质与方向契合性，增长与发展的方向不可动摇性均已表明：新中国的发展遵循了从站起来、富起来逐步过渡到强起来的历史与逻辑相统一、时代性与实践性相统一，增长与发展与人民主体地位性相统一的科学社会主义路线。

（二）党和政府经济职能的辩证统一性

党政制度与社会主义道路的优势不断凸显。政党领导了整体和长期的发展方向，人民政府各层级在党的方向引领和政治保障下，各司其职，确保方向无误，保证速度与质量相统筹，增长与发展相协调的社会整体长期理性。

对经济结构的管控与调控，对社会资本的塑造，增进社会和谐与信任，邻里和睦，加强家庭伦理、社会公德建设，对国内外经济合作与贸易关系的改善，倡导"一带一路"等，无不体现出党政工作在对经济社会发展规律的把握基础上，完成对人民根本利益的保护维护，以及在提高对政府及社会治理，对党的自身建设等，都给出适应性的发展规划与制度规范及作为的效能。在这些涉及大局、长远、根本利益的战略决策上，给出了符合客观规律、人民根本利益、共建人类命运共同体的内在要求的战略布局。而这些绝不是市场和私人企业资本所能企及并完成的宏大战略纵深发展的社会工程。

党对经济领导的制度优势体现在整体长期性战略定向，在制度建设上实施统筹协调性布局谋划，通过建立健全制度体制机制，对人民政府的领导、监督和激励等方面。共产党是一个广泛且深入参与各方面的组织机构的无产阶级政党，人民政府是一个权力执行机构，其官员和党员有内在的交叉关系。共产党基于党组织，履行民主集中制，具有独立领导地位；而政府是一个权力机构和职能部门，必须服从党组织的领导，完成公共性职责任务，接受党和人民的监督并对其负责。

地方政府之间的区划、层级各有不同，其间的竞争激烈且突出，对其统筹协调就显得尤为重要。这就需要党政上一层级把握下一层面之间的统筹协调关系，使其成为大系统有机联系的有机体的一部分，而不是成为鲁滨孙的绝世孤岛。而促使各地区各组织各部门之间相互衔接的核心，就是党和上一层党组织乃至党中央能够谋篇布局、协调彼此之间的利益关切。这种协调不能只是强拉硬扯的强制，而是根据经济规律和自身特殊条件通盘考虑和权衡取舍，使之具有协调性和效率公平性。

以制度安排促使统筹协调成为一种促进人民公共利益的行为和过程，而不是造成整体性和长期性根本利益内耗和损失。因此，统筹协调全面可持续发展的协调目标，是以最有利的方法和途径，创新制度体制机制的改革优化行动。显然，这种目标的实现不是市场行为，不可能完全依靠政府行为，它更需要政党的领导行为。这种情况依赖公有经济支撑的公共性，以超越部门和地区短期利益的束缚影响，从全局大局长远动态的角度进行根本利益的维护，提高生产力的发展，以及进行适当的利益补偿或转移。这将需要从更高的部门层面进行统筹协调，也就是战略利益的调整，补偿机制的建立。通过完成种种统筹协调，解决对逆向转移的利益补偿难题。

局部性的利益受损，整体层面要对此受损利益进行旨在效率公平的补偿，必然包括收入分配的改变。这种改变要从大局、长远方面进行协调，以效率、公平及其可持续作为重要前提。因为利益的协调本身会产生新的利差甚至动态失衡，所以需要更大的格局来对其进行再平衡。

跨地区、跨部门的逆偏向支持，如实施局部优先发展战略，或者增加对发展不平衡不充分地区的公共物品投融资环境及政策制度的改善，对其软硬基础设施的配套供给等举措，从一方面看是一种投资，但是从市场和国家宏观层面来看，就是一种巨大的收益。只是如何将这种投入与未来的产出按贡献、按需要进行战略性再分配和平衡，实现更大范围和程度上的动态平衡，始终确保公共性，这需要依赖党政上级乃至中央层级的把握与定向。在这种把握过程中，为避免部门与地区的狭隘的利益的限制，应在制度改革与完善、治理体系及政策选择上进行系统性设计安排。

（三）党和政府在增长与发展中的全面领导

政治制度基于并服务于经济基础，经济运行中的矛盾与问题，需要在政治层面上得以正视和解决。公有经济的主体地位对政治制度的决定性作用，不言而喻。解决过剩和反垄断问题，确定社会主要矛盾，扶贫减贫，转变发展方式，诸如此类的战略决策与公共政策选择，如果没有与众不同的特殊的政治制度，就不可能选择并长期坚持以人为中心的发展与执政理念。

党与政府在经济中的内在性与领导地位，体现在它是经济发展与转型的现实推手、领导力量之源、制度变革之基。引领经济发展的新的增长，带动产业的前后关联度提升，增强整体实力和长期增长的质量与速度数量，使整个经济体系保持统一性、关联性，对短板进行及时补缺，使增长、就业、发展都保持合理的比例与动态平衡。这是基于人民实践，并对实践进行创新性、战略性统筹协调与引领，是党和政府能够将实践的科学性与人民性辩证统一的魄力与能力。

党和政府具有独立的经济基础和由此赋予的独立于任何微观个体干扰的战略决策、政策选择及其实施与监督的地位与能力。社会发展的多元化，也更需要多元化的协调。作为执政政党，在保证正确方向与整体效率上进行领导和决策。掌握这一至高权限的裁判和领导，源于基于民主集中制所取得的人民的意志。以人民为中心的利益指向作用于最高领导者，而这一领导者又是政府的监督者、激励者，形成一个具有现实激励和长期约束的对立统一体系。以矛盾运动的方式理解，遵循政治经济的矛盾运动规律，实践辩证发展的根本路径。

二、党政引领经济的制度优势

分权分利与分化的体制机制的核心在于"分"。这种旨在"分"的均衡经济学不可能有助于中国特色社会主义实践具体对党和政府在统筹协调、全面发展的"和"与"合"的根本要求的关切，无法理解逆偏向再分配的任何体制机制与政策选择的规律与特征。

（一）战略与政策的辩证统一性

政策本身并不具有特定的目标归属，而是应当从政策的制定、实施、监督及问责的主体及社会的价值导向上来看政策本身的问题所在。人民政府在履行宏观经济政策职能时，将财政政策与货币政策分置于两个相对独立的部门，但它们同时受到上一级政府（国务院）的统一领导，服从战略性全局和长短期的统筹协调要求。

然而，一直以来，在主要依靠财政货币政策干预的情况下，各主体之间的差距依然不断拉大。这至少表明，财政货币政策并非必然包含减贫、扶贫作用；而且，财政货币政策只是一个执行部门，关键在决策部门；与其将研究的重心放在政策实践的机制与效果上，倒不如放在政策的决策主体这一根本问题上，即国家发展所处的特定历史阶段所面临的主要矛盾及国内外的资源环境、竞争方式和竞争力的实际差别。

如果政府具有独立性和强大的经济政治能力，那么它就完全不受制于资本狭隘利益的束缚，从而能够升级和优化经济结构，制定出符合大多数人长远利益和根本利益的战略规划，还可以在不同层面的效率公平上进行公正合理的权衡和选择，以实现个体、集体、整体，短期长期等有效衔接协调，达到最大的效率和可持续性发展。补短板，全面可持续发展是检验各个层面成败得失的尺度。实践中的困难在于，如何对自发性失衡结构进行系统性再平衡，特别是对优先发展的战略性选择和扶持做出全面、科学、可靠、有效的评价，即如何寻求不被既得利益群体所绑架的途径和制度安排。显然，作为履行社会关系职能的办事机构的政府很难置身事外。而对于独立于政府机构之外，立足人民立场的领导者共产党，却可以做到这一点：在保障方向和保障效率的"两保障"上，其优势则可以是无与伦比的：解除了西方资本与市场中的市场失灵、政府失灵之后的政党空缺问题。

（二）统筹协调战略与政策的高度灵活性

个体利益至上激励利己主义者的"率性而为"，似乎因为具有"本性""自然"而为特定主体赋予行为的直接性、灵活性或所谓的自由性。显然这不是普通人所能实现的正道。正道的沧桑性体现在经济社会总体既需要更多的统筹兼顾，诸如利他主义、集体主义、社会主义这些高瞻远瞩才能够实现整体理性和长期可持续，还需要境界、眼界和战略能力、定力。当然，这需要认知和解决异质主体之间的内在矛盾，更需要超越狭隘的个人利益所对眼界、境界及创新实践的种种束缚。

依据党性原则的激励约束机制，通过思想理论的学习，还利用利益激励的作用，实现效率的最大化挖潜。这种政治经济双重体制体现出党政协同性调节的制度规范性和个体自主性的结合，远比纯粹依靠市场调节更为现实和深层次。特别是对于收入的再分配，要靠物质的力量和制度强制进行，这主要依靠社会系统性和政治经济运行的灵活性与韧性。因此党政在分配调节上，依靠多元化的关系协调，体现人的积极主动性、主体性和道德情操的高尚性，所要体现的是以共同性价值理念、先进的思想意识、高尚的道德境界的方式，对经济社会运行进行管理、引领、统筹协调，旨在实现长期性、战略性、稳健性、实效性目标。

在人民根本利益上坚守党的领导，落实各个层面的主体责任，实现统筹协调、因地制宜、因人而异的创新实践，促进社会发展统筹协调发展，防止形成将社会规律的强制性转嫁给中下层群体，预防和化解逆向转移机制的再分配效应，既是可能，更是需要。

对非均衡发展的态势进行逆偏向的再分配调整，是一种永续实践的探索、创新及超越的辩证发展过程。一方面，它可能被用于以权谋私，另一方面可以用于造福于民。基于积极向上、开拓进取的世界观方法论，体现时代和实践主体，也就是人民群众意志和利益的价值导向，不断基于实践具体的创新而实现党的自身实践创新及能力的提升，是通往以人民为中心、全面发展、共同富裕目标的光明正道。

（三）党的自身建设的制度规范性

党政作为具有独立的权威性组织机构，要由具体的自然人（纪法协同约束下的共产党员）来完成其使命担当。虽然作为具体自然人来行使公共机构的独立和公共立场职责使命，存在着无数理论家们高谈阔论的"理性人"的"委托—代理"问题，但私有制驱动下的理性人悖德问题并非必然是任何制度的共性难题，而只不过是私有制占统治地位前提下理性人的治理机制问题。

对委托—代理问题的治理，不能仅限于对经济利益的诱惑进行道德抵制，还存在制度上的校正与规范，如党纪国法的激励与规制。由于党的自身建设不是建立在以个体利益至上、唯心史观等非实践性、科学性、正义性的立场、方法论之上，在解决委托代理问题上具有更全面的掌控性与实效性。

党性宗旨使命使党员干部时刻面对复杂矛盾的考验与检验，这种基于人民实践检验的客观性，使党和政府的自身建设具有制度的强制性。对失衡的系统动态性把握与再平衡，不是简单的资本与市场层面的均衡，而是对各种因素的失衡做出动态平衡性校正。它的阶段性结果不是绝对的平衡，而会导致一种新的非均衡，在非均衡的动态波动中实现长期动态性相对稳定。社会整体理性程度的实现，一定是在超出个体狭隘利益前提下，能够确定性地形成能够代表社会理性的制度体系。这种客观必然性是一种大概率事件，问题不在于客观随机性，而在于客观必然性。因此，党政自身建设的制度性规范，既是引领发展的制度优势，也是社会理性实践的保障。

三、党政统筹协调发展战略的社会效能

（一）以人民为中心的价值导向

基于时代性、实践性和人民性，旨在统筹协调、全面发展、顺应人的主体性的发展与根本利益诉求，是中国政治制度的特殊性与优越性的突出体现与实现。这种制度之下的实践给出了很好的肯定性回答，也给处于长期低速增长徘徊的西方世界一个清晰的启示。

例如，政府倡导移风易俗的做法。中国历来有一种婚丧嫁娶要"随礼"的风俗。随着各地收入的提高，市场化意识的加强，显富、攀比以及变相行贿风生水起，其金额越来越大，铺张浪费也越来越高。虽然有些人已经意识到问题的严重性，但只是作为个人不能够置身事外，而是被迫参与其中。这就形成一种典型的随礼悖论：人们不情愿但又必须参加！问题还在于，在这个均衡当中确实存在受益者，而且是此悖论的幕后携手。他们就是各种礼品食品的供应方，以及意欲受贿者。这些受益者群体从上述悖论中造势、盈利、受贿。对于社会整体长期而言，这是一个典型的随礼困境，有损社会整体长期理性。

破解之法的获得，受启发于党中央的"八项规定"。该规定源于制定党风政

纪的顶层，通过对党政领导干部工作生活作风的规范引导、示范及规制，反对铺张浪费，反对不合理的礼金。这种选择也对资本不合理行为形成遏制、规范和引导。事实上，放纵资本的行为必然限制人的行为，只有限制资本的胡作非为，才能保障人的自由与发展。这种具有"顶层设计"性质和"众望所归"的制度安排，相对于以资为本的契约政府而言，具有很容易形成一致性行动的制度优势。就普通居民而言，这种价值引领是净化社会风气、体现人民主体性和根本利益的公共选择。

（二）历史方位的战略把握

基于时代背景和中国实践基础而进行的改造和改革探索，为理论的创新提供源泉和活力。这个创新实践正是在共产党的全方位坚强领导之下进行的。无论是经济的高速增长和高质量发展，还是经济制度变革和各个框架体系的构建与改革，都存在着共产党全方位系统性的战略把握和策略决策政策的选择。

新中国成立伊始，党和政府对经济的领导有两大核心任务：一是所有制的变革即公有化改造，二是社会主义工业化。这是中国走向富强现代化的生产关系和生产力层面的根本性战略决策，它们是由中国共产党领导推动下实施和完成的。制度建设和强制实施，在较短的时期内可能完成；但是工业化是漫长的过程，需要物质资源、科学技术、组织管理，以及内外环境条件等各方面的不断改善和提高。自 1953 社会主义改造至今，无论是计划经济时期，还是改革开放时期，社会主义工业化是生产力发展的主要内容。随着工业化的不断深入推进，生产力快速发展，以此为基础的各方面的推进，或呈现系统性，或呈现局部性。

改革开放以来，与工业化相伴而生的城市化也成为党和国家战略决策的重大课题之一。土地制度选择，工业化的布局，住宅问题以及在城乡交换过程当中出现的产业流动与农村环境治理问题；还有在新旧时代交替，产业战略性转移，收入分配差距问题，地区差距问题，诸如此类的结构问题不断涌现，并且能够得到有序有效解决。特别是对于一个掌握科学理论体系、强有力的政党和政府而言，在给予公众利益和长远利益统筹协调能力保障下，使得经济社会整体长期的效率公平及可持续性并非均衡论中的乌托邦，而是在马克思主义条件下将不可能变为现实、真实。这正体现为社会主义从空想到科学再到现实转化的客观必然性。

总之，党和政府有更多的公共权力与职责监护其平衡经济结构的使命担当，以对经济社会发展的引领体现道路、制度、理论及文化的比较优势，即突出表现在道路引领、生产力发展的推动、代表人民利益。这意味着在历史发展的前瞻性，在各方面利益的统筹协调性，在涉及全局和长远战略决策的定力，在政策选择的适宜性与创新性，从短期到中期到长期以及到未来，从个体到集体再到全体，从地区到国家再到世界各地都有根本性顾及。这些独具公共性特征的战略性把握，体现出党和政府着力遵循普遍科学性与彻底人民性的统一性的客观要求。

（三）在逆偏向再分配上的强力推动

当既有的分配关系失衡程度已经不适应不断发展变化的生产力高度，而是成为生产力继续向前发展的障碍或束缚力以后，对分配制度进行改变甚至是变革，就成为确保整体效率性和广泛公正性的必要选择。

改革即要对分配进行改变。这种选择虽然具有时代发展性意义，但也必然遭到既得利益及落后势力的系统性阻挠、抵抗。中国政府是通过革命战争夺取政权的，而不是通过各个既得利益阶级的合约而确立。因此，政党和政府的独立自主性与契约型政府截然不同。主要体现在两点，即独立的经济基础和旨在公共性的公共选择。因此不存在契约政府中契约签订者之间的利益分歧和权力的相互制衡和拒绝协调统一等分权制衡的制度缺陷，而是可能形成社会整体的协调统一与长期可持续的整体理性。

作为执政党，共产党的先进性不是表现在理性个体的发家致富这个狭隘问题上，而是在思想政治层面，在对马克思主义立场观点方法的把握上，在肩负历史和人民的使命上，具有其他阶级及其政党所不具备的利他主义集体主义，这在党章上都有明确的规定。对于这种先进性理解不能够绝对化，而应考虑对于时代和生产力发展所需条件的适应和满足。

要对财富再分配进行协调，而生产者和协调者之间的独立性是前提。协调者必须具有财产的独立性，不能涉及财产本身对人民权力诉求的内在的制约。"当官不发财，发财不当官"，实质性要求财产和权利的相对隔离。① 这更需要社会主义的法制与道德的激励，需要能够支撑这一道德和法制关系的经济发展的前提和基础，以备更宏大的层面的动态再平衡的物质、技术、思想、方法之需。否则，再平衡将会造成更大程度的失衡：解决一个问题的同时，又衍生出更多难题。

---

① "议事者，身在事外，宜悉利害之情。任事者，身居事中，当忘利害之虑。"（幸德秋水．社会主义神髓［M］．马采，译．北京：商务印书馆，1963：40．）

把握经济发展规律，选择战略决策及方针政策，形成共识和凝聚力，实现统筹协调全面可持续发展，是党政施政的逻辑。符合规律的战略选择本身就会给予非均衡的势态带来一种新的非均衡，但并非放大非均衡，而是旨在从整体和长远高度实现理性与效率的逆向应对，所以非均衡的应对之策，是缓解而不是加剧失衡，是创新优化布局。通过对差异化的利益影响进行利益补偿的战略平衡，实现逆偏向转移的机制化、高效化、公平化。

从宏观战略决策层面进行协同，有助于或有利于利益补偿的实现。这需要发展物质实力，更需要发挥党政应有公共性战略抉择作用，以提供再平衡时所依赖的利益补偿。由于这是一种国家层面长期战略性选择，而不能成为一种个体和资本的投机的行为和心态，更不能成为公权掌控者实施寻租和腐败的契机和条件。因此，战略决策及政策选择既需要坚实的物质基础，更需要相适宜的制度保障，补短板、缩差距、谋共富，以确保公共决策及其后果的稳定性、可预期性和可测可控性，其实质就是以坚强有力的协同机制将个体短期理性与整体长期理性有序有效统一起来。

第四节　逆偏向再分配制度框架构图

一、制度框架的基本逻辑

异质主体之间的内在矛盾构成事物变化发展的动力。基于并充分利用生产力（物）与生产关系（人）之间的矛盾运动规律，以唯物史观的高度，坚持以人民为中心的价值取向，选择非均衡的战略政策，即逆偏向的政策，促进生产力的发展。这种以"借力用力"的方式，对实践中的分配失衡问题加以因势利导，以发展促进更多人更大程度的发展，其实质正是基于普遍科学性把握矛盾运动规律，进行战略及政策选择的实施，旨在彻底实现人民性的价值，将体现为生产力的物与体现为生产关系的人进行辩证统一协同发展，不至于物及制度与人的关系的异化与恶化。

二、制度框架的简要构图

基于本书所确立的范式框架方法和前文研究，认为逆偏向再分配的制度与政策选择是现有制度体制机制之下极为必要的策略与政策选择。其中的逻辑如图7-1所示，其中实线表示现实性关系，虚线表示潜在可能性。

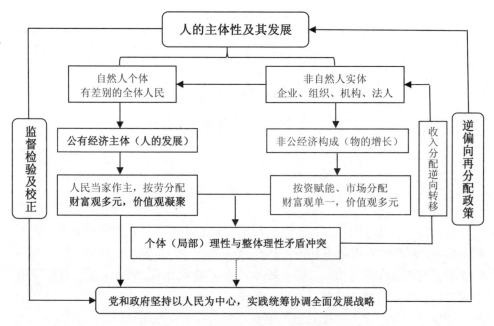

图 7-1 逆偏向再分配体系的逻辑构图

第八章　收入分配逆向转移的
治理实践：以住宅为例

近代以来的住宅问题，是工业化城市化进程中的时代性重大课题，是涉及民生的再分配问题。在解决住宅问题的众多途径中，房地产市场化是最为重要的途径。它连接农民、市民，涉及城乡土地、城乡发展，涉及农业、工业，涉及就业、教育、医疗及养老。该产业考验着国家对财产收入的均等化的处置立场和态度、力度。这需要从房地产行业与金融行业以及实体经济产业之间的统筹协调关系问题上加以深究并予以解决。

第一节　住宅问题的时代性

一、住宅的时代性问题

以工业化和城市化为载体的现代化进程，是近代以来任何一个传统经济社会均需要面临的转型课题。这一转型代表着由传统到现代，即从农耕到现代工业、后工业，从传统农村到现代城市，从大部分人绝对贫穷到大范围相对贫困，从传统落后弱国步入现代富强国家。

在转型中，普通人的住宅问题快速成为普遍和紧迫的难题。不同国家和不同时期，在解决住宅问题上，有不同的选择和成效。1872—1873 年间，马克思恩格斯均有重要论著。从中可以发现，在快速工业化与城市化进程中，有关大多数人的住宅问题，既是一个需要土地国有化的制度选择，以预防基于土地私有权而向大多数人攫取超额利润的私人垄断行为，解决整体与长期性效率公平问题；① 也是

---

① 马克思，恩格斯. 马克思恩格斯文集（第 3 卷）［M］. 北京：人民出版社，2009：230-233.

伴随着快速工业化所出现的城乡对立及矛盾尖锐化的问题；① 还有可能激起巨额投资（投机）收益的新兴产业，并形成一种涉及产业纵深和收入分配逆向转移的再分配过程。因此，它也涉及基础性民生与城市建设问题。② 当然，与这些复杂尖锐问题及其乱象交相辉映的是，各种理论观点及政策层出不穷。而美国2007 年"次贷危机"的爆发及其全球外溢，为数不少的美国人的贫困与无家可归，似乎依然在提醒世人：马克思和恩格斯所处时代（自由资本主义工业化）虽然结束了，但是工业化、后工业及与之相适应的住宅问题，在过剩与垄断的交互作用下，仍然不能证明马克思主义的过时与结束，资本的全球扩张逻辑与垄断之下的逆向转移的制度化强制正当其时。当今的中国不可能完全置身事外。

二、解决住宅问题的实践探索

当前解决住宅问题的实践探索，有历史先后、主次分明的线索，但是主要途径并未显示供给充分而且运行有效。以下简要分析当前的主要实践探索形式及其问题。

（一）农村居民住宅

依托农村宅基地和原有老旧住宅，还包括原宅重建，以就地解决农民居住问题。这不是一种新增加的途径，恰恰是一种尚未被替代但将来会被改变的旧有方式。由于这种政策以原住农民为主体，以旧有住宅为前提，与现代化发展中的城乡融合发展的基本发展方向不符，因此并没有得到重视和维系。

（二）城乡初步结合的小产权房

部分村镇的"新农村建设"，首先以解决原住农民的新住宅问题。从实际做法来看，依靠农村集体土地，以市场化供给的渠道，或者以农民承包土地的置换为条件，实现农村居民集中于连排或新式楼房居住，以重新整合农民承包地，利用推进规模化产业化经营。当一些资本和市场以规模化介入后，这种住宅供给的就是"小产权房"。"小产权房"的实质就是基于非城市商品住宅用地，基于集体土地而私下兴建房屋，不具有商品房资质与产权，但具有商品房的功能与特征，与商品房形成价格双轨运行。

这种模式的特点在于：依托市场便利并且有利可图。距离市场较近，规模

---

① 马克思，恩格斯. 马克思恩格斯文集（第3卷）[M]. 北京：人民出版社，2009：235-334.
② 亨利·丘吉尔. 城市即人民 [M]. 吴家琦，译. 武汉：华中科技大学出版社，2017：37.

化产业吸引力较强，从而对村民集体的吸引力和集体行动的激励较强，还可能在有威信的党员村干部的带领下进行。此类探索的典型案例并不少见。不过，普遍推开这种模式，既没有那么多的市场容量，也没有足够的利润空间，无法与城市商品房竞争，没有完全放开的农村土地制度的广泛配套，因此这一途径全面铺开的条件尚不具备，未能广泛成形并发挥应有的安居与发展作用。

（三）城市商品房

城市住宅的商品房的市场化供给，是最为广泛并且深受关切的途径，也是实践中最主要的途径，当然也是本章所关注的重心。工业化和城市化所集中的民生问题就是如何解决普通人对住宅的广泛需求。而获得广泛接受的方式是，依靠住房市场化运作。因为这一方式的显著优势在于：一是伴随着工业化和城市化，进入工厂的人们对城市住房的"刚需"和资本对更高投资回报的欲求，快速兴起城市房地产行业，这一新兴产业本身也能构成经济增长的一极，甚至成为支柱产业；二是房地产行业全产业链的适度增长，能够与当地经济增长、农民工就业形成相互促进的作用；三是通过城市建设规划，能显著地改善住宅及其周边公共设施，加快城市建设。

作为从加工制造业中脱离出来，依赖并深刻影响金融服务行业的房地产行业，如果不受调控而放任其过度投机与膨胀，则既会出现住宅垄断性过度供给、"房价泡沫"、加大金融风险等问题，也会出现"土地财政"①"限购限售"、房产税等不断衍生出的系列性应景和应对之策，凡此种种，无一不涉及相关各主体之间的利益博弈关系与再分配问题。特别是房地产的过度投机，加剧收入分配逆向转移所构成的经济社会失衡势态。

（四）地方政府的政策性住房

作为公共性住房，地方政府在城市提供政策性保障住房。经济适用房、廉租房及其他形式的过渡住房供给，作为功能性补充。城市的集聚效应，吸引周边资源汇聚于地区性中心城市；同样，国际竞争促使国家范围内资源汇聚于超大城市中心。各地区性中心城市之间的竞争，最终要体现为资源和人才的竞争。增加资源流入与人才汇聚的直接手段就是低成本、高回报。对于地方政府发展当地经济的目标而论，加快增长速度，加强经济竞争力，就是重中之重的政绩

---

① 汪晖，陶然. 中国土地制度改革：难点、突破与政策组合 [M]. 北京：商务印书馆，2013：12–39.

显示。迫于商品房价格上涨增加生活成本，也不利于人才激励的压力，在一边放开房地产开发带来土地财政收益的同时，对目标群体开放政策性住房供给，是弥补市场行为缺陷的一种政府行为。但是，对于当地政府而论，这项政策选择是一种艰难选择：供给过多，不仅增加财政支出压力，还会对商品房形成"挤出"效应，弱化土地财政可能带来的收入来源；更不用说公共选择中可能存在的效率与公平问题了。从实践看，此类方案的选择在逐步减少，而另外类似方案却在增加：对着力引进的高端人才的组织机构及企业进行财政性购房补贴。这种新政策似乎达成了三全其美的折中。但是这并不是普遍性解决住宅问题、化解收入分配逆向转移之举，而是各地区之间展开人才竞争、维护甚至扩大各地差距的逆向转移之举。显然，有特殊针对性的政策性住房供给，因其目标群体的有限性和政策举措本身的局限性，从根本上决定了它有限的适用范围，该方式不可能形成普遍的有效供给。

三、研究住宅问题的必要性与可行路径

有关住宅问题，是广为关切、饱受争议、不易解决的，正所谓"问题层出不穷"①，成为不同时期、不同制度下的共性难题：绝对贫困时期的经济增长与民生问题，相对贫困时期的发展与公平问题，整体长期战略层面的全面可持续发展问题。

从解决住宅的实践中可以进一步发现，住宅问题的系统内生性决定其并非趋于均衡稳态的小事件；而是一个亟待厘清并加以有效克服的生产与分配失衡的实践难题，一个值得深究和突破的整体长期可持续发展的重大理论课题。

立足实践的科学性与人民性的高度统一，选择异质主体非均衡分析，研究住宅问题的生成机制，分析基于住宅供给中的收入再分配效应，讨论解决住宅问题的制度条件、政策选择及其效应，为从根本上解决住宅问题、破解收入分配逆向转移机制，提供思路和对策建议。

第二节　住宅问题中的逆向转移机制

个体理性的自发性并非可以无条件形成整体理性；事实与之正相反，② 即整

---

① 马克思，恩格斯．马克思恩格斯文集（第3卷）［M］．北京：人民出版社，2009：302.
② 马克思，恩格斯．马克思恩格斯文集（第9卷）［M］．北京：人民出版社，2009：272-273.

体理性的实现依赖于具体条件和制度驱动。住宅问题源于城乡二元性和地区差异性前提下的各个体的不同选择，下面分别基于党政央地层级及党员官员、住宅供求各方及居民个体的差异性选择及其交互关系，探讨生成住宅问题的逆向转移机制。

一、住宅问题相关主体的差异性

社会分工、财政分权、市场分利，将与传统社会分离，并重组出各具差异的独立主体与独特的经济关系。基于这些主体的理性与效率评价的差异，探讨个体均衡下的行业及区域非均衡问题。

（一）党政央地各级及党员官员

作为公共权力机构和决策者的政府，在中国既要区别党和政府，还要区分其中央与地方、各地各级，以及相应的党员官员，这是与西方"理论政府"及其现实中的契约政府的根本不同之处。作为最高层级，党中央基于人民共同和长远的根本利益这样的大局和方向，适时进行战略谋划、顶层设计及政策选择，旨在追求并保障社会整体长期理性与效率的核心领导与决策力量。中央层级政府在党中央领导下，制定、实施、监督、改进各项大政方针政策，以便顺利达到重大预期战略目标，确保国家各项事务有序管理和有效运行。上述目标的实现，还需要依托各个地方党政各级在执行国家大政方针政策的前提下，有序协同、有效推进与实施。地方层级要在接受上级及中央统一领导、监督考核、晋升提拔的前提下，履行对各地方事务的职责权限。而住宅问题正是经济社会事务和问题的集散地，涉及各主体利益和福祉，因此既要站在大局和长期的高度，又要基于党政各层级的实际而进行支持或限制与创新，进行战略性引导和调控，这是党政各级重要任务之一。而执行党政各级职责使命的党员官员，接受党纪国法的严格约束，其中的少数成为不顾法纪的"理性人"，但在高压反腐、全面从严治党的制度规范下，这些"理性"人及行为已经或必将受到制度强制性约束；而作为党纪国法所支持的大多数，则有激励公职人员积极作为的必然性。

（二）房地产相关各类厂商

在快速推进现代化的进程中，作为汇聚资本进行投资的法人实体，成功谋求房地产行业的支柱产业地位，又迎合住房市场化契机。由此，该行业相关厂商既获得突飞猛进的扩张空间，又易于出现过度供给与价格虚高等具有一般产业发展中的非理性繁荣问题。但该行业的特殊性在于其广泛的事实上的垄断性：

由于人口迁移不够充分和彻底，土地、住房不可移动，因此在特定区域和时限内，通过制度"刚需"的假象，房地产供给具有不可替代性乃至垄断性，在厂商与居民之间形成严重的逆向转移机制的再分配效应。

（三）贫富有别的居民

自由市场竞争势必造成各类主体差距拉大乃至分化态势。[①] 差异化居民的效率目标与理性行为也会呈现显著的差别。[②] 特别是在城乡二元性和地区差异性的相互作用下，农村住宅与城市住房处于严格分立而不相融通、不能相互调剂联通的孤立状态。从城市房地产价格长期过度上涨的行情和对未来可预期的长期来看，只增难降的过高房价成为快速拉大城乡及各地居民收入分配差距的自动化机器。

二、各主体非对等博弈机制

（一）地方政府财权事权不平衡滋生"土地财政"

财政分权源于西方政体，是市场分权、分利与分化逻辑的延续，它是财政联邦主义基于激励央地各级的积极性，促使各地展开竞争，并积极推进实践创新，实现央地多层级共享更多发展成果而做出的制度安排。虽然财政分权据认为能够带来各级和各地的效率提升，[③] 但这种纯粹的"基于、维持和放任现状"的逻辑不仅可能存在所谓的"挤出效应"，而且也在助长地方政府机构臃肿、办事效率低下、不断增大财政支出压力、地方债务不断累积等共性问题。[④]

中国改革开放后的财政分权，立足党政央地多层这一极具特色的组织行政体制。党政地方层级在各地方履行政治思想、组织纪律、法律制度等职责义务的意愿志向上，具有近似无上界并且难以精准考评的主观能动性，他们正是需要借此获得上级乃至中央的正面评价与更多更大的权益支持。这就形成对地方政府强烈的政绩显示的"强激励"，从而造成地方相对过多的事权。然而，地方政府在具体事务上的职责权限既受到各异的自然、历史及现实等环境条件和国

---

① J. E. 斯蒂格利茨. 不平等的代价 [M]. 张子源, 译. 北京：机械工业出版社, 2013：30-45.

② 王现林. 农地产权分置对异质主体行为扭曲的激励——以中部地区农村环境污染为例 [J]. 内蒙古社会科学, 2016（2）：105-111.

③ 华莱士·E. 奥茨. 财政联邦主义 [M]. 陆符嘉, 译. 南京：译林出版社, 2012：21-25.

④ 周黎安. 晋升博弈中政府官员的激励与合作——兼论我国地方保护主义和重复建设问题长期存在的原因 [M]. 经济研究, 2004（6）：33-40. 张牧扬. 晋升锦标赛下的地方官员与财政支出结构 [J]. 世界经济文汇, 2013（1）：86-103.

家战略及政策导向的约束，也受到央地财政分灶的财权约束。由于所受不利条件约束的信号并不能实时高效地上传至其上级乃至中央，由此形成"软约束"。党政地方层级的财权事权在主客观条件共同作用下存在突出的不平衡，最终要通过土地财政加以过度弥补，主要表现在以下两方面。

一方面，土地公有制赋予党政地方层级在土地供给方面以相对更大的权力与利益。基于土地的城乡和地区的二元性，诱致地方政府便捷而且过多地依赖"土地财政"①，即通过默认甚至助长房地产不断扩张，政府与资本对城市及周边有限供给的土地形成无限需求，甚至不断地弃老城、建新城，从而获得诸多"政绩工程"所需机会、资源及 GDP，以此向上级发送有关政绩的强大显示信号。这成为一种体现党政地方层级极为"适宜的"，但实属持续性扭曲实体经济与社会再分配关系的集体行动。

另一方面，各地基于各自差异（比较优势）及其动态影响，被迫展开跨地区的土地财政竞争，争相扩大地区间竞争与差距。在工业化和城镇化的大潮中，各地凭借土地审批权所创造的超低成本的优势，竞争性招商引资、重复性开发"高新区""产业园"，形成各地产业同构和过度竞争格局，并且最终将经济过热传导至各地房地产行业。这些地方性公共选择，通过推高房价、拉开增长差距，构成领先各地的政绩。

问题还在于体制机制性驱动。地方政府受惠于事权大于财权的掩盖，向上传递的信号可能事先进行甄别过滤和扭曲。在信号传递失实与评价晋升机制失效的情况下，各地的实际与矛盾问题不能及时得到上级和中央的发现和纠正、制止。结果，整个房地产在各地方政府的各种"限制"之下持续快速地膨胀起来。显然，正是各地分散而独立的公共资源和公共选择最终造成各地多领域或多层面程度不同的低水平同构性、金融风险的不断累积性，以及房地产行业繁荣的非理性等问题，不仅引起金融风险，还加大逆向转移机制构成的社会成本。

（二）地方官员职级晋升机制助长资本过度逐利

党政地方层级官员受到职级晋升的激励，主动选择事权远大于财权这种失衡势态，极易引起党政地方层级公共选择的扭曲②，即倾向于选择与资本形成互动互助机制。这是作为理性个体的官员的可能性选项。近年以来，有关扫黑除

---

① 国务院发展研究中心土地课题组.土地制度、城市化与财政金融风险——来自东部一个发达地区的个案［J］.改革，2005（10）：12-17.
② 梁平汉，高楠.实际权力结构与地方政府行为：理论模型与实证研究［J］.经济研究，2017（4）：135-150.

恶、打伞破网、零容忍的反腐案件暴露出不少的问题，均有此情形。

基于短期显性政绩指标的职级晋升机制，大力吸引资源涌入和扩张房地产行业，拉大地区间的房价和 GDP 差距。为达领先争优的个体局部短期的利益与效率目标，地方领导层存在向中央要特殊政策机遇条件，与各地争资源、抢人才等优先优惠条件，从而促使这些优势及其权益在不同地区之间非对称性（或单向度）分配或流动，形成优先发展特权"空降"特定地区和跨地区的"虹吸效应"。在权益和资源非对称性流动的整个事前与事中，房地产行业的灵活、机敏、快速发展扩张的势头首当其冲。该新兴行业能够快速成为放大地区不对等竞争关系的重要权重，并通过资本市场的杠杆效应，迅速拉大资源流入地与流出地的差距。这对资源流入地的领导形成考评晋升强势激励条件，诱致该地区房地产相关利益主体共同形成非理性繁荣的供给侧；同时拉大与资源流出地的差距，造成欠发达地区发展的长期相对滞后，使相关主体的行为进一步发生扭曲。

权与利的强激励和制度与成本的软约束，是诱致个体扭曲理性选择的关键驱动力。过高的投资投机回报催生过热的房地产，并诱致逐利资本避实就虚，恶化实体经济投融资环境，放大金融风险和扭曲经济结构。在工业化和城市化进程中，高速勃兴的房地产行业成为地方政府基于财权事权不匹配而选择"土地财政"的重要动因。因此，将旨在追逐高额回报的各类资本义无反顾地利诱和裹挟进入房地产行业，实现地方经济快速增长的动机，不仅是地方领导最有可能的选项，而且也会约束着当地政府对商品房"限购""限售"的真实决心和实际效果。房地产相关各厂商及其相关利益主体就与地方党员官员具有"打配合战"的动机与需求。但是，这种极具短期局部性投机，即一方面缺乏战略意义，极有可能造成大量实体经济避实向虚，增大实体经济产业空洞化和金融风险；另一方面，该行业不断诱致和助长多地陷入过剩供给和房价"限涨互动"的非理性繁荣势态，从短期扩大到长期逆向转移的再分配效应愈益加强。

（三）住房市场卖方垄断引致策略性行为

城市住房供给所具有自发垄断性质，有其自然与制度三方面的原因：一是土地和住房本身的不可移动性；二是城乡二元结构使城乡土地、住宅无法形成余缺调剂机制，城市土地实行行政审批制，造成土地的垄断性供给；三是地区发展差距所形成的级差地租差距更大，加剧和维系房地产供给及价格的地区差距。

与此同时，对投资和投机暴利的追求，使各类资本、相关厂商、中介及个

效机制与力量，而是助长其价格长期看涨势态，以维系买卖双方共同形成的投机同盟，期待最终消费群体的形成和彻底接盘，整个市场结构和分配结构却陷入非理性和非均衡势态；由于二元结构和地区差异性，以及与之相适应的财产权利安排与收入分配体制，兼以住房价格本身的扭曲性而对收入分配逆向转移强化机制的放大效应，均不利于未来接盘群体的稳定形成，造成失衡问题的长期持续和加剧。

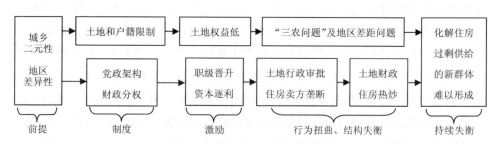

图8-1　住宅问题的生成机制

第三节　破解住宅问题的实践探索

完全依赖自由竞争条件所推出的以资本逻辑解决住宅问题，只能是"按下葫芦起了瓢"：问题解决一个，却又派生更多新问题。这是因为旨在个体利益和短期化行为政策的选择，不能从根本上解决问题。只有基于矛盾论而进行系统性选择，保障其有效运转，化解差异主体的目标与手段对立，增强个体理性与整体理性的内在相容性，才有助于解决由住宅难题所涉及的系列问题。

一、有关住宅问题的深层反思

（一）住宅问题的实质

住宅问题的时代性而非永久性难题，决定了它的有限期界性。住宅的市场化、短期化、工具化、地方化，均极其突出。这一定会在地方政府、资本市场及政策选择三者之间形成整体非理性的失衡性结构。某些地方政府凭借先发优势，在购房支持上招徕高端人才。房价被抬高以后，再进行降价或价格补贴购房，以刺激房地产行情，这本身就是住宅商品化后的再分配工具，将个体和局地的效率凌驾于整体和长期之上，不仅带来供给侧的结构性失衡，也造成地区、城乡及居民收入分配差距的持续扩大。

然而，城市的发展，人民生活水平的提高，生活环境和条件的改善，都需要依赖发展的全面可持续性。长期以来资本与市场运作和政府土地财政推高房价；紧承其后，通过让利的方式让一些人购买房子。这种操作手法所体现的经济实质就是一种能够实现再分配的权益，即构成买房者和接受价格补贴的买房者之间存在一种利益的输送。这一政策的立足点在于，前者不是目标人群，而后者才是；并且最大的利益输送是买房者、房地产开发商以及地方政府。由此，住宅问题具有基础性和复杂性，需要基于时代性、系统整体性和辩证法加以应对。住宅问题相关主体的差异性及其不同选择，是实践的矛盾性和动态演进的基本前提，是非均衡分析的基础。作为市场化运作的房地产，快速形成非理性繁荣，是现行体制下差异主体个体理性与整体理性相悖的现实体现。放任市场竞争的均衡理论，均衡不了工业化城市化这一根本转型问题，解决不了不同发展阶段、不同制度下所具有共性特征的住宅难题。

以大数据为典型代表的新经济形态，究竟是大数据成为资本攫取剩余的最新型工具，还是实现异质主体个性化发展的诉求的基础？这需要深思和深层次改革。

基于公有经济，党和政府的公共选择可以而且必然要从更高远的战略视域着眼，统筹协调各主体利益关系，促使个体理性之间协调、共容。这是实现各类主体合作博弈、体现个体与整体共同的效率与公平的积极结果，是破解矛盾和失衡的关键，是解决住宅难题的经济与制度基础。事实上，解决问题的战略思考并不等价于问题的最终解决。公共选择与决策机制、公共财政的收支规则与能力大小，均内在地影响甚至决定战略决策的形成和落地实施。在这整个的过程中，涉及不同主体的个体理性与整体长期理性的矛盾对立冲突及协调，也就是从民生到经济，再到政治，从短期到长期，均有涉及。这依赖公有经济及其所支撑的旨在发展的人民性的制度优势，以实现各层面的统筹协调、全面可持续性之便利。

（二）化解住宅难题的制度抉择

固化二元土地制度结构，并以市场化手段解决城镇住宅，是形成住宅问题的现实根源。新时代解决人民群众的住宅问题，是对不同收入水平的居民间的非对等关系的统筹考虑，是对扭曲各主体理性选择的制度体制机制的变革与优化。在乡村振兴和产业结构优化升级的大背景下，布局产业结构新框架体系，旨在城乡统筹协调发展、共同富裕的新发展阶段，全面深化改革，势在必行。

以逆偏向作为公共选择的基本导向，特别是土地制度的城乡一体化，取消扩大城乡差距的制度体制机制。通过改革财税体制、改善党政领导的激励机制，限制土地财政的行政逻辑；进行具有逆偏向再分配性质的制度与政策选择，达到凝聚民心而不是分化社会的能效；基于行为独立、能力对等的理性主体，提高各主体参与社会协同共治共享的效率与效果，破解生成住宅难题的个体基础与制度驱动难题。

深化财税体制与党员官员考评晋升制度改革，形成党政地方层级的事权、财权及干部考评晋升权相对等的制度体系，依据各领导干部的努力与创新程度、推动发展的贡献大小等多元化指标体系，并参照各地实际差距，以匹配当事领导干部的考评等级与职级晋升。严防由于制度滞后、信息有偏、公共政策空白等不利因素所滋生的投机和悖德的群体性发生，以遏制造成财产权利分配失衡的逆向转移。

二、顶层设计出旨在逆偏向的再分配体制

差异主体在逆向转移的体制机制作用下，自行加剧各主体间的差距，有造成两极分化的可能性。尤其是当今差异主体之间的交往信息而不是有效交易关系增加，其间的经济差距与心态落差愈益突出。房地产所折射出的问题同样不会例外。如果不能正视和有效应对这种态势，城乡"二元结构"就可能恶化成为马克思、恩格斯、列宁所共同担心的"城乡对立"的矛盾关系，工农产业、劳资收入分配、地区发展程度的差距也将难以缩小，各主体普遍自主性地参与生产创新的积极性将难以激起。从整体和长期来看，以顶层设计的必要高度，选择逆偏向的再分配政策，不仅限于解决绝对贫困问题，而更重要的是，还可以兼顾针对农民宅基地及农地"确权"和"放活"，赋予农民应有权益，是工业化城市化的必要条件，是解决"三农"问题时所必须面对的制度与政策选择，是化解城市过剩住房的重要途径。

就当前看，统筹协调发展直接和快捷的途径就是基于公有经济和党政多层架构，形成"对口支援"和"精准扶贫"等实践方案。在这一"补短板"的过程中，要特别注重预防和解决被扶者处于"被动接受、不能理解、无所适从"的现实窘态。对于长期处于发展落后、思想意识传统的地区和群体而言，这正是从传统向走向现代的过程，需要时间和实践来探索和突破，而向其提供必要且有效的外在环境条件激励、内在经济行动参与和内心思想意识融入，才是解决发展程度滞后的重要条件。易地搬迁脱贫实践给出了最好的验证。

但是从长期看，解决发展不平衡不充分难题的着力点之一，就是进行土地

制度改革创新。乡村振兴和城乡融合，一定是投融资机会与投资盈利能力的融合，是收入分配的政策和利益的融合，是二元结构的彻底消除。这里的关键联结点是农村土地，而不是农村住宅。在不考虑土地制度的限制性因素而仅仅在农村宅基地的流转上做文章，就是不务实的思想观念与政策在空转。

因此，依托既有土地制度，为选择逆偏向的再分配制度与政策提供历史性依据与现实可操作性尺度。现有土地承包关系已经 30 多年未变，它仍然承载着粮食安全、经济改革与发展的历史与现实，农业连接着城乡，关联着工业及更高产业，联结着农民与市民，还事关各相关主体的权益得失与职级升迁。正是依据土地所承载的关联信息，不断放活农地流动性，扩大其可观且可持续的权益空间，以补偿"三农"权益和补齐短板，是解决差异性放大、差距难以解决等难题的基本途径。

农村土地权益补偿可以参考城乡接合部失地农民的利益补偿方式及标准。因为工业化城市化进程中失地农民是为城市建设和工业化而失地，农村居民进入城市生活，也是为城市化做贡献，那么赋予其相近的权益补偿，符合城乡、工农在历史与现实上的政治经济对等性要求。放活和优化地方官员考评指标体系与晋升依据，体现选人和用人的灵活、科学、效率性，鼓励创新创造，尽最大可能释放各主体的经济社会活力，防止经济社会因为内在矛盾与失衡而陷于低效、僵化的制度泥淖之中。

三、发挥公有经济的支撑作用

抽象地谈论所有制并无实质性意义。但在资本主义社会化大生产和内在地产生过剩供给的实践基础上，公有制则具有时代性和实践上的优势。正像土地国有化所能带来的现代性问题的扭转一样，生产资料公有制赋予中国解决住宅问题以最为优越的经济基础和更为广阔的可选择空间。理论与政策已经不需要为私有制和既得利益做价值与信仰上的辩护，而是需要构建基于个体理性前提下的整体理性与长期繁荣的经济基础。

坚持以人民为中心的立场和价值导向，更好发挥社会主义坚实经济基础所赋予党政多级的坚强领导地位和制度优势的作用，避免个体利益压迫社会整体利益[1]，降低解决住宅问题时的社会成本。这将有助于推动和保障发展成果为大多数人所共享，而不能在任由极少数人独占和发财的同时，使大多数人受累受

---

① 马克思，恩格斯 . 马克思恩格斯文集（第 10 卷）［M］. 北京：人民出版社，2009：547.

穷①，使收入分配陷入两极分化的不利势态。

具体而言，解决住宅问题的核心问题是土地制度问题。土地制度问题的焦点，正是与土地有关的各主体之间的利益分配。② 因此，住宅问题的解决，既是人民群众整体的和长期根本的利益的实现，是作为个体的人民当期利益的实现，是房地产行业与国民经济取得快速、协调可持续发展的契机，也是解决城乡二元化格局的着力之处。这是基于公有经济基础，各主体利益具有一致性而达到目标与手段的统一的高度；而不至于将所有的行业发展都沦为扭曲人们的理性行为的跳板，也不是各种发展沦为损害经济社会整体协调性和长远利益的理由。为此，针对城镇住宅问题，党政各级基于整体和长期战略定位与谋划，保障和改善人民群众居住条件与环境，增强就业质量、提高劳动收入水平，阻断逆向转移机制，缩小差距，及早预防和积极化解房地产行业结构失衡问题。

四、理顺党政各层级权责匹配的激励机制

在市场运行中，权责对称方能促进微观经济效率。组织与行政从微观层面看，也具备个体优化选择的动机与动力。当然还要从宏观整体和长期战略上对这种个体理性进行统筹协调，不仅要预防和解决个体与整体的矛盾冲突问题，还要解决当下更为突出紧迫的问题，即理顺组织行政各层级的权责匹配性，以激励各主体的尽职与晋升的能效。

作为工业化衍生性产业，房地产处于快速工业化、社会面向现代化转型期，要适当发展以适应新的生产方式的内在需要。这对国内实践具体的特殊性而言，基于公有经济和社会主义制度基础，党政各层级权责关系要以权责清晰、财力协调、区域均衡为原则，实现个体和局部与整体、短期与长期的同一性和一致行动为目标。以化解矛盾问题为目标，通过构建各层级有衔接的机制，科学合理设计和调整考查统计指标体系，为社会协同共治提供有效依据。

对房地产问题的破解，依赖央地各级、城乡各地、社会各层、居民各主体的统筹协调。公共政策选择时，需要避免各异质主体、各地区以及城乡之间在土地、房地产及地区 GDP 等显性指标和特殊利益上的过度竞争和低水平重建，打破非对等关系下各类、各个主体的恶性竞逐机制。这种各地区、各主体不断重复建设与恶性竞逐内卷势态，仍然属于粗放型增长阶段的各个层面的差距拉

① 列宁. 列宁全集（第 7 卷）［M］. 北京：人民出版社，2013：112.

② 贺雪峰，等. 地权的逻辑 III——为什么说中国土地制度是全世界最先进的［M］. 北京：中国政法大学出版社，2018：27-35.

大，而绝不符合旨在高质量发展、全体人民共同富裕、实现美好生活向往的结构优化之根本需要。

在各层级各地党员官员考评和职级晋升的指标设置与激励方面，不能仅从表面化和绝对数字上进行全地区或全国横向评比、一刀切，避免各地各级责权利更加不对等造成进一步的冷暖苦乐严重不均等的逆向转移效应；而是更需要基于各地真实差距、实际工作进展、党员干部努力程度及实际成效等核心要素，进行"加权平均"，以对当事人、当地的实际综合考核、检验，从而实现利益的激励与要素及劳动的付出相匹配。如此既要体现考评的客观、公正和有效性，又要能够预防监管套利和投机取巧，提高组织行政人事选拔激励与社会治理能效相对称的有效性和长期可靠性，解决私利诱导之下的形式主义、官僚主义、群体腐败等机会主义和违纪违法行为的普遍滋生问题。

五、保障和提升协同共治的实效性

梁柱既立，则亟须微观精细研究和宏观整体战略把握下的精准治理。相对于抽象且绝对化的同质性理性人而言，具体的"社会人"则时刻处于真实社会网格规范和强制之中。他们具有各异的实践条件、理性程度、博弈能力及利益诉求，具备个性化的行为特征与独特的信息结构，使协同共治成为必要与可能。

（一）全体人民协同共治是社会有效治理的前提

全体人民协同共治，其目的正是希望能够利用信息的个性化和规模优势，有针对性地选择体制机制及措施，激励其共同参与社会治理，以规模效应为手段，兼具整体效率与社会公平的意蕴。但是，主体的差异性和差距在可能提供上述优势和便利的同时，也能够成为制约治理能效的不利条件，主要体现为分权分利造成的社会分裂，在共识和一致行动，以及"科斯谈判"机制上，参与约束并非积极和充分。抑制房地产过度投机，选择"住房不炒"的政策导向，虽是基于社会历史实践经验教训的总结，是党政中央层级基于中国自身的经济基础和制度条件，探索旨在以人民为中心、逆偏向的再分配体制机制，助力房地产问题协同共治，但这急需逆偏向再分配对策的制度化，保障各主体对等性是有效共建、共治、共享的基本前提。

（二）协同共治主体的培育、规范及保障

社会治理的重心和难点在基层，关键在党的坚强领导。治理主体既需要面临最为现实具体的各种问题难题，又面临其资源、权限的重要约束，这就构成

社会治理的基本挑战，更是对治理主体的考验。因此，社会治理主体，特别是基层治理中的领导和管理者，在连接上级硬性政策下达、实施和居民利益诉求上传过程中，既需要具备为人民服务的精神和毅力，还要有以大局为要的政治智慧。因此，社会治理需要培育和使用好领导干部团体。物质利益激励与党政纪法制度规范约束及保障，不仅是对治理主体履行职责的激励与保障，而且更是对基层社会治理成败的规范与保障。这其中的任何环节不完善、有漏洞，必然要在实践中出现系统性问题。从像华西村、南街村、武家嘴村等这些改革开放后依然坚持集体经济的村镇实践具体来看，其书记的坚强正直的领导与其经济、住宅、文化发展的程度均存在极大的相关性；相反，绝大多数的落后农村发展，往往与党员干部的不愿作为、不能作为有关。城市房地产过热的问题，与地方行政管理体系与治理的问题，如土地财政机制也都有深度关联。对治理主体的培育和治理体系的保障，是解决发展过程中收入分配差距、主体之间的矛盾及凝聚力问题的抓手。

（三）协同共治对象的统一规制

系统性化解隐藏信息与隐藏行动的内生性问题，不是仅仅依靠信息即可解决，而是根源并依赖产生信息的经济社会关系。这种被西方主流广泛视为"外生性"的问题，实则是制度驱动下差异主体普遍性个体理性行为。[①] 解决信息与契约问题，党政地方层级需要打破房地产相关厂商相互勾结和形成垄断利益同盟的链条，规范房地产中介收支机制（变提成收入为服务收入），建立完善有效的信息供给与传递机制；权威性地公开住房市场监控的实情、动态及长期调控手段、途径、任务和目标，严惩房地产商与相关中介串谋勾结操纵市场的行为；采取制度设计和利益安排，保障社会性监督的渠道畅通、有效、安全，提高社会治理的参与率与参与质量。其根本目的在于，规范个体行为，促其理性、利益与社会利益相容，保障各行业健康共赢共进。

（四）协同共治机制及其优化

社会运行的系统复杂性内在地要求社会治理要注重系统性疏导、精细治理和善政，而不是基于狭隘利益而碎片化研究和解释问题，如漠视结构失衡问题，以粗暴的方式一刀切，强制堵塞、事后严惩和最终塞责。在微观层面，简政放

---

① 王现林. 悖德行为的逻辑：基于垄断价格的经济效应分析 [J]. 中央财经大学学报，2014（10）：70-76.

权和改善投融资环境，引导资源流向高新技术和新兴产业，培育和创新实体经济的增长点、增长群，提高整体实体经济的投资收益率，增加居民投资的机会与回报率；在宏观层面，优化经济结构、提升质量、提高人民收入与生活水准，缓解低收入群体对稀缺公共资源的恐慌性"刚需"，从根本上降低盲目投资、质量不高、投机过度等供给过剩问题，以此迫近个体与整体的统筹协调，微观与宏观的相统一等效果，有助于实现社会总体长期理性繁荣的目标。

总之，住宅问题的真正化解，主要依赖以公有制占主体地位前提下的公有经济及党和国家正向支撑，及时、稳妥选择有针对性的逆偏向再分配机制与政策，财税与组织行政体制的优化，各主体协同共治机制的建构，以增进差异主体的理性协调与利益共容，解决产业结构、分配关系及社会整体优化和发展中的顽疾。这是对治理主体、治理机制及治理能效进行评价的依据，而不是依赖其他诸如 GDP 的规模、速度，或者人才、项目及道路桥梁等外在的粗放数量的累加，因为这并不能体现人的全面发展，它极有可能是逆向转移、虹吸效应的失衡性结果。

第九章　收入分配逆向转移机理的治理体系

由于中西方立足不同经济基础和制度体系，增长与发展必然受制于不同的起点与归宿。立足牢固的经济基础，坚持和发挥制度优势，形成旨在追求社会理性的统筹协调全面发展的战略规划能力，党和政府着力于效率公平兼顾和个体与整体、短期与长期相统筹协调，以逆偏向再分配的全面发展理念，选择"有利于穷人"的治理体系及政策，作为理论与实践创新发展的起点。

第一节　治理的起点、路径与导向

解决产能过剩与区域不平衡，反平台经济超级垄断，以及诸如此类非均衡问题，既是化解收入分配逆向转移机制问题，也是推动地区发展、居民均等性分配、实现现代化的突出而且紧迫的课题、难题。而解决这些问题的首要任务是认识和解决上述问题时所应坚持的起点、路径及导向。

一、基于人民立场、唯物史观、辩证法前提

基于个体理性和与之相适应的经验主义与功利主义，对"多数人暴政"的恐惧，对改变现状的拒绝，以及对传统旧制的本能性维护，无条件接受"给定条件"，这些系统性选择就只能是个体经验的均衡性描述。它是特定时代和实践条件下的产物，不是超越时代与发展实践的永恒教条或者所谓的"铁律"。

仓廪实而知礼节，衣食足而知荣辱。生产力的发展，保障物质资料的全面性和充足性，而相对均等性分配则能够赋予作为整体的实践主体认知和改造世界的能力以及改造人自身能力的增强，人们有愈益增多的自由选择的能力与空间，这些正是解决当前普遍相对过剩、垄断问题的前提与动力。

对于任何保守势力而言，唯物辩证法的革命创新与发展性，都是不可能想

象并竭力加以反对和阻止的。利用辩证法指导实践，并不适用阶级暴力统治剥削的社会，所以阶级社会并未完全消失时，辩证唯物论对科学研究的指导地位不可能被广泛使用。唯物辩证法与各学科之间的互联互通及综合发展，尚未达到非唯物辩证法所及的程度和深度。因此，根本制度未能得到彻底变革，世界观方法论就不可能有实质性改变，那么理论研究的数理工具化并不是一件有积极意义的事。

然而普遍科学的发展，都是应实践的需要并在与实践相互关联中得以形成和不断发展的。中国是一个从根本上废除占统治地位的私有制、阶级剥削及阶级压迫的社会主义国家。辩证法虽然已经不是用来进行暴力革命斗争的需要，但仍是基于对既有观念、思维及制度的传统性、滞后性进行革除的需要。在面对资本逻辑及非辩证法的联合污蔑之下，需要确立基于普遍科学性与彻底人民性的认识论以摆脱落后制度及其范式框架方法。这不是远离实践的经验理论家们所能完成的任务，而更需要随着实践的不断发展和经济社会整体的复杂程度加剧，达到对各个因素之间的兼容、协调及超越，从根本需要上进行统筹协调，以便于在应对周期性危机方面实现创新实践。可以预见，随着非均衡实践对辩证法的广泛需要与更加普遍性的实践检验与发展，辩证法本身的科学发展也会相应地跟进，这一过程同样会向数学化发展，甚至辩证法的数学化与经济学迈向普遍科学化的时代才真正开始。

二、战略及政策选择上的统筹协调、全面发展理念

研究实践与发展中的非均衡问题，需要基于战略高度，发现逆向转移的机制、问题及政策。而不识庐山真面目的原因并非只归因于"只在此山中"（即造成个体认识的眼界问题，更有难以超越私利局限的立场境界问题）。事实上，将统筹协调发展视为对市场竞争、个体理性与效率以及增长绩效的"扭曲""限制"，都是狭隘利益观所造成的对辩证思维和党性宗旨使命的认知偏误。

收入分配的逆向转移是个体理性自发行动的结果，体现为体制机制的内生驱动性。针对相对落后地区、劣势产业以及弱势群体的逆偏向再分配政策与机制供给的统筹协调全面发展，是整体长期理性发展的目标与结果。

事实上，对整个经济体系中的传统产业和落后地区、"三农"问题进行现代化改造与升级，本身就是需要基于共容原则而培育新的增长极。这是新业态之下的再分配的新取向。这种战略性选择不仅需要基于公众利益的公共性选择，而且还可以节约成本，降低价格，让更多人参与，推动共享发展。这是现代化进程中追求统筹协调发展的制度优势和资源基础，也是实现大多数人利益和增

加可持续性的有效方案。

通过逆偏向的区域性发展战略的宏观布局和具体支持性政策体制机制的顶层设计,对逆向转移进行系统、有力、有效、可持续的纠偏与逆转。特别是对于"三农",逆偏向的政策选择是必不可少的。要基于经济社会整体长期理性的高度进行统筹协调,对涉及农业的改造升级优化、乡村振兴和现代化、农民财产收入富余与转型市民化。因此,这种"三化"需要从国家中长期的战略层面进行顶层设计;基于此层面的制度性变革与优化,是解决逆向转移体制、实现全面发展的根本途径。

三、可持续发展动力上的共同富裕导向

市场是现实中的市场,不是抽象理论中的理想化产物,而政府的作为对市场无序必须起着无可替代的弥补与纠偏等作用。政府发挥这一作用的方式和途径主要是通过制定、更新和执行制度规则,以达到人人能从经济增长中获利的共容性发展成就。[1] 只是其目的性不能仍然基于均衡范式的"给定条件"。

实践中,人的主体性不是一个"以人为本"的抽象空洞的概念,而是基于以人民为中心的发展所对社会发展的手段与目标进行内在统一的社会理性结果。对社会发展规律的把握,对社会运行中的问题的治理,是以人的发展定位来利用好这个条件,而绝不是以此条件仅为极少数人谋私利。社会现实中的人的主体性,体现为具体的社会人的自我解放,以人的发展为手段,促进人的更大发展。这是一种不断突破既有边界束缚的创新实践,不断地开创新的更大发展空间领域。

不断扩展新发展空间,并不意味着处于既无主体亦无边界的函数虚构。在异质主体利益对立冲突的制度强制之下,要将"一切人反对一切人的战争"变成最终的"每个人的自由发展"的转变,显然人们还有很多边界要去突破。[2]当前,对边界的突破实际上就是突破均衡经济学中约束最大化目标的那个约束条件。而对该条件的突破,在西方政治经济学看来是不可思议的。因为它将"给定条件"及其约束之下的理论均僵化于"不改变现状"的势态。问题在于,这种现状及其势态本身是在逆向转移机制发挥根本作用并造成差距不断衍生更多更大差距的条件与过程,并且诱致发展带来更多发展困境的矛盾失衡态势。

---

① 约瑟夫·E.斯蒂格利茨.重构美国经济规则 [M].张昕海,译.北京:机械工业出版社,2017:26.
② "任何界限都表现为必须克服的限制。"(马克思,恩格斯.马克思恩格斯全集(第30卷)[M].北京:人民出版社,1995:388.)

质言之，"给定条件"的刚性造成发展中的人的主体性缺失，迫使发展本身的性质与意义变成对进一步发展造成障碍的手段，成为异化增长与发展的起点与结果。要解除这种"给定条件"的束缚，就要基于人的主体性的发展定位，将人的发展的手段与目标辩证统一起来，这是持续推进统筹协调、全面发展、共同富裕、共建人类命运共同体的逻辑与行动前提。

第二节　治理的基础、机制与政策

增长与发展的非均衡性，在实践中表现为经济结构异化、社会结构失衡、自然环境破坏和生态危机。这种内生性依赖治理的基础牢固、机制有效和政策有为。

一、基于公有制、保障公共性、旨在人民性

从理论上看，社会主义与共产党执政依靠公有经济的基础性地位。基于实践具体来看，公有经济在公共选择的公共性上的决定性作用不可或缺、不容置疑。这两者的宗旨、目标及手段的统一指向全体人民性。

如果将人民实践的主体性再次置于以资为本的先验性条框内，将人民的实践向维系旧制退缩，使人民实践屈从于落后制度及其逻辑的强制，那么人民实践创新的基础丧失，人的全面发展将被迟滞。这是资本与制度对人的主体性的均衡，是既得利益者所诉求的民主制度在中国复仇和复辟的成功。

事实上，中国的根本制度保障人民民主和自由，发展与利益存在根本利益一致性和可统筹协调。因为这一制度并不体现和保障资本民主及其自由，不是个体至上、分权对立制衡和不可调和。而民主集中制坚持绝大多数人的根本利益和意志一致性原则，形成集体行动，也因为实践具体的某些特征而兼顾到极少数，体现和保障发展战略与公共政策选择上的人民性、公共性。

二、体制机制的灵活性、实效性、开放性

只有研究和解决分配问题，推动各项制度的优化与变革，从实际出发才能找到问题及问题的关键。研究收入分配逆向转移制度安排，将潜在的制度优势转化为现实的经济优势，将矛盾失衡变成新发展的契机，将成本变成收益，将短期繁荣变为长期可持续。这需要建立共产党执政的经济职能理论体系，构建共产党经济学，解释中国奇迹，解决由发展不平衡、不充分所引致的统筹协调

和全面发展的矛盾。

就整体长期而论，对统筹协调而形成的财富高速增长和促进高质量可持续发展，远大于个体和局部利益的损失。这是和平建设发展时期所要坚持的取舍，当然这种逻辑也源于中国革命、社会主义改造中的实践逻辑与时代启示。如果个体理性和权利成为阻碍束缚大多数人社会生产福利福祉增加的制度性障碍和壁垒时，进行变革或者将改革进行到底，这种改革的立场所针对的正是少数利益群体对自身利益至上的狭隘性。因此，要解除这种对生产力的束缚的矛盾，从而改善结构，提高整体福利与效率与提高人民利益。

体现并维护人民根本利益的政治结构、制度体系及动态优化的实践，正是马克思主义所坚持的革命创新性将改革进行到底的发展创新理念的基础。人民群众通过人民代表大会来表达利益诉求和价值实现，而对这一方向的引领与助推，则来自人民群众中的共产党及其组织。党的组织机构形成诸如政治领导、统筹协调、全面发展等方向的引领。依据实践发展的变动性，实现逆偏向再分配体制机制的科学性、灵活性及实效性。

人民通过代表人民利益和意志而形成的宪法，实施其权利与义务。共产党通过党章实现对实施实践、对国家的判断与引领变革。改革与发展的成败检验取决于历史与实践，也就是是否符合人民和时代的客观必然要求。党和政府领导与人民实践的辩证统一性形成权力与能力交互作用的闭锁循环，实践主体在矛盾对立统一中把握积极性主动权，助推矛盾各方向积极方面转化和发展。

三、政策取向上的补短板、促协调、保公平

新自由主义在赋予资本市场以空前的自由的同时，也因为强势利益主体群体的逆向转移强制，逐渐耗尽了经济增长与发展所能给普通居民"涓滴"的福利。经济增长的长期乏力和周期性危机，实为过剩时代分配失衡对增长所构成的"短板效应"。

在公共选择能够体现和保证公共性的社会主义制度体系中，对增长与发展中理性主体之间的差异性及收入分配上的差距拉大问题进行再分配、再平衡，这种内在调整和系统性校正，是统筹协调、全面发展的手段与目标。旨在目标与手段的内在统一性的公共选择，其实质就是基于整体长期理性的高度，以"补短板"的方式促进经济社会发展的相对平衡、稳定、健康、可持续。

既然是一种基于制度控制的途径而对有关收入再分配的制度供给和调整进行设置，那么这就是一种具有战略性、长期性的效率公平性的权衡，需要进行系统性制度体制机制安排。各地通行的最低工资标准的设定，是一个涉及短板

确定和补短板政策的重要参考指标。精准扶贫补短板的政策取向，不能简单利用"最低工资"手段；否则，直接给穷人发钱就构成了扶贫的有效途径了。因为这种再分配只是存量上的静态增加，不构成系统动态上的结构优化效应。而货币除了代表收入和财富以外，还是再分配财富的权利凭证，而赋予其财产性收入，把缩小差距的努力建构在动态机制上，使人们足以摆脱贫困陷阱的改革与发展进入快车道，整个社会才可能步入扶贫的精准和长效之道。① 这也就在整体和长期实现了效率公平辩证统一于可持续发展的人民实践中。

第三节　治理体系的结构与功能

抑制上层，拉动中层，赋权底层，② 这是斯蒂格利茨给美国重构经济规则的原则性建议。无论这种建议能否在美国实用，完全可以给我们启发：差距不断扩大严重影响经济社会可持续发展势态，必须选择逆偏向的政策与机制并使之发挥实践效能，是应对逆向转移机制的治理之道。

一、建立健全统筹协调体制

（一）对市场机制进行调控

劳资关系非对等和效率优先原则加剧社会分配失衡。这是生产和供给强势于分配与需求的结果。宏观经济调控也更倾向于这一逻辑。例如，一些政策选择，突出体现为产业发展扩张，或者将摆脱低迷的经济状态的希望寄托在诸如"大众创新"所带来的"经济活力"上；③ 而那些减税、降费、减租、降息等政策主要通过刺激供给的手段，而不是对分配进行卓有成效的制度改变，并不能应对当下的经济和社会的困境。要真正解决问题，还在于摆脱"供给自动创造需求"的短缺时代资本逻辑的束缚。在过剩时代，过剩与垄断的交互作用机制，是进一步将原有的失衡引向新的更大范围与程度的失衡，为新的危机提供物质、

---

① 王曙光. 中国论衡：系统动态平衡发展理论与新十大关系 [M]. 北京：北京大学出版社，2018：137-149.

② 约瑟夫·E. 斯蒂格利茨. 重构美国经济规则 [M]. 张昕海，译. 北京：机械工业出版社，2017：104-168.

③ 埃德蒙·费尔普斯. 大繁荣：大众创新如何带来国家繁荣 [M]. 余江，译. 北京：中信出版社，2013：323-338.

技术及社会的基础。

　　显然，对分配失衡和由这种分配失衡所造成的有效需求的不足，特别是过剩时代对需求以及由此追溯到对分配的制度性调整，使之与生产相协调，对于生产再生产的重要性，对于社会结构优化和可持续性具有质的改变。由于各利益主体的强势，不能将对立的生产与分配、个体与整体、短期与长期进行有效的统筹协调，即不能实现社会理性最优，只能退而求其次，接受"次优"甚至是极差的矛盾、失衡、周期性危机等结果。当然，由于利益分配与成本分摊并非确定性均等，而是以一定的不确定性和按资分配，因此，争取最大实力派和寻求保险机制，是作为个体的理性的最优化选择，但对于社会整体和长期而言，均是次优乃至极差。

（二）推进产业结构升级优化进程

　　选择传统产业与新兴产业相互匹配与调适的产业政策体系，构建富于韧性的协调关系是现代经济体系的基本取向。失衡性结构不仅影响经济增长，还必然扭曲劳资关系，形塑不同的社会分层。构成弱势主体的社会群体在逆向转移机制的作用下逐步沦为社会整体的短板，木桶原理的短板效应正是对结构失衡造成的社会成本的形象表达。过剩时代可能用以支撑兼济天下的生产与分配方式化解经济结构失衡，提升经济增长的速度与发展质量。

　　具体而论，产业升级需要劳动者技能素质的提高，这种匹配衔接提高了劳动者的收入，提高产品性能质量和经济总量，依靠自发市场的局部短期化调节不能做到这一点。以改革作为立足点，以更高远的视野解决这种社会的差距，才是妥善之法。

　　农业作为一个提供衣食必需品的产业，其供给者个体在市场调节之下却缺乏定价权，所以受到政府干预，形成私人提供政府定价或者说市场定价的公共性的产品，是社会初级阶段和所有阶段都需要依赖的最基本的产品。以现代先进技术和过剩资本改造传统农业，是结构升级优化的应有选择。与此相类似的另一个产品或服务就是教育。作为人力资本的投资，劳动技术创新人才的培养和科技发明创造是工业社会和后工业社会所依赖的基本投入和产出，是社会发展的高级阶段的新的主要产品和服务。

　　工农业的利润水平决定了这两种行业发展的动力和前景截然不同。农业需要保护，工业需要更多的支持。行业的差异也形成保护或支持的方式及程度的差距。保护是有上限的保护，而支持则是无限的支持。因为发展阶段的不同而保持着这种差距，但绝对不能让这种产业成为束缚特定群体发展时的社会枷锁。

让劳动力和创新群体能够自由地有利可图地流动，而不是使其被束缚于特定产业而服从产业发展的历史局限。具体而言，作为农业从业者农民这种传统行业的社会基层群体，他们因为农业的困境而不能够得到发展。让农民获得发展的机会的同时，也能让农业得到应有的重视和功能的发挥，向三农投资与支持、重点帮扶，是对传统产业的适宜保留，也是对生产者劳动力就业、收入等民生保障，即对广大的中下层群体进行逆偏向的再分配政策与制度保障，更是对整个社会与产业体系完整性、安全可持续性的保障。

（三）统筹协调多层次效率公平关系

解决效率与公平的矛盾问题，首先在于厘清效率与公平的主体、客体及依据。从微观层面区分的个体理性，即均衡论所指效率。但行为主体异质性则表明，其他主体以及整体对各自的理性与效率的诉求并不相同，而是存在着冲突性，根本不能进行线性加总。在经济失衡、社会分化、周期危机没有任何均衡稳态的迹象的情况下，由个体理性所形成的"创新"与"发展"只是狭隘性的，更有可能是对社会整体长期的效率公平性的背离。

旨在社会整体效率与公平的逆偏向再分配的公共政策选择，其经济效应的作用机制是显而易见的。从强势的个体私利来看，对效率的追求是个体理性和有限期限内私利最大化的前提；但是从整体和长期来看，对效率与公平的辩证把握，则是更大范围和更长久的效率与公平实现的前提。推进公平分配，保障增长效率与发展质量。正如斯蒂格利茨所言，"男女同工同酬将使美国的 GDP 增长 3~4 个百分点"。①

对整体而言，补短板是直接有效、长期发展所必须偏重的政策选择。发展不发展的地区，提高投资不足地区的投资，增加对落后和欠发达地区发展机会和资源条件，等等，都是增加整体效率的途径，也是推动社会公平和经济社会可持续发展的保障。因为一方面，机会均等既不等于现实对等，也不等于历史性平等，这需要从现实与历史的高度解决现实差距与历史欠账问题；另一方面，对落后地区的投资发展也是对发达地区的一种过剩产能产品的寻找出路的途径，对落后地区的发展也增加了落后地区的收入机会和赶超。因此这是一种整体协同之下的合力生成，既摆脱结构性失衡，也实现整体利益和效率的推进，实施统筹协调可持续发展的大战略。

---

① 约瑟夫·E. 斯蒂格利茨. 重构美国经济规则 [M]. 张昕海，译. 北京：机械工业出版社，2017：97.

　　作为一种共享发展的理想模式，而不是一种零和博弈，它需要寻找新的发展空间与增长点，具有普惠性，以避免增长的狭隘性和有限性等局限。从统筹协调、全面发展的高度看，将个体与整体统筹协调，这不仅有助于实现个体的长期效率性，也有助于实现整体性效率，从而有利于个体的短期效率性。它不仅保障个体，也保障整体和长期，在效率上、公平上均有彰显。如果对效率有所侵害，也可能是造成少数人的损失，但获益的却是绝大多数人，这对于立足于人民立场的共产党和坚持公共性的人民政府而言，此类个体因效率问题而造成的利益损失进行利益补偿、再平衡，是一种系统性而非外在性安排。因此，在处理多维效率与公平的问题上，统筹协调的机制和全面发展的保障，是必要的制度安排和必然的制度优势。

（四）协调财政货币政策内在融合关系

　　对财政货币政策之间的差异性进行协调，是一种共性的需要。由于实际上不同国家均存在着制度体制基础上的不同程度的协调，因此，问题在于基于何种目标和战略选择来进行协调。基于效率优先的公共政策选择，总是倾向挑选市场的"胜利者"和政府中的易腐官员，而不是为不同主体的对等性竞争与发展供给持续有效的经济条件与制度保障。在这个问题上，财政货币政策的差异性只在于主体、技术、方式、效果，而不是旨在社会理性上的增进。两者的共性能否发挥作用，则取决于政策供给与实践需要之间是否匹配；其匹配的程度，从根本上决定财政货币政策能否执行，是否有实效性，能否具有长期可持续性。

　　不同制度下的财政货币政策有内在且根本性的差异。对于中国实践而言，中央政府对两项政策的直接和事实上的节制与调节，是要将两者相对立的可能置于关键问题上总能得到一致性共识和整体行动，政策选择的独立性和公共性，是统筹协调全面发展的国家意志的体现与保障。在此基础上，摒弃部门间的私利和不同看法，发挥两者最大的合作效率将是极其必要和可能的，而基于整个国家经济发展这个实践基础进行宏观的判断和政策的沟通与协调，则需要来自顶层设计上的调控环节。

　　由此可以推而广之的是，国家政府层面各部委针对特定性重大问题的战略决策与实施方案的选择、实施及监测、考核问责，通过制度化的跨部委协调机构设立，将分工性部门的分散性及时统筹协调起来，形成了形式多样的部际协调机制，联合面对和应对重大发展攻关问题，体现统分相结合的辩证方法论。

（五）改革党和政府与市场的关系

党和政府作为代表和服务人民的政治主体，通过经济支撑和制度规制，确保政府引导资本，而不是资本强势围猎政府、干扰公共选择，更不是迫使党政的人民性退化为强势资本主导之下的契约政府。"当官不发财，发财不当官"这种政治性纪律设置，是将党政与市场之间的政商关系定位加以明确和规制。

在统筹协调全面发展的理念之下，财政货币政策必然被内在要求于促使发展的均等性机会与条件呈现于投资主体，创造外在设施便利条件，通过市场机制的微观效率性作用，使整体长期发展中的失衡、不充分的产业地区能够得到优先和优厚的投资环境与发展机会。

对于各地基于特色优势的产业政策选择，均在全国范围寻找具备相互匹配的资本技术支持条件，推动合作发展。打破制度与政策非均衡性供给的逻辑，解决资源配置与流动中的单向性虹吸效应机制，实现地区性对等与资源技术回流补注。通过党和政府对冲缓解结构失衡的再平衡机制，统筹协调国家层面的非均衡发展战略布局和政策的适当选择与优化。

对领导干部的职权义务进行规制，是统筹协调全面发展理念的关键所在。让各地公共选择的维护者们得到与其努力程度和实际效果相匹配的收入和待遇，促进社会治理有序以达治理良善，是一种必要的管理与治理的体制机制构建。由于对各地发展无论是好的一面还是不利的一面，都具有累积性，而官员却具有任期性，因此并不利于考核规制。通过实践过程考核，全面考察"做过什么""在做什么""未做什么""什么后果"，以整体长期性视域来弥补和校正市场短期局部性投机行为所造成的系统性缺陷，才能够更清晰地显示政府行为的过程及影响。通过制度体制机制对公共选择中的具体个人的激励与约束，党政各级履行治理规制所关切的发展的实效性才有系统性保障，这是后工业化时期，为实现经济社会发展的更大容量的扩张和人的全面发展，塑造全新的制度体系和道路方向。

二、建立健全及落实全面可持续发展体制机制

（一）人的全面发展的首要性

过剩与垄断交互恶化的实质在于人的主体性被异化。全面可持续发展的意义不能仅限于生产者的利益和消费者的效用最大化，即不仅仅是物质财富的创造和价值的分配与占有的功利性与工具性，而是发展的多元化和带来更多、更

大程度的全新发展的能力与空间，并且这种发展的可持续性正是基于并利于人的全面发展的普遍价值性。因此，这种发展具有普遍性、可持续性、辩证统一于人民性。

选择以人民为中心而不是以资为本，坚持全面发展与全面深化改革、扩展和深化对外开放，推动构建人类命运共同体，而不是选择与人的发展背道而驰的分化、异化的失衡之道。例如，在全球抗击新冠肺炎疫情的共同实践中，经济社会的互联互通性、人类命运共同体的特征和紧迫性、重要性均再次得以广泛的确认。特别是在疫苗的开发、合作、作用上，具有全球性公共卫生和公共物品的特征。因此，中国宣布新冠疫苗会作为公共物品向全球性提供。这是对私利至上、资本逐利行为企图垄断疫苗的根本性回击，同时也是构建人类命运共同体价值导向的具体实践。

教育虽是知识、能力素质的培育，更是人才的奠基，是个人获得发展并促进个人与社会发展的前提和基础，是涉及未来希望却又稍纵即逝的难得机遇，[①]是实现人的全面发展的必要环节。

产业发展的多元化指标体系，将促成人的全面发展和社会文明程度的提升。这对于职业教育培训的要求，远远高于接受这一挑战的传统劳动力群体技能进步的实际进程。这种落差突出体现出快递外卖业疾速壮大而对青壮年低技能劳动力的吸纳。很显然，这种新出现的就业渠道并不是一种新兴产业所带来的可持续和可观收入的行业，从技术创新和收入分配的可持续性上看，这只是一种以现代形式所包装的传统就业：在质量、可持续性及社会分层方面，缺乏实质性提升的空间。因此，劳动者群体的知识、技能、素质并不能与资本所掌控的产业长期保持严格的利益共同体关系。劳资各方的独立自由流动，使具体（或特定）主体不能或不便于签署长期的交易与合作关系。作为最为直接投资受益的劳资双方，在人力资本投资问题上，却都成为局外人。这种矛盾性必然构成更大的搜寻匹配成本及其他社会风险。因此将劳资关系合理化到人的主体性发展导向，是解决过剩与垄断恶性循环难题的根本突破口。

（二）美好生活、美丽环境的财富性质及其赋值

基于普遍相对过剩问题，将其转化为美好生活与美丽环境的供给动力，这是社会发展到更高层次的内在要求和外在实现。这既是文明程度的提升（以更

---

① 阿尔弗雷德·诺思·怀特海. 教育的目的［M］. 赵晓晴，张鑫毅，译. 上海：上海人民出版社，2018：1-17.

强大的物质文明与制度来驾驭），也是需要将金钱至上改为多元指标并驾齐驱，让金钱和金钱买不到的东西都能够和谐有序相处。这意味着人们既要面对金钱的利用和强制，还要面对价值引导，满足民生发展的要求，完成社会文明转型进程。

要在更为广泛的社会群体中实现美丽环境、美好生活与高质量发展相辅相成，构成生态文明时代的价值追求，这不仅要对环境污染程度进行准确定价，还要对生态环保的价值予以评价赋值。这是新时代全新的价值体系与文明形态，即从对土地的依赖到对资本和技术的依赖，以及最终达到对人与自然的依赖和对人与人之间的社会良性互动关系的依赖。通过再分配机制向那些构成短板的群体赋能，让美丽环境的维护者和创造者、为美好生活做出贡献者都能够并且必然获得赋值与赋能，以此补齐经济社会及生态的短板。这是以相对弱势群体的发展换取绝大多数人的更大的发展韧性与整体的理性，是普遍科学手段与共同价值相统一，是创造新文明形态的新举措。

（三）大数据的公共性对个体价值的发现与实现

对过剩时代各失衡关系进行统筹协调，内在地需要大数据。而从经济社会的总体及其长期看，则依赖大数据的公共物品的定性，而不能放纵其为新的垄断性社会权力的载体或杠杆。过剩时代的大数据的重要性，犹如奴隶制度下的奴隶主贵族暴力统治权、封建主义的土地和资本主义的资本。

过剩时代的失衡表现为各类资源及主体的"错配"关系，实质则是生产及由生产所决定分配关系的内在失衡引发结构不协调。通过对内在的生产、分配及外在的供给与需求的侦测与发现，在技术支撑及机制调节上，缓解信息不完全不对称所造成的体制性难题。但是要从制度上根本性解决结构性失衡问题，则需要从根本制度上根除生产对分配的扭曲、消费需求对再生产的制约。

对于公有经济占主体（统治）地位的国家制度而言，对主导性资源的绝对地位的掌控，当今对信息的中央层级独立掌控，以确保其服务的公共性，至关重要。正如中央银行要从金融领域对现代经济运行的把握，助推价值生成，促进价格发现，以及发挥分配机制的激励效能。根据这样的框架与逻辑，构建中央对大数据进行监管、保障数据完整和社会安全的制度体系。

通过赋予大数据以公共资源的性质，解决信息被滥用，从而避免平台经济垄断这一新型逆向转移机制再分配效应。由于数据成本的制约造成其私有性质，造成统计数据是很难发现或者根本就不提供的。这些原本不公开的数据信息已经被某些主体如平台经济垄断实体捕获，从而转化成可以营利甚至生成消极外部性的私有信息，造成公共信息本身的规模报酬递增的积极外部性效应的私有化掌控与谋私利，加剧逆向转移与社会矛盾。因此，必须将大数据升格为公共数据资源并规范其使用，定位于服务全体人民。

三、确立并发挥逆偏向机制效能

（一）逆偏向再分配政策与机制选择

失衡之下，逆偏向的政策选择成为适宜于新发展阶段的战略选择的必备选项。党和政府基于坚实的资源、坚定的统筹协调发展的战略决策能力和远大理想追求的政治魄力，开启统筹协调全面发展的新局面，达到有序、有效引导和利用这种非均衡所诱致的"势能"与"动能"，对规模经济效应的逆偏向再分配，在宏观经济政策杠杆作用下，将各地、各行业、各事业发展的基础、机会、权利及收入纳入旨在相对平衡的增长与发展轨道。在优先赶超型非均衡增长的激励之下所形成的各种差距已经成为制约无偏性增长与全面发展的先决条件，逆偏向于相对落后、发展不充分的各类主体，对该类主体创设弥补性后发优势，是化解逆向转移的累积效应的补短板行动，更是对欠发展地区及其主体的限制的逐步减少和解除，对其积贫积弱和"造血功能"的特别增强。

逆偏向的战略、政策机制的选择至关重要。具体可选择的战略决策及政策机制有很多。例如，对主体功能区的划定和产业结构的升级优化中的功能性补偿，不是仅仅基于受补偿地区基本或平均成本的标准进行过低的补偿，而是要基于这些主体在丧失工业化及对外开放的优先发展机会所造成落后与损失，还要在整体长期理性的高度上，基于新时代实践发展的要求，进行与时俱进的战略定位、政策选择上的机会及利益再平衡。在乡村振兴、城乡融合发展高度上，对城乡土地制度一体化的设计，等等。概言之，逆偏向的政策与机制的选择，其根本目标及效应在于，从根本上抑制资本与自发市场在收入分配逆向转移上的制度强制，防止各主体之间的差距不断累积造成对统筹协调全面发展的失控性侵害。

（二）密切区域发展的协调关系

区域发展的协调性体现在地区、产业及城乡的相互关联性。这都涉及国家整体长期性的发展战略的布局与政策的选择，事关全体人民从业选择与共同富裕进程，主要体现在地区和城乡两个层面。

第一，地区产业合作与衔接层面。改革开放以来，依赖市场的微观短期效率配置各地区发展的次序与权限，是与助长地区性差距而不是解决差距与分化问题。这些率先改革和对外开放的地区，如今不仅面临着出口压力不可逆的剧增，还面临着如何应对本地区的先进与传统落后地区的发展推动问题。推动国内国外"双循环"，是近期应对国外与国内经济形势的最新国家举措。这对于缩小地区之间的差距来说是一种契机，但是这种机会的落实，还需要务实性的资源上的支持。

新时代需要重新审视优先发展战略所存在的地区性差距和产业质量问题。面对百年不遇的大变局，对于业已完成工业化城镇化的发达地区而言，产能和产品的外溢性则需要建立与其他地区的更多关联性。产业投资迁移和产品外销，是扩大发展的基本前提。但是，对于世界市场的高度依赖性的缺陷会愈益突出，将生产与销售向国内发展不平衡不充分的地区扩展，实现国内经济大流通大循环，提质增效于国内，并与国外流通循环相结合、相匹配，这虽是国家最近的新决策，但更是长期可持续发展的必要选择。这是国内外给中国优化布局国内产业结构、地区发展新战略、缩小各地区发展差距最佳的时机和条件，具有推动人的发展和国家发展战略的公共性质，因此国家战略与国家力量不可以缺位。通过对发展权益分配制度的顶层设计，掌控协调各地区发展的必要杠杆，推动产业与就业的地区性转移，这种交接仪式依靠市场做媒，但党政领导下的公共选择不能缺位。这些具有国家战略性质的发展战略布局，必须以特殊政策扶持和优惠的方式，对发展相对滞后地区进行逆偏向的扶持和激励，对支持这种产业与资源转移主体同样给予支持。党和政府与市场的科学分工能够明确发力。产业及相应的地区形成相互沟通、对接的先锋，发现合作机会与可行性报告；而党和国家则提供整体和长期的战略决断，并以国家发展战略的高度予以方向指导和资源上的支持。若继续放任各地同质同构产业的过度竞争，只给政策不给支撑，则必然沦为形式创新而非实质创造。

第二，城乡经济社会一体化融合发展层面。城乡差距是乡村落后于城市的结构性问题，是产业发展和社会转型中差距不断累积的问题。这是市场与政府共同作用的结果。因此，在面对和应对城乡经济社会差距问题上，还需要政府与市场的共同作用，而不是完全依靠其中的任何一方。对于落后地区和中低收入群体而言，其风险和成本承担能力上的脆弱性，需要有足够的应对风险可能带来的后果的准备金。因此在解决"三农"问题的政策途径的选择问题上，为他们提供背书提供风险担保，也就是对其进行充足的利益补偿，这是解决问题的关键所在。"给制度不给钱"，这种看起来极为便宜且不受非效率性非议的"好愿望"不可能真正落地并产生实效性。

乡村振兴依托于农村产业振兴及其环境治理。以人民为中心，以整体可持续发展为基本条件，城乡投融资环境的一体化，甚至农村有更好的投融资环境、生存与发展环境条件作为前提，促进和保障资本技术在城乡有序有效的流动。农村环境污染治理、生态宜居性，也是问题的症结和发展的焦点。基于逆偏向的政策体制供给，解决城乡、地区发展的不平衡不充分问题，以便于再平衡经济主体之间不对等的利益博弈关系，校正那些扭曲人们行为选择的激励机制，预防和解决农村环境污染问题的基本原则，从标本兼治的整体和长期战略的高度，预防经济主体的道德风险与逆向选择的系统性普遍性爆发。

（三）扶贫脱贫常态化制度化

解决贫困问题是一种惠及更大范围更为久远的公共选择，属于整体性长期理性的选择，因此不能紧紧围绕绝对贫困而推进，而是在解决相对贫困的战略高度，重新审视减少绝对贫困的思路与对策，即需要在制度上解决相对贫困的生成机制。

现在流行两种主要的扶贫思路，一种是直接的财物对口援助，俗称"输血模式"，其实质是通过转移支付的方式，解决因绝对短缺而造成的功能性贫困；另一种是通过诸如电商示范、产业引导、信贷帮扶等"造血模式"，其实质是通过逆偏向赋能、发展生产、提高能力的方式，解决发展能力不足的相对贫困问题。但是，不能忽视这两种方式的共性问题：基于分配的顺向理论与实践逻辑，不能在经济基础与制度保障上进行逆向性设计安排，任何扶贫方式，都可能体现出既难以见实效又难以持久的尴尬局面。特别是人们寄予厚望的电商途径，其"造血"成效应当"脱贫易，共同致富尚难"。[1] 造血机制需要逆偏向于弱势群体的系统性制度设计，务使其具有长效性；否则，不对等的条件与交易，按资本实力进行分配的可能性极大。[2]

分配的制度性规定，最终仍然需要制度体制机制的重构，破解收入分配逆向转移机制才是解决失衡问题的关键所在。在既有制度体制和个体理性的客观主观决定之下，扶贫和减贫，就不能完全依靠政治动员和道义捐赠来解决。换言之，扶贫在于精准，更在于扶贫的制度化设计与政策上的逆偏向性安排。非常态、非持续性的公共服务及政策的扶贫性供给，并不具有持续性效果。公园

---

① 安格斯·迪顿. 逃离不平等：健康、财富及不平等的起源 [M]. 崔传刚，译. 北京：中信出版社，2014：225-276.

② 工业化背景之下，各地小农经济很难应对地应对大工业和农业工业化的强势竞争。（马克思，恩格斯. 马克思恩格斯全集（第25卷）[M]. 北京：人民出版社，2001：583-584.

和公路的确很多很便捷，但是这些公共物品能否得到有效的维护与维持，能否让目标群体具有可及性、常态性的作用，不仅取决于党和政府的政治意志，更取决于经济发展可能支撑的力度，以及公共决策的独立性的程度。类似的还有，交通通信设施伸向农村，将城乡在时空维度上连接起来，但要在产业融合、分配对等、社会流动与社会认同、思想意识上的沟通等诸多方面都能有机融合起来协同参与增效，才真正步入地区及城乡在经济社会各方面的互联互通和融合发展，才有可能让各主体摆脱逆向转移机制的强制。

（四）秉持人类命运共同体的人的主体性价值取向

对于人类社会发展的长期、远期，以及对于社会各主体而言，人们对差异性和差距的统筹和协调的内在需要，会随着社会的发展和矛盾的累积与激化愈益紧迫。自由主义关于交易（贸易）自由的实质，体现为新兴的既得利益群体摆脱封建专制集权的经济与政治要求，却是以阶级代替等级，以新的逆向转移机制替代旧式暴力专权，这种逻辑必然要基于并造就更大的差距及各层次关系的异化，实现强势主体对弱势主体的利益攫取。这是一种新形式的，特别是国际范围内的丛林法则、弱肉强食的社会关系与市场秩序。基于个体主义和私利至上的自由贸易秩序，势必加剧各方面、各层次的矛盾，甚至引发冲突与变革。① 特别是在全球性结构失衡大背景之下产生的逆全球化的势态中，财产权利和收入分配的逆向转移成为强势利益集团谋取垄断租的显性手段。

人的主体性不是人的本能所能自发维系的价值导向，而是社会发展程度和人的主体性之下更多的独立选择性和对各种阶级特权的反叛和冲破，是对逆向转移机制的冲击，是人类的共同目标与斗争使命。人本来就是社会性动物，社会的不断发展能够全方位重塑个体及整体的理性行为及其绩效。以人民为中心促发展，共同构建人类命运共同体，旨在逐步实现人的主体性的提升和保障。这是来自人的不断发展，人们对独立应对社会资本的掌控和政府独立性不断增强，普通人的觉醒和共治共享，体现理性和自控的技术能力不断提高，更多的是对特殊权力的限制和对社会性的自主性共建共治共享。相对于激励和保障资本对财富和权力的过度追逐而言，对人的独立性的需求更加突出，从而不再完全屈从资本的颐指气使。基于人的主体性的统筹协调和全面发展的理念，通过各类主体之间的互联互通，以发展促进更多更大的发展，以发展提升人的自觉，促进社会理性的实践与实现。以发展联系和联结不同社会主体，解决共同面对

---

① 马克思，恩格斯．马克思恩格斯文集（第1卷）［M］．北京：人民出版社，2009：744-759.

的全球性矛盾与危机。这种基于人的主体性的真正的发展，为大多数人的发展和人类命运共同体的实现提供物质与机制保障。

第四节 治理体系的动态优化机能

"青山遮不住，毕竟东流去。"均衡论阻挡不住历史发展甚至突变的动力与方向。"顺昌逆亡"的经验教训，并非当代灯塔国、灯塔制度所能遮掩和阻挡的。基于创新实践，理论创新不仅需要拒绝既已落后于时代和实践的思想理论教条，还需要依据发展的性质及程度而突破旧制度对生产与分配的刚性束缚。基于实践与创新的辩证关系特征，设置接受人民监督与实践检验的体制机制，建立健全推动理论创新与制度改革及优化的保障体系，是统筹协调全面发展在理论创新与制度改革上的内在要求和体现。

一、以创新实践驱动理论创新

生产结构失衡与分配差距拉大，迫使人与自然关系的异化，这些问题不是基于人的发展理念，而是以资为本的增长逻辑的扭曲性呈现。基于这种实践基础上的经验和理论，不会成为人的发展所要虔诚遵循的教条。

实践是理论范式框架体系的最终决定者。以资为本兴商工，但要以人民为中心促全面发展。将均衡与非均衡辩证统一，对局部和短期范围内的失衡的再平衡，与长期发展战略的非均衡性结合起来，实现个体差异与整体统筹协调相结合，调动个体、规模、整体，短期、长期的有效对接与协调统一。这种实践与西方分权、分利、分化的实践逻辑完全不同。换言之，中国的创新实践需要适宜于中国的理论范式框架方法体系。这种基于客观规律的理性与自觉远胜于"无知之幕"之下的无知、自发及盲动。

当今中国的经济基础与制度体系基于中国的"给定条件"，与西方流行理论有根本性差异。建构基于中国创新实践的理论范式框架体系也已开始。中西两种理论体系的差异性，显然不是意识形态上和政治上的问题，而越来越清晰地凸显其实践基础上的差异。特别之处在于，体现中国特色的理论体系是基于中国的创新实践。通过自身实践探索，为属于中国的创新理论的提出和修正提供客观整体性标准，而不是将均衡论作为中国创新实践的教条。

随着经济社会发展实践所证实的命题越来越多，中国的理论范式框架体系的构建也会很快完成。这不是主要依靠所谓的学术或理论所能完成的构建，更不是将理论纳入政治的、意识形态的斗争，而是依据中国创新实践的证实，将中国经济社会创新实践的信心最终转到对中国理论范式框架方法体系的信心。在国内教学与研究中，至少应当更具有开放包容性，以确保实践和历史最终能够创新和检验出普遍科学性的理论体系，以符合实践规律性和价值导向上的人民性这种根本要求。旨在解决逆向转移的逆偏向制度设计与政策选择的逻辑表明，应当全力支持和推进马克思主义中国化、时代化、大众化。因此，无论是实践还是理论，基于异质主体选择矛盾论研究和解决分配失衡问题，才符合人民的利益，实为党和国家的战略及政策取向。这种实践层面的根本创举也为非均衡理论范式提供科学性的基础和载体。

二、确立实践检验理论与制度的实效性标准

虽然人的实践必然具有其主体性和能动性，似乎可以决定一切现象和偶然性，似乎也可以否定一切规律性，但是根本制度决定着人们对规律的认识和把握的程度。基于人民立场、唯物史观和辩证法的理论体系，将人的实践的主动性、创造性、革命性辩证统一起来，让实践创新推动制度体制机制改革，使制度体制机制服从、服务于人的实践需要，而不是制度永久性地、绝对地成为束缚人的实践的"铁律"。这种制度选择，能够基于个体差异，激励其积极性和创造力充分发挥和释放出来，形成由潜在到现实的能力转化；对不同主体及其差异性需要的统筹协调，以解决社会生产发展中的失衡性矛盾；将人民利益与意志通过民主的方式集中，达成共识和集体行动，保障制度体制机制改革的制度化，实现政策决策与改革实践都能够处于不断优化的动态之中。这种确保体制机制常新的机制，实质是为防止制度滞后于实践（甚至既定制度为少数人挟持以谋私利），是要确保经济社会持续创新与充满活力的催化剂，使制度成为人民发展的得力工具而不是桎梏。质言之，对于实践与理论、制度，需要在人民创新实践中把握其对立统一的规律性。

中国政治经济制度体系体现为中国共产党的领导和民主集中制从根本上满足上述内在要求。要使党和政府能够尽职尽责地发挥上述作用，并赋予其时代使命感，这对这种制度和架构本身的调节变革也是一种常设性的安排。党和政府基于人民立场、以人民为中心，建立激励约束机制，以实践作为真理标准检验的唯一尺度，体现对人的主体性的坚守，对个性化发展的促进与人的自由全面发展的满足，对经济社会内在规律的辩证性把握，对改革与发展的长期坚持。因此从长期来看，人与社会的发展既非一蹴而就、一劳永逸，而改革则是永无尽头。这既是基于人民立场、坚持唯物史观、使用辩证法所给当代中国最大的

启示，也是对中国创新实践的成功之道在理论上的总结。当然，改革实践经验的统计逻辑与再规划，基于大数据，抓取个体的真实数据服务于人民发展，不是只被资本和市场过度利用和滥用。

三、构建制度优化机能的保障体系

所有的制度均由特定主体或群体所设，但制度终究不能成为所有人发展的桎梏。为制度的选择、运行及改革确立时机、窗口、机制，旨在保证人的主体性不受狭隘利用和落后制度的禁锢。显然这一过程不是市场过程，更不是资本主导之下的政治和（或）市场的过程，而是基于人的主体性的社会发展内在规律支配下的共同决定的复杂且艰难的过程。

党和政府要面对收入分配差距，解决逆向转移再分配的贫困陷阱问题，其战略必然选择主要面向中低收入群体提供优先发展、重点扶持的政策。这种依据公共选择和公共物品的必要提供，显示出政府在形成公共选择和公共物品供给方面，对分散性非公经济制度体系一些制度优势和功能上的弥补，更是对资本与市场逆向转移机制所造成的差距扩大的反向操作，实质是对利益受损中的群体进行利益补偿。这是基于人的主体性和社会整体长期理性的一种再平衡的公共选择。这种志在破解囚徒困境的公共选择，立足于人的共同体性质，旨在共同体的长期利益整体性和可持续性的改善，因此需要具有独立地位的公共选择力量确保选择的中立性、公共属性。

对于党政各层级，基于科学社会主义的世界观方法论、公有经济基础及其所赋予政府的独立性，依据发展中的创新实践及其对制度改革的内在需要，还要因时而变，因势而动，不断推进深化改革，旨在推动生产力与生产关系、经济基础与上层建筑的辩证统一性，即改革本身也在不断发展变化中，包括党和政府本身，也在坚守"不懈地自我革命"。这并不是停留在政治口号宣传上，而是基于实践的不同发展而不断追求批判、革命与创新的科学社会主义实践，不能崇拜任何僵化的教条，必须杜绝既得利益形成特殊利益集团并成为阻碍改革与发展的保守力量。因此，无论是从中央层面的顶层设计，还是地方发展规划，都要将统筹协调和全面发展落实在生产与分配环节，还要在个体、规模及整体，短期与长期，以及人的主体性及其发展的全面性上都有有效的制度体制机制发挥实质性作用。这是对均衡论维护现状的宗旨的超越，更是对时代变化、实践发展及人民根本利益的遵循与维护。

第十章　结语及展望

　　自古以来，收入分配就是一个极易引发人们广泛兴趣、受到高度关注的敏感性话题与问题。在短缺时代，它主要被诉诸道德；在过剩时代，则必将被诉诸经济与政治。开放时代和自由竞争，人们总是不缺少观点；但是，对生成观点的实践的本质与规律缺少范式框架及方法上的共同性。流行范式的避重就轻，并不合乎时代和实践的主体与主题。在当今普遍"大过剩"、以市场势力和垄断权力进行收入分配逆向转移的"大失衡"时代，就社会整体长期理性而言，分配的秩序比生产和交换更为重要。因此，分配失衡问题根本不是"给定条件"及均衡范式下空洞逻辑推演和有偏性经验检验的均衡稳态及永恒，而是需要首先对"给定条件"本身进行重新审视，最终对经济结构调整与制度体系重构。这涉及对生产与分配、个体与整体、短期与长期的统筹协调与全面发展等理论与实践上的根本问题的关切。

第一节　结语

　　逆向转移机制是收入分配差距拉大的动力系统。这需要基于普遍科学性和彻底人民性的理论研究才能揭示，并找到经济基础和制度驱动这两个最根本的实践力量。正如中国快速转型期的二元结构和美国一直以来的极化结构既有某种相似性，即表现差距的拉大势态，也必然有各自不同之处：中国二元体现为阶段性发展，美国二元体现为固化和极化，这种比较与借鉴能够为中国治理分配差距问题提供实践与逻辑的起点。

一、流行理论范式的流弊

自称为"现代""科学"的均衡经济学显然已经不满足于"社会科学皇冠"这一陈旧尊号。"文人相轻"的劣迹演变成学派、学科相互攻伐的群殴性大场面。理论家们对生产、分配、消费的内在关系的割裂与外化，对收入分配逆向转移机制关注的缺失，将全部的问题都放在了交换和利益输送这一价值实现环节之中。对社会发展的本质与规律的无视，与低收入群体对未来的无望和无助遥相呼应。

对脱离实践的均衡理论的精致虚构，必然要基于个体理性的唯心史观，自发性地倾向于经验主义、功利主义，从而抓住短期局部性，对历史、实践及其内在矛盾运动的忽略，旨在为上流社会虚构出歌舞升平和盛世浮华的景观，为既有制度寻求优势、安全、永恒，这与封建帝王派人寻找和修炼长生不老药异曲同工；最终缺失社会整体长期性、辩证性，并放弃对本质、规律及变化发展的秉持与坚守。这已经不是假设前提不符合实际的问题，而是立场观点方法及目的根本差异的问题。

理论研究不能总是选择片面的极致而脱离大地，不应一直"生活在树上"。研究者们以"价值无涉"之名，行基于"给定条件"这一价值有涉之实。普通人所能接触到的理论观点缺乏时代性、脱离实践性、远离人民性。学术研究自娱自乐地"永远在树上"，显然不能解决实际问题，更不能解除人们对整体和长期理性缺失问题的担忧，反而助长实践中的矛盾的失衡势态。

在理论研究中，如果缺乏历史的宏大视野和发展的战略高度，就要产生将社会特定阶段性视为永恒的错觉。和无时空观念的"横向"对比，更没有矛盾对立和问题解决这一战略性发展的眼光。"关公战秦琼"是常有的伎俩。当今的社会分配依然在于功能性分配，而不是旨在促进共同利益增进的发展性分配。生产供给上的强力扩张和分配消费上的疲软，造成生产的持续过剩和分配的内在失衡；而作为政府，如果依然助长个体短期性效率优先于社会整体长期性公平，不能对生产和分配格局做出任何有效调整，那么这种多重性失衡及其内在恶化势态是严重的、系统性的和无法克服的。因此所谓的"效率"只不过是形成过剩和失衡的"效率"，也就是效率本身带来低效率，生产的发展带来发展生产的困境。这种社会整体长期低效性，处于死循环之中。20世纪以来的资本主义，正是被马克思的不祥预感种下革命的种子以后，其曾经的辉煌已被20世纪的两次世界大战和社会主义所冲散，而21世纪的新冠肺炎疫情更使其难堪。

总之，一种不能走向大众生活、贴近人民群众，不能积极面对和应对时代与实践的理论与思考的方法，当然也不能将该理论及方法推向现代与科学。普遍的科学性展开必然要通往未来的大地上。凌空而建的均衡理论印象，不断被失衡的实践具体所蚕食以至吞没。无论是经济，还是政治，抑或是战争，其危机的周期性却又不可预测地爆发，不是在表明既有制度成功"自我修复"和"坚忍不拔"，而是一次比一次更为强烈地表明，矛盾失衡的量级虽还未累积到"给定条件"发生质变的程度，但它已经迫使曾经不可一世的大国强国在崛起之后的上百年甚至几十年之内以即行不可逆地衰落，而且这种周期率根本没有停止发挥作用的迹象。

二、流行体制的共性难题

对效率与公平、市场与政府的双层矛盾的社会选择，并不是着眼于体现时代性与公共性，而是要凸显强势主体群体及其制度的强制性。过度强调矛盾，放弃并反对统一性，必然是分裂、分化以致对抗，问题始终得不到正视和妥善解决。分权制衡、以资分利、因制分化，构成分而不合的社会运行法则。这种法则要将分配的对象从产品这种功能性分配上升到权力这种制度选择权上的分配。效率与公平的对立性，在短缺时代强调效率多于强调公平自有其合理性，它存在共容性增长的空间。但是在过剩时代，依据权力而形成强势的利益集团通过垄断势力与地位，获得制度选择与定价的优先权，以垄断租的方式实现社会向其发生利益输送（财产、收入的逆向转移）。而普通竞争性厂商对消费者实施逆向转移。逆向转移依据市场势力或社会再分配权力对社会剩余以社会金字塔式分层结构进行逆向再分配（分配结构呈倒金字塔形结构），即越小的上层巨富（塔尖）占有越多的社会财富与收入。

形成上述逆向转移的社会性再分配法则与涓滴效应不再相符。相容性（或包容性）增长被汲取性增长所替代。在过剩加剧内卷，垄断实体通过最新的技术手段及制度影响力持久地完成对社会剩余的攫取。这种不断放大的逆向转移效应从机制到制度，从不确定性到决定性扩展，使矛盾的累积性具有制度驱动性。差距的体现不再局限在居民工资性收入上，更要体现在诸如住宅房地产价格、财产占有，以及教育资源分配，城乡、地区差距、国与国之间的差距，还体现在任何可能出现、可能被感知的维度及领域。这种势态远远超过现行的统计指标所能描述的范围与能力，仅仅考虑收入的差距早已无法真实反映各类主体之间的差距。

人们生活差距的扩大化，理论研究的表象化和碎片化，是各当事主体的个体理性选择的结果呈现。党和政府对经济社会理论实践的有偏性进行纠偏，正如"有困难找警察"一样"天经地义"的逻辑。但是这种逻辑一旦变成西方学术话语体系之后，就再度沦为对有偏于科学与人民的政府的疑虑。驱动这种视角变换的原因和动力，既可以来自现实中的很多个案，也可来自研究者本人对其改变自身现状的成效的不满，更可能来自对均衡范式中理论政府及真实政府的"深刻把握"和"灵活运用"。同时，远离实践具体和生活真实的理论家想当然地认为，共产党和人民政府与西方政党及其政府虽然有事实上的某些区别，但这些区别并不能改变"理性人"这一共性，即在理念深处和理论内涵上，依然毫无二致：基于个体理性的保守主义动机，总是对他人（包括政党和政府）的理性选择做出有罪推定。这是理性主体的本能，是盛行于西方世界的逻辑；但是对于中国而言，并非畅通无阻。国家根本制度是规范各方面各部门行为的准则，将西方的信条与范式框架体系套用在中国实践之举，完全履行了个体主义者教条主义的教旨：宣扬放任自由竞争以激发难以估量的"市场效率"，争做"大市场""小政府"的典范，其实质不过是将流行于 19 世纪西方世界的无政府主义强行贩卖给 21 世纪的社会主义中国，这虽然符合某些人的私利、理性及自由，但并不是大多数人的共同利益、愿望及发展。

三、构建理论与实践辩证统一的创新发展体系

社会发展存在普遍而持续的矛盾，内在要求整体和长远的理性与战略，具体体现为统筹协调全面发展的科学发展理念。破解逆向转移之道，既不在强势利益主体手中，也不在普通人中的任何一个人手中，而在于社会整体理性的实践与实现。

由于西方流行思潮和理论范式的原因，人们很难认可这个理性主体是政府。在正统的学术界，政府往往被先入为主地订上契约型政府这一标签。这种政府只是分权、分利、分化的社会结构的一种集中表现，因此社会和市场解决不了的问题，当然政府也解决不了。正如公共选择经济学所认为的，个体理性驱动之下，市场失灵和政府失灵，实际上是个体理性与整体理性的对立在经济与政治两个视角下的不同表述：市场的政治运动和政治的市场调节。

从唯物史观的科学性与人民性相统一的高度可发现，党和政府与上述所提及的主流理论中或西方国家现实中的政党和政府截然不同，这是由于根本制度差异所决定的。忽视根本制度差异而接轨"普世性""科学"，解决中国的问

题，无疑是对中国人民实践具体的根本背离。

基于实践并促进实践发展的科学理论创新，是要根植于实践具体的土地上，实现实践创新与理论创新的辩证统一的人民实践的发展。在矛盾运动中获得发展，需要以更高远的视野、更独立的立场和更有效的公共决策机制，并且取得支撑这一战略高度的公有经济基础与政治制度，是当代中国的实际。在发展生产力和保障社会改革这样的根本性问题上，实施国家战略与人民发展保持辩证统一、相互促进的互动发展关系，是体现社会整体长期理性的选择。弱势产业如农业基础性，中低收入群体对社会总需求的决定性，社会需要可持续性的逆偏向再分配，对逆向转移造成差距进行补短板，提高经济整体质量促进全面可持续发展。这种逻辑选择需要能够推动旨在公共发展性的党和政府，更需经济社会的整体长期理性不被任何个体理性所挟持和扭曲，而公有经济责无旁贷。

立足实践的科学认知，推动人的发展进程。这对于唯心史观的个体主义者而言，只能成"谜"。在统筹协调过程中必然存在个体及局部的利益冲突，但不是依照阶级特权和特殊利益集团作为利益博弈的依据，而是依据时代、实践及人的发展的需要而进行整体长期战略性协调。能够做出决策的主体，既不是一个特定的人，一种特殊的群体，更不是什么救世主或者无知之幕，而是基于公有经济基础和在此基础之上的政治制度，以及能够基于实践、人民和时代而适时做出全面和深化改革的制度设计体系。这是坚持唯物史观辩证法，坚守人的发展的战略眼光，将纠偏和纠错机制置于常态化运行的系统性制度设置。这种经济基础和政治制度，将发展成果从垄断资本化机制转变为促进更大发展的机会和资源，以制度的动态优化机制确保其稳定可靠和持续性：发展不止步，改革永远在路上。

总之，将个体理性驱动之下的"分权、分利、分化"所"分"出来的短板补齐，是为"合"。基于接受时代、实践及人民检验和考验，并适时做出相应改革的中国共产党的领导，以顶层设计的高度进行旨在人民性的公共选择，在党纪和国法衔接和协同规制之下，自上而下的党政协同，履行为人民服务的宗旨使命，践行以人民为中心的发展理念，以构建人类命运共同体的全球价值取向，接受实践的检验，阻断差距的自我生成与强化的逆向转移机制，以逆偏向的战略选择与政策机制设计，统筹协调，提升整体长期理性，以发展促进和保障人民的全面可持续发展。同时，将理论的科学创新融入中国创新发展实践之中，以成功实践成就理论科学性，以科学理论指导和激励实践的创新发展。理论与实践的辩证统一与科学发展，既不是学术诡辩，也不是所谓的政治运动，而是通往更为伟大的成功发展之道。这一逻辑体系是揭开中国成功发展之谜的关键。

第二节　展望

西方学术正统对中国所取得的成就感到困惑，根源于其理论范式对中国创新实践的错误解释与诱导。由此，我们要面临并将继续面临的问题，也是本书对未来所展望的、有待进一步解决的问题，包括但不限于以下七方面：

第一，在以资为本的时代，基于个体私欲（利润、效用）满足上的最大化，坚持经验主义、功利主义的"理性人"价值取向，仍然被物质短缺时代的生产力与私有制度强制之下的财富观、价值导向所锁定，问题就是，过剩时代条件下，公有制及公有经济形成而且能够广泛地发挥积极作用，并且有难以替代的比较优势，在这种基础上，资本主导下的财富观、价值取向还是永恒不变的吗？

第二，是否正如西方学术正统所断言，公有经济、国有企业及人民政府就是低效与腐败的代名词？它们就是阻碍改革、降低效率公平的最后一个堡垒？公有经济的基础性、主体性地位，是否和如何支撑旨在公共性的战略规划与政策机制选择？

第三，共产党与人民政府的关系，这两者如何与公有经济构成内在统一关系，以及这三者与西方的理论政府、真实政党、现实政府以及占统治地位的私有经济有何异同？研究中国共产党和人民政府科学与价值辩证统一的经济学，是否就是"激进的""意识形态""左派""异端"，而不是科学经济学探索？基于中国实践的经济学研究和创见，何时或达到何种条件才会令人肃然起敬而不是招致鄙夷的目光？

第四，所谓效率公平悖反，是否就是绝对真理而不可调和？面对异质主体差距拉大的势态，对逆向转移问题进行逆偏向的统筹协调，是否必然对市场行为粗暴扭曲和对效率严重损毁，是否必然造成政府的花式腐败、低效、无能，是否必然导致不公平？如果是，那么经济社会整体的效率性、公平性及长期可持续性是否值得体现和实现？

第五，西方流行的理论、西方官方媒体上的舆论和经验数据，以及自称为"现代科学"的方法，充斥于大数据这一洋流之中，诸如此类的"成果"，究竟是"片面的极致"，以形成一己之见的噪声，还是有助于人们接近事实真相的"窥豹之管"？究竟是基于特殊利益目的的幕后操纵，还是有利于保障公共性的公共选择？是旨在实现个体理性与私利最大化，还是有助于降低个体理性与整体长期理性的矛盾对立？进而，正如有人在质疑一般均衡的存在性、可及性一样，社会整体长期理性能否存在、是否可期可及？如果将这两个问题的实现难度进行实践的比较，究竟哪个更难以实践和实现？

第六，"无国界的"科学是"全能神"吗？中国的实践创新与实践成就，究竟是西方世界携着其正统经济学在中国的杰作，还是中国势必要形成适宜于中国实践具体的经济学范式框架方法体系？如何科学解读中国之谜？如何推进中国的接续发展？如何以科学范式框架方法体系研究以人民为中心、补短板、统筹协调全面发展、共建人类命运共同体等这些战略性课题？

第七，改革开放未曾停步，仍在全面深化进行中，经济结构和分配关系仍然有待理顺，逆向转移和逆偏向再分配的理论与实践难有共识与定论，对解决相对贫困、实践共同富裕仍待探索，对相应的指标设定、数据获取以及经验分析，还有很长的路要走，这对于社会科学研究而言，没有数据和经验，就没有真相，就不是"现代""科学"和"正规"的研究吗？

面对诸如上述系统性和长期性问题，经验主义者会在"获得""可靠的""经验数据"之前，哑口无言；但是他们仍会一如既往地抓住任何可利用的操纵性"经验"，在"给定条件"前提下，对"所有问题"进行根本性的"证伪"，通过彰显其"价值无涉"的研究的"现代科学性"，达到"普适性"之目的。当然，这种只有"理论意义"没有"实践意义"的论调，确实不过如此。

显然，本书的最大作用不是解决了上述问题中一个或者某个问题的某个方面，只是基于新的时代和实践，重新审视流行于国内外的西方主流学术范式框架方法，尝试使用新的范式框架方法体系发现真问题，引发令人不安的思考。睁开眼睛看清世界，对上述问题展开持续探究，是作者本人今后努力的方向，同时作者也相信，致力于探究这些问题的人，绝不会仅限于本书作者，其成就也必然超然于本书千里之外。

参考文献

（主要依照参考或引用的先后顺序排列）

[1] 约瑟夫·E. 斯蒂格利茨. 重构美国经济规则 [M]. 张昕海, 译. 北京: 机械工业出版社, 2017.

[2] 乔治·比文斯. 劫贫济富: 美国经济数据背后的真相 [M]. 喻海翔, 罗康琳, 译. 北京: 北京大学出版社, 2014.

[3] 热拉尔·迪梅尼尔, 多米尼克·莱维. 新自由主义的危机 [M]. 魏怡, 译. 北京: 商务印书馆, 2015.

[4] 张培刚. 农业与工业化 [M]. 北京: 商务印书馆, 2019.

[5] 李强. 当代中国社会分层 [M]. 北京: 生活·读书·新知三联书店, 2019.

[6] 杨继绳. 中国当代社会阶层分析 [M]. 南昌: 江西高校出版社, 2011.

[7] 马克·格兰诺维特. 社会与经济: 信任、权力与制度 [M]. 王水雄, 罗家德, 译. 北京: 中信出版社, 2019.

[8] 戴维·罗特科普夫. 权力组织: 大公司与政府间历史悠久的博弈及前景思考 [M]. 梁卿, 译. 北京: 商务印书馆, 2014.

[9] 王现林. 悖德行为的逻辑: 基于垄断价格的经济效应分析 [J]. 中央财经大学学报, 2014 (10).

[10] 夏志强, 谭毅. 公共性: 中国公共行政学的建构基础 [J]. 中国社会科学, 2018 (8).

[11] 李慎之. 数量优势下的恐惧——评亨廷顿第三篇关于文明冲突论的文章 [J]. 太平洋学报, 1997 (2).

[12] 张卓元. 中国经济学 60 年 (1949—2009) [M]. 北京: 中国社会科学出版社, 2009.

[13] 乔治·阿克洛夫, 等. 我们学到了什么? 次贷危机后的宏观经济政策

［C］．周端明等，译．北京：中国人民大学出版社，2017.

［14］阿尔伯特·赫希曼．欲望与利益：资本主义胜利之前的政治争论［M］．冯克利，译．杭州：浙江大学出版社，2015.

［15］莱昂·内尔罗宾斯．经济科学的性质和意义［M］．朱泱，译．北京：商务印书馆，2000.

［16］W. W. 罗斯托．经济增长理论：从大卫·休谟至今［M］．陈春良，等，译．杭州：浙江大学出版社，2016.

［17］查尔斯·P. 金德尔伯格，罗伯特·Z. 阿利伯．疯狂、惊恐和崩溃：金融危机史［M］．朱隽等，译．北京：中国金融出版社，2017.

［18］莱昂·瓦尔拉斯．纯粹经济学要义［M］．蔡受百，译．北京：商务印书馆，1989.

［19］古斯塔夫·勒庞．乌合之众：大众心理研究［M］．冯克利，译．北京：中央编译出版社，2015.

［20］穆雷·N. 罗斯巴德．人，经济与国家（上册）［M］．董子云等，译．杭州：浙江大学出版社，2015.

［21］弗里德里希·奥古斯特·哈耶克．通往奴役之路［M］．王明毅，冯兴元，译．北京：中国社会科学出版社，1997.

［22］米歇尔·福柯．主体性与真相［M］．张旦，译．上海：上海人民出版社，2018.

［23］阿马蒂亚·森．以自由看待发展［M］．任颐，于真，译．北京：中国人民大学出版社，2013.

［24］奥古斯特·孔德．论实证精神［M］．黄建华，译．北京：商务印书馆，1996.

［25］Kenneth J. Arrow, Gerard Debreu. Existence of an Equilibrium for a Competitive Economy［J］. Econometrica, 1954, 22 (3)：265-290.

［26］路德维希·冯·米塞斯．经济科学的最终基础：一篇关于方法的论文［M］．朱泱，译．北京：商务印书馆，2015.

［27］克拉克．财富的分配［M］．陈福生，陈振骅，译．北京：商务印书馆，1983.

［28］George. Akerlof, Robert J. Shiller. Animal Spirits［M］. Princeton University Press, 2009：11-50.

［29］约瑟夫·E. 斯蒂格利茨．自由市场的坠落［M］．李俊青，等，译．北京：机械工业出版社，2017.

[30] 穆雷·N. 罗斯巴德. 人，经济与国家（下册）[M]. 董子云，等，译. 杭州：浙江大学出版社，2015.

[31] 穆瑞·N. 罗斯马德. 美国大萧条 [M]. 谢华育，译. 海口：海南出版社，2017.

[32] 马斯·皮凯蒂. 财富再分配 [M]. 郑磊，等，译. 上海：格致出版社，上海人民出版社，2017.

[33] 杜阁. 关于财富的形成和分配的考察 [M]. 南开大学经济系经济学说史教研组，译. 北京：商务印书馆，1978.

[34] 亚当·斯密. 国民财富的性质和原因的研究（上卷）[M]. 郭大力，王亚南，译. 北京：商务印书馆，1972.

[35] 彼罗·斯拉法，主编. 大卫·李嘉图全集（第1卷）[M]. 郭大力，王亚南，译. 北京：商务印书馆，2013.

[36] 拉尔夫·戈莫里，威廉·鲍莫尔. 全球贸易和国家利益冲突 [M]. 文爽，乔羽，译. 北京：中信出版集团，2018.

[37] 罗伯特·吉尔平. 世界政治中的战争与变革 [M]. 宋新宇，等，译. 上海：上海人民出版社，2019.

[38] 萨米尔·阿明. 世界规模的积累：欠发达理论批判 [M]. 杨明柱等，译. 北京：社会科学文献出版社，重庆：重庆出版集团，2016.

[39] 杨小凯，张永生. 新兴古典经济学与超边际分析 [M]. 北京：社会科学文献出版社，2019.

[40] 罗伯特·J. 希勒. 非理性繁荣 [M]. 李心丹，等，译. 北京：中国人民大学出版社，2008.

[41] 保罗·肯尼迪. 大国的兴衰：1500—2000 年的经济变革与军事冲突（下）[M]. 北京：中信出版社，2013.

[42] 罗纳德·哈里·科斯. 企业、市场与法律 [M]. 盛洪，陈郁，译. 上海：格致出版社，2009.

[43] 陈郁. 所有权、控制权与激励——代理经济学文选 [M]. 上海：上海三联书店，2006.

[44] 威廉姆森. 资本主义经济制度——论企业签约与市场签约 [M]. 段毅才，王伟，译. 北京：商务印书馆，2002.

[45] 亨利·明茨伯格. 社会再平衡 [M]. 陆维东，鲁强，译. 北京：东方出版社，2015.

[46] 乔治·吉尔德. 财富与贫困：国民财富的创造和企业家精神 [M].

蒋宗强, 译. 北京: 中信出版集团, 2019.

[47] 戈登·图洛克. 特权和寻租的经济学 [M]. 王永钦, 丁菊红, 译. 上海: 上海人民出版社, 2017.

[48] 费孝通. 费孝通谈民族和社会 [M]. 北京: 学苑出版社, 2019.

[49] 彼得·M. 布劳. 社会生活中的交换与权力 [M]. 李国武, 译. 北京: 商务印书馆, 2012.

[50] 霍布斯. 利维坦 [M]. 黎思复, 黎廷弼, 译. 北京: 商务印书馆, 1985.

[51] 弗朗西斯·福山. 政治秩序与政治衰败: 从工业革命到民主全球化 [M]. 毛俊杰, 译. 桂林: 广西师范大学出版社, 2015.

[52] 包刚升. 民主的逻辑 [M]. 北京: 社会科学文献出版社, 2018.

[53] 弗朗西斯·福山. 大断裂: 人类本性与社会秩序的重建 [M]. 唐磊, 译. 桂林: 广西师范大学出版社, 2015.

[54] 保罗·克鲁格曼. 一个自由主义者的良知 [M]. 刘波, 译. 中信出版社, 2012.

[55] 小约瑟夫·奈, 等. 人们为什么不信任政府 [M]. 朱芳芳, 译. 北京: 商务印书馆, 2015.

[56] 蒂莫西·贝斯利. 守规的代理人: 良政的政治经济学 [M]. 李明, 译. 上海: 上海人民出版社, 2017.

[57] 科林·克劳奇. 新自由主义不死之谜 [M]. 蒲艳, 译. 北京: 中国人民大学出版社, 2013.

[58] 保罗·克雷格·罗伯茨. 自由放任资本主义的失败: 写给全世界的新经济学 [M]. 秦伟, 译. 北京: 生活·新知·读书三联书店, 2014.

[59] 曼瑟·奥尔森. 国家的兴衰: 经济增长、滞胀和社会僵化 [M]. 李增刚, 译. 上海: 上海世纪集团, 2007.

[60] 埃莉诺·奥斯特罗姆. 公共事物的治理之道: 集体行动制度的演进 [M]. 余逊达, 陈旭东, 译. 上海: 上海译文出版社, 2012.

[61] 布伦诺·S. 弗雷, 阿洛伊斯·斯塔特勒. 经济学和心理学: 一个有前景的新兴跨学科领域 [M]. 单爽爽, 等, 译. 北京: 中国人民大学出版社, 2014.

[62] 保罗·W. 格莱姆齐, 等. 神经经济学: 决策与大脑 [M]. 周晓林, 刘金婷, 译. 北京: 中国人民大学出版社, 2014.

[63] 尼古拉斯·巴德斯利, 等. 实验经济学: 反思规则 [M]. 贺京同,

等，译. 北京：中国人民大学出版社，2015.

[64] 袁志刚. 均衡与非均衡：中国宏观经济与转轨经济问题探索 ［M］.北京：北京师范大学出版社，2011.

[65] 袁志刚. 新的历史起点：中国经济的非均衡表现与走势 ［J］.学术月刊，2008（11）.

[66] 约瑟夫·斯蒂格利茨，布鲁斯·格林沃尔德. 增长的方法：学习型社会与经济增长的新引擎 ［M］.陈宇欣，译. 北京：中信出版集团，2017.

[67] 萨缪尔森，诺德豪斯. 经济学（第19版）上册 ［M］.北京：商务印书馆，2012.

[68] 塞缪尔·鲍尔斯，理查德·爱德华兹，弗兰克·罗斯福. 理解资本主义：竞争、统制与变革（第三版）［M］.孟捷，赵准，徐华，译. 北京：中国人民大学出版社，2013.

[69] 托马斯·皮凯蒂. 不平等经济学（第七版）［M］.赵永升，译. 北京：中国人民大学出版社，2016.

[70] 杰弗里·霍奇森. 资本主义的本质：制度演化和未来 ［M］.张林，译. 上海：格致出版社，2019.

[71] 大卫·哈维. 资本的限度 ［M］.张寅，译. 北京：中信出版社，2017.

[72] 厉以宁. 非均衡的中国经济 ［M］.北京：中国大百科全书出版社，2015.

[73] 吴敬琏，刘吉瑞. 论竞争性市场体制 ［M］.北京：中国大百科全书出版社，2009.

[74] 吴敬琏. 当代中国经济改革教程 ［M］.上海：上海远东出版社，2018.

[75] 段忠桥. 关于当今中国贫富两极分化的两个问题——与陈学明教授商榷 ［J］.江海学刊，2016（4）.

[76] 陈学明，姜国敏. 论政治经济学在马克思主义中的地位 ［J］.2016（2）.

[77] 杨金海. 马克思主义研究资料（第21卷）［M］.北京：中央编译出版社，2015.

[78] 郎咸平. 马克思中观经济学 ［M］.北京：人民出版社，2018.

[79] 王弟海. 收入和财富分配不平等：动态视角 ［M］.上海：格致出版社，上海三联书店，上海人民出版社，2009.

［80］托马斯·皮凯蒂.21世纪资本论［M］.巴曙松,等,译.北京:中信出版社,2014.

［81］弗里德里希·冯·哈耶克.货币的非国家化［M］.姚中秋,译.海口:海南出版社,2019.

［82］布赖恩·卡普兰.理性选民的神话:为何民主制度选择不良政策［M］.刘艳红,译.上海:上海人民出版社,2016.

［83］罗伯特·库特,汉斯-伯恩特·谢弗.所罗门之结:法律能为战胜贫困做什么?［M］.张巍,许可,译.北京:北京大学出版社,2014.

［84］马建堂.中国经济长期稳定发展的潜力来自何处［J］.求是,2019(20).

［85］刘伟.中国特色社会主义基本经济制度是中国共产党领导中国人民的伟大创造［J］.中国人民大学学报,2020(1).

［86］孟捷.中国共产党与当代中国经济制度的变迁［J］.东方学刊,2020(1).

［87］钱路波,张占斌.论中国共产党领导经济改革40年的历史方位［J］.西南大学学报(社会科学版),2018(4).

［88］杰弗里·M.霍奇逊.经济学是如何忘记历史的:社会科学中的历史特性问题［M］.高伟,等,译.北京:中国人民大学出版社,2008.

［89］米歇尔·福柯.什么是批判:福柯文选Ⅱ［M］.汪安民,编译.北京:北京大学出版社,2016.

［90］陆旻.从纽约看中国经济——中国如何转型为消费增长模式［M］.北京:中国经济出版社,2015.

［91］希尔顿L.鲁特.资本与共谋:全球经济发展的政治逻辑［M］.刘定成,译.北京:中信出版集团,2017.

［92］劳埃德G.雷诺兹.经济学的三个世界［M］.朱泱,等,译.北京:商务印书馆,2013.

［93］吴承明.经济史:历史观与方法论［M］.北京:商务印书馆,2014.

［94］王曙光.中国论衡:系统动态平衡发展理论与新十大关系［M］.北京:北京大学出版社,2018.

［95］乔纳森·施莱弗.经济学家的假设［M］.邓春玲,韩爽,译.上海:格致出版社,上海人民出版社,2019.

［96］乔根·兰德斯.2052:未来四十年的中国与世界［R］.秦雪征,等,译.南京:译林出版社,2013.

[97] 罗纳德·科斯，等.经济学的著名寓言：市场失灵的神话 [C].罗君丽，等，译.桂林：广西师范大学出版社，2018.

[98] 理查德·道金斯.自私的基因 [M].卢允中，等，译.北京：中信出版社，1976.

[99] 马克斯·韦伯.社会科学方法论 [M].韩水法，莫茜，译.北京：商务印书馆，2013.

[100] 查尔斯 A.比尔德.美国宪法的经济解释 [M].夏润，译.南京：江苏凤凰科学技术出版社，2017.

[101] 琼·罗宾逊.论马克思主义经济学 [M].邬巧飞，译.北京：商务印书馆，2019.

[102] 朱梦冰，李实.精准扶贫重在精准识别贫困人口——农村低保政策的瞄准效果分析 [J].中国社会科学，2017 (9).

[103] 拉塞尔·柯克.保守主义思想：从伯克到艾略特 [M].张大军，译.南京：江苏凤凰文艺出版社，2019.

[104] 邱耕田.差异性原理与科学发展 [J].中国社会科学，2013 (7).

[105] 孙承叔.资本与历史唯物主义：《资本论》及其手稿当代解读 [M].上海：上海人民出版社，2017.

[106] 斯坦利·杰文斯.政治经济学理论 [M].郭大力，译.北京：商务印书馆，1984.

[107] 田国强.现代经济学的基本分析框架与研究方法 [J].经济研究，2005 (2).

[108] 菲利普·克莱顿，贾斯廷·海因.有机马克思主义：生态灾难与资本主义的替代选择 [M].孟献丽，等，译.北京：人民出版社，2015.

[109] 斯蒂格利茨.不平等的代价 [M].张子源，译.北京：机械工业出版社，2014.

[110] E.库拉.环境经济学思想史 [M].谢扬举，译.世纪出版集团，上海人民出版社，2007.

[111] 吴晓明.论黑格尔对形式主义学术的批判 [J].学术月刊，2019 (2).

[112] 大卫·哈维.世界的逻辑：如何让我们生活的世界更理性、更可控 [M].周大昕，译.北京：中信出版集团，2017.

[113] 欧文·琼斯.权贵：他们何以逍遥法外 [M].林永亮，高连甲，译.北京：中国民主法制出版社，2019.

[114] 赖特·米尔斯. 权力精英 [M]. 李子雯, 译. 北京时代华文书局, 2019.

[115] 颜鹏飞, 陈银娥. 从李嘉图到边际革命时期经济思想的发展 [M]. 北京：经济科学出版社, 2016.

[116] 康德. 逻辑学讲义 [M]. 许景行, 译. 北京：商务印书馆, 2010.

[117] A. F. 查尔默斯. 科学究竟是什么？ [M]. 鲁旭东, 译. 北京：商务印书馆, 2018.

[118] 赫尔岑. 科学中华而不实的作风 [M]. 李原, 译. 北京：商务印书馆, 1962.

[119] 布莱恩·阿瑟. 复杂经济学 [M]. 贾拥民, 译. 杭州：浙江人民出版社, 2018.

[120] 洪银兴. 现代经济学大典（上卷）[Z]. 北京：中国财经出版传媒集团, 经济科学出版社, 2016.

[121] Charles W. Cobb, Paul H. Douglas: A Theory of Production [J]. The American Economic Review, 1928, 18 (1)：139-165.

[122] 托马斯·库恩. 科学革命的结构（第四版）[M]. 金吾伦, 译. 北京：北京大学出版社, 2012.

[123] 约翰·密尔. 论自由 [M]. 许宝骙, 译. 北京：商务印书馆, 1959.

[124] C. 赖特·米尔斯. 社会学的想象力 [M]. 李康, 译. 北京：北京师范大学出版集团, 2017.

[125] 纳西姆·尼古拉斯·塔勒布. 非对称风险 [M]. 周洛华, 译. 北京：中信出版集团, 2019.

[126] 葛德文. 论财产 [M]. 何清新, 译. 北京：商务印书馆, 2013.

[127] Friedman M. The methodology of positive economics [J]. The Philosophy of economics：an anthology, 1953, 2：180-213.

[128] 吉拉德·德布鲁. 价值理论：对经济均衡的公理分析 [M]. 杜江, 张灵科, 译. 北京：机械工业出版社, 2015.

[129] 杨小凯. 发展经济学：超边际与边际分析 [M]. 张定胜, 张永生, 译. 北京：社会科学文献出版社, 2019.

[130] 让·盖雷, 弗洛郎斯·雅尼-卡特里斯. 财富新指标 [M]. 何璐, 译. 北京：中国经济出版社, 2018.

[131] Simon Kuznets. Economic Growth and Income Inequality [J]. The American Economic Review, 1955, 45 (1)：1-28.

[132] 达莱尔·哈夫. 统计数据会说谎 [M]. 靳琰, 武钰璟, 译. 北京: 中信出版集团, 2018.

[133] 权衡, 等. 中国收入分配改革 40 年: 经验、理论与展望 [M]. 上海: 上海交通大学出版社, 2018.

[134] 尹伯成, 华桂宏. 供给学派 [M]. 武汉: 武汉大学出版社, 1996.

[135] 朱迪亚·珀尔, 达纳·麦肯齐. 为什么: 关于因果关系的新科学 [M]. 江生, 于华, 译. 北京: 中信出版集团, 2019.

[136] 威廉·葛德文. 政治正义论 (第二、三卷) [M]. 何慕李, 译. 北京: 商务印书馆, 1980.

[137] 昂利·彭加勒. 科学的价值 [M]. 李醒民, 译. 北京: 商务印书馆, 2010.

[138] 斯科特·佩奇. 模型思维 [M]. 贾拥民, 译. 杭州: 浙江人民出版社, 2019.

[139] 陈志武. 财富的逻辑: 为什么中国人勤劳而不富有? [M]. 上海: 上海三联书店, 2018.

[140] 约瑟夫·熊彼特. 从马克思到凯恩斯十大经济学家 [C]. 宁嘉风, 译. 北京: 商务印书馆, 2013.

[141] 格尔哈特·伦斯基. 权力与特权: 社会分层的理论 [M]. 关信平, 等, 译. 北京: 社会科学文献出版社, 2018.

[142] 李路路, 李汉林. 中国的单位组织: 资源、权力与交换 [M]. 北京: 生活书店出版有限公司, 2019.

[143] 琼·罗宾逊. 经济学的异端 [M]. 安佳, 译. 北京: 商务印书馆, 2019.

[144] 程恩富, 等. 马克思主义经济学的五大理论假设 [M]. 北京: 人民出版社, 2012.

[145] 杰弗里·M. 霍奇逊. 制度经济学的演化: 美国制度主义中的能动性、结构和达尔文主义 [M]. 杨虎涛, 等, 译. 北京: 北京大学出版社, 2012.

[146] 米尔顿·弗里德曼, 罗丝·弗里德曼. 自由选择 [M]. 张琦, 译. 北京: 机械工业出版社, 2015.

[147] 约翰·梅纳德·凯恩斯. 就业、利息和货币通论 [M]. 高鸿业, 译. 北京: 商务印书馆, 2004.

[148] 昂利·彭加勒. 科学与方法 [M]. 李醒民, 译. 北京: 商务印书馆, 2010.

［149］西奥多·舒尔茨．经济增长与农业［M］．郭熙保，译．北京：中国人民大学出版社，2015．

［150］西奥多·W.舒尔茨．改造传统农业［M］．梁小民，译．北京：商务印书馆，2006．

［151］刘齐．贫困不是穷人的错［M］．北京：生活·读书·新知三联书店，2015．

［152］埃里克·拜因霍克．财富的起源［M］．俸绪娴，等，译．杭州：浙江人民出版社，2019．

［153］J.R. 波尔．美国平等的历程［M］．张聚国，译．北京：商务印书馆，2007．

［154］M. Dilipand，R. Debraj. Persistent Inequality［J］. Review of Economic Studies（2003）70：369-393.

［155］张屹山，等．资源、权力与经济利益分配通论［M］．北京：社会科学文献出版社，2013．

［156］西斯蒙第．政治经济学新原理［M］．何钦，译．北京：商务印书馆，1964．

［157］彭加勒．科学与假设［M］．叶蕴理，译．北京：商务印书馆，1957．

［158］卡尔·波普尔．科学发现的逻辑［M］．查汝强，等，译．杭州：中国美术学院出版社，2018．

［159］米尔顿·弗里德曼．实证经济学论文集［C］．柏克，译．北京：商务印书馆，2014．

［160］安德鲁·马斯-克莱尔，等．微观经济理论［M］．北京：中国人民大学出版社，2014．

［161］戴维·罗默．高级宏观经济学［M］．王根蓓，译．上海：上海财经大学出版社，2009．

［162］张之沧，张高．多元方法论：对传统方法论的批判与解构［M］．北京：人民出版社，2012．

［163］瑞安·埃文特．人类的财富：什么影响了我们的工作、权力和地位［M］．毕崇毅，译．北京：机械工业出版社，2017．

［164］阿马蒂亚·森．贫困与饥荒［M］．王宇，王文玉，译．北京：商务印书馆，2001．

［165］阿比吉特·班纳吉，埃斯特·迪弗洛．贫穷的本质：我们为什么摆脱不了贫穷［M］．景芳，译．北京：中信出版社，2013．

[166] 施蒂格勒. 生产和分配理论 [M]. 晏智杰, 译. 北京: 华夏出版社, 2008.

[167] 陈锡文. 读懂中国农业农村农民 [M]. 北京: 外文出版社有限责任公司, 2018.

[168] 幸德秋水. 社会主义神髓 [M]. 马采, 译. 商务印书馆, 1963.

[169] 托马斯·戴伊, 等. 民主的反讽: 美国精英政治是如何运作的 (第15版) [M]. 林朝晖, 译. 北京: 新华出版社, 2016.

[170] 伯特兰·罗素. 权力论 [M]. 吴友三, 译. 北京: 商务印书馆, 2012.

[171] 《中国经济发展史》编写组. 中国经济发展史 (公元前16世纪——1840) (第一卷) [M]. 上海: 上海财经大学出版社, 2019.

[172] 戴维·罗特科普夫. 超级精英: 看6000人如何操控60亿人的世界 [M]. 王林燕, 译. 海口: 南海出版公司, 2010.

[173] 鲁道夫·希法亭. 金融资本——资本主义最新发展的研究 [M]. 福民, 等, 译. 北京: 商务印书馆, 1997.

[174] 蒂埃里·布鲁克文. 精英的特权 [M]. 赵鸣, 译. 海口: 海南出版社, 2016.

[175] 让·鲍德里亚. 消费社会 [M]. 刘成富, 全志钢, 译. 南京: 南京大学出版社, 2014.

[176] 陈云松, 张翼. 城镇化的不平等效应与社会融合 [J]. 中国社会科学, 2015 (6).

[177] 约翰·基恩. 生死民主 [M]. 安雯, 译. 北京: 中央编译出版社, 2016.

[178] 邓大才. 通向权利的阶梯: 产权过程与国家治理——中西方比较视角下的中国经验 [J]. 中国社会科学, 2018 (4).

[179] 王现林. 理性程度的异质性: 基于从理论到实践的考察 [J]. 财经科学, 2014 (7).

[180] J.E. 斯蒂格利茨. 巨大的鸿沟 [M]. 蔡笑, 译. 北京: 机械工业出版社, 2017.

[181] 贾恩弗朗哥·波齐. 国家: 本质、发展与前景 [M]. 陈尧, 译. 上海: 上海人民出版社, 2019.

[182] 米歇尔·福柯. 规训与惩罚 [M]. 刘北成, 杨远婴, 译. 北京: 生活·读书·新知三联书店, 2019.

［183］唐·沃特金斯，亚龙·布鲁克．平等不公正：美国被误导的收入不平等斗争［M］．启蒙编译所，译．上海：上海社会科学院出版社，2019．

［184］郑有贵．对中国经济发展奇迹原因的政治经济学分析［J］．毛泽东邓小平理论研究，2015（10）．

［185］诺兰麦卡蒂，等．政治泡沫：金融危机与美国民主制度的挫折［M］．贾拥民，译．北京：华夏出版社，2017．

［186］邱耕田．论整体性发展［J］．北京大学学报（哲学社会科学版），2017（5）．

［187］阿瑟·奥肯．平等与效率——重大抉择［M］．王奔洲，等，译．北京：华夏出版社，2010．

［188］曼瑟·奥尔森．权力与繁荣［M］．苏长和，嵇飞，译．上海：上海世纪集团，2005．

［189］德隆·阿西莫格鲁，詹姆斯·A.罗宾逊．国家为什么会失败［M］．李增刚，译．北京：中国人民大学出版社，2016．

［190］詹姆斯·E.米德．效率、平等和财产所有权［M］．沈国华，译．北京：机械工业出版社，2015．

［191］戴维·奥斯本，特德·盖布勒．改革政府：企业家精神如何改革着公共部门［M］．周敦仁，译．上海：上海译文出版社，2006．

［192］保罗·福塞尔．恶俗：或现代文明的种种愚蠢［M］．何纵，译．北京：北京联合出版公司，2017．

［193］加里·贝克尔．人力资本［M］．陈耿宣，译．北京：机械工业出版社，2016．

［194］张宝林，潘焕学．影子银行与房地产泡沫：诱发系统性金融风险之源［J］．现代财经，2013（11）．

［195］刘建江，罗双成．区域房价差异、人口流动与地区差距［J］．财经科学，2018（7）．

［196］高波，王文莉，李祥．预期、收入差距与中国城市房价租金"剪刀差"之谜［J］．经济研究，2013（6）．

［197］王现林．农地产权分置对异质主体行为扭曲的激励——以中部地区农村环境污染为例［J］．内蒙古社会科学，2016（2）：105-111．

［198］冯小．去小农化：国家主导发展下的农业转型［M］．武汉：华中科技大学出版社，2017．

［199］余练．农业经营形式变迁的阶层动力［M］．武汉：华中科技大学出

版社，2018.

[200] 大前研一. 低欲望社会：人口老龄化的经济危机与破解之道 [M]. 郭超敏，译. 北京：机械工业出版社，2019.

[201] 亨利·丘吉尔. 城市即人民 [M]. 吴家琦，译. 武汉：华中科技大学出版社，2017.

[202] 汪晖，陶然. 中国土地制度改革：难点、突破与政策组合 [M]. 北京：商务印书馆，2013.

[203] 华莱士·E. 奥茨. 财政联邦主义 [M] 陆符嘉，译. 南京：译林出版社，2012.

[204] 周黎安. 晋升博弈中政府官员的激励与合作——兼论我国地方保护主义和重复建设问题长期存在的原因 [M]. 经济研究，2004 (6).

[205] 张牧扬. 晋升锦标赛下的地方官员与财政支出结构 [J]. 世界经济文汇，2013 (1).

[206] 国务院发展研究中心土地课题组. 土地制度、城市化与财政金融风险——来自东部一个发达地区的个案 [J]. 改革，2005 (10).

[207] 梁平汉，高楠. 实际权力结构与地方政府行为：理论模型与实证研究 [J]. 经济研究，2017 (4).

[208] 贺雪峰，等. 地权的逻辑Ⅲ——为什么说中国土地制度是全世界最先进的 [M]. 北京：中国政法大学出版社，2018.

[209] 埃德蒙·费尔普斯. 大繁荣：大众创新如何带来国家繁荣 [M]. 余江，译. 北京：中信出版社，2013.

[210] 阿尔弗雷德·诺思·怀特海. 教育的目的 [M]. 赵晓晴，张鑫毅，译. 上海：上海人民出版社，2018.

[211] 安格斯·迪顿. 逃离不平等：健康、财富及不平等的起源 [M]. 崔传刚，译. 北京：中信出版社，2014.